Vielfalt und Diversität in Film und Fernsehen

AF209833

Waxmann Verlag GmbH
Steinfurter Straße 555, 48159 Münster
info@waxmann.com

Julia Ricart Brede,
Günter Helmes (Hrsg.)

Vielfalt und Diversität in Film und Fernsehen

Behinderung und Migration im Fokus

Waxmann 2017
Münster • New York

Bibliografische Informationen der Deutschen Nationalbibliothek
Die Deutsche Nationalbibliothek verzeichnet diese Publikation in der
Deutschen Nationalbibliografie; detaillierte bibliografische Daten sind im
Internet über http://dnb.dnb.de abrufbar

Print-ISBN 978-3-8309-3019-8
E-Book-ISBN 978-3-8309-8019-3

© Waxmann Verlag GmbH, 2017

www.waxmann.com
info@waxmann.com

Umschlaggestaltung: Pleßmann Kommunikationsdesign, Ascheberg
Titelbild: © Rawpixel.com/fotolia.com, romvo/fotolia.com

Gedruckt auf alterungsbeständigem Papier, säurefrei gemäß ISO 9706

Printed in Germany

Inhaltsverzeichnis

Julia Ricart Brede & Günter Helmes

Einleitung und Ausgangspunkt: Dimensionen von Vielfalt in Film und Fernsehen

1   Warum dieses Buch?

Vielfalt und Diversität zwischen Menschen gibt es theoretisch gesehen in einer unbegrenzten Anzahl an Hinsichten. Dabei ist es kontingent bzw. historisch-kulturell bedingt, welche möglichen Hinsichten bzw. Merkmale aus dieser unbegrenzten Überfülle von einem Kulturkreis, einem Staat, einer Region oder einer Gruppierung tatsächlich als relevant betrachtet werden. Welche konkreten Gewichtungen und Wertungen mit diesen ggf. optierten Hinsichten bzw. Merkmalen dann im Einzelnen in Verbindung gebracht werden, ist damit aber immer noch nicht entschieden.

Als Beispiele für solche Hinsichten bzw. Merkmale angeführt seien an dieser Stelle, in beliebiger Reihenfolge, Alter und Geschlecht, Lebensentwürfe mit all ihren Plänen und Zielen, Ernährungsgewohnheiten und -rituale, Bekleidungsstile und deren situative Realisierung, Wertvorstellungen und Verhaltensweisen, Arbeitsauffassungen und Freizeitgestaltungen, sozioökonomische und/ oder kulturelle Hintergründe und Praktiken, aber auch Körpergrößen und -formen sowie Intelligenz der theoretischen und der sozialen Art. Jedes einzelne dieser Merkmale kann, muss jedoch nicht, als Differenzmerkmal relevant gesetzt werden.

Unabhängig davon, welches Merkmal ausgewählt bzw. welche Hinsicht favorisiert wird, geht es jeweils um einen Vergleich, der vorgenommen wird, wenn nach Vielfalt und Diversität gefragt wird (vgl. auch Hagedorn 2014: 404, Trautmann/ Wischer 2011: 38 ff.). Die Feststellung von Vielfalt und Diversität basiert von daher grundsätzlich auf einem Vergleich von mindestens zwei oder mehreren Objekten resp. Personen. Dabei wird mindestens ein isolierbares Merkmal als Klassifikationskriterium genutzt, wohingegen andere Merkmale und Dimensionen unberücksichtigt bleiben, zumindest aber vernachlässigt werden.

Der vorliegende Band rückt mit „Behinderung" einerseits und „Migration/ Kultur" andererseits zwei Vielfalt erzeugende Dimensionen in den Mittelpunkt, die im öffentlichen Leben und damit auch im Kontext von Schule und Unterricht zusehends an Bedeutung gewinnen; immer mehr rücken sie ins Zentrum der gesellschaftlichen, bildungspolitischen und fachwissenschaftlichen Diskurse sowie des alltagspragmatischen Handelns und dessen Planung. Allerdings geht es in der öffentlichen Diskussion, an der neben hoch gewichteten, doch unterschiedlich mächtigen Meinungsgeneratoren wie Politik, Wirtschaft, Kirche oder Wissenschaft bspw. auch populäre Ansichtsdistributoren wie Unterhaltungsmagazine drucksprachlicher und digitaler Art (und damit auch Film und Fernsehen) oder selbsternannte ZeitdiagnostikerInnen teilhaben, meist weniger um die Frage, in welchen Hinsichten sich Personen mit Behinderungen und/ oder Migrationshintergrund von anderen denn überhaupt unterscheiden. Vielmehr wird mit einer gewissen Voreiligkeit, die dieses doch zentrale „Überhaupt" betrifft, danach gefragt, wie die Integration oder gar – so das weitaus ambitioniertere Ziel – die Inklusion dieser Personengruppe(n) in die Regelklasse bzw. in die Gesellschaft gelingen kann.

Mit Blick auf Schule einerseits und auf Gesellschaft und deren Dimensionen „Kultur", „Bildung", „Arbeitsmarkt" oder „Politik" andererseits erhöhen auch die aktuellen Zuwanderungszahlen die Brisanz, die der diskursdominanten Frage nach Integration bzw. Inklusion dabei zukommt (vgl. für die Entwicklung der Zuwanderungszahlen von schulpflichtigen Kindern und Jugendlichen in den vergangenen Jahren bspw. Massumi/ von Dewitz 2014: 19 ff.). Wenngleich weniger beachtet, gewinnt dabei vor allem aber auch die vorgeschaltete Frage an Bedeutsamkeit, was man denn eigentlich den Phänomenen, deren Ursachen und deren individuellen und sozialen Folgen nach meint, wenn man von „Behinderung" und von „Migration" spricht, worin denn eigentlich die Differenz zwischen „denen dort" und „uns hier" bestehen soll.

Film und Fernsehen stellen – neben dem Internet inkl. Web2-Anwendungen und diversen Printmedien – für „Digital Natives" (d.h. SchülerInnen und junge Erwachsene) *einen,* für manche andere wohl sogar *den* zentralen Zugang zu Informationen dar; sie sind von daher aus den Prozessen der individuellen wie kollektiven Meinungsbildung nicht wegzudenken.

Im Unterschied zu den in semiotischer bzw. semantisch-interpretatorischer Hinsicht eher „einfachen" Printmedien bieten Film und Fernsehen nicht nur miteinander kommunizierende, ggf. „raffiniert" zugerichtete Texte und Bilder, sondern ein äußerst komplexes Zugleich aus hoch artifiziell (Schnitt, Montage) erzeugten und in der Regel auf Wirklichkeitsillusion hinauslaufenden Bilder-folgen einerseits, aus Tonfolgen sehr unterschiedlicher Art (Sprache, Atmo, Musik; „on" und „off") andererseits und aus zahlreichen dramaturgisch-narra-tiven Entscheidungen zum Dritten. In Formaten und Genres der unterhaltsamen und/ oder informativen, der fiktionalen, „dokumentarischen" oder animierten Art begegnen ZuschauerInnen dadurch sehr unterschiedlichen Formen und Intensitäten von „Behinderung" sowie von kultureller und migrationsbedingter Vielfalt. Dabei gilt in Analogie bspw. zum Theatererleben für die Rezeption von Filmen und Fernsehangeboten:

Anders als „im wirklichen Leben" können ZuschauerInnen hier einerseits ungehemmt ihren gerne geleugneten, weil gesellschaftlich tabuierten, voyeuris-tischen „Bedürfnissen" nachgehen, andererseits sich aber auch in der mitleidig-sentimentalen „Begleitung" der von „Behinderung" oder „Migration" Betrof-fenen ohne jeglichen weiteren Aufwand die Selbstgenuss garantierende Ver-sicherung verschaffen, ein guter Mensch zu sein. Und sie können ein Drittes: Informationen nämlich über und Sichtweisen auf Personengruppen erhalten, denen sie selbst nicht angehören bzw. zu denen sie im alltäglichen Leben kaum Kontakt haben (wollen). Angesichts dessen haben Film- und Fernsehangebote nicht nur eine unterhaltende und eine wie im Einzelnen auch immer zu bewertende (individuelle und kollektive) psychologische Funktion, sondern auch eine zentrale, rational akzentuierte Funktion für die Meinungsbildung, ja möglicherweise sogar für betreffende Verhaltensmuster.

Die sich aus diesen Beobachtungen und Erwägungen ableitende Relevanz des vorliegenden Bandes führt zu den folgenden Leitfragen:

–   Welche Formen von Diversität bzw. welche Formen von „Behin-derung" und/ oder von kultureller und migrationsbedingter Vielfalt werden in Film und Fernsehen thematisiert bzw. dargestellt?

–   Wie, d.h. auf welche Weisen (narrativ, film- bzw. fernsehästhetisch etc.), werden diese Formen thematisiert bzw. dargestellt?

–   In welchem Grade und in welchen Hinsichten geben diese Themati-sierungen „Realität" wieder?

–   Befördern die Thematisierungen und Darstellungen integrative oder inklusive Zielsetzungen?

–   Wie werden die Thematisierungen und Darstellungen in verschiedenen Film- und Fernsehformaten von unterschiedlichen Personengruppen rezipiert?

–   Können die verschiedenen Film- und Fernsehformate im Unterricht genutzt werden, um Diversität zu thematisieren und/ oder um Prozesse des kulturellen bzw. sprachlichen Lernens anzustoßen?

2 Vielfalt im vorliegenden Band

Der vorliegende Band ist in die Teile „Behinderung in Film und Fernsehen" und „Kultur und Migration in Film und Fernsehen" untergliedert. Er versammelt elf Aufsätze von BeiträgerInnen aus Deutschland, aus Großbritannien und aus der Slowakei. Die BeiträgerInnen kommen schwerpunktmäßig aus der Germanistik, dem Bereich Deutsch als Fremd- und Zweitsprache (DaF/ DaZ), der Ethnologie, der Medienwissenschaft und der Sonderpädagogik. Sie stellen damit nicht nur eine internationale, sondern auch eine interdisziplinäre AutorInnengemeinschaft dar. Als eine solche setzen sie sich mit „Vielfalt" und „Diversität" in unterschiedlichen Filmgenres und Fernsehformaten aus verschiedenen Ländern und über verschiedene Länder auseinander.

Im Einzelnen werden Spielfilme (Degenhardt/ Hilgers; Friedrichsen; Helmes; Hóková/ Čepáková; Löser), Boulevardmagazine resp. Krimiserien (Bosse), sog. TV-Jule- bzw. Weihnachtskalender (Maak/ Spaniel-Weise), Dokumentationen (Ricart Brede), Zeichentrickserien (Terhart/ Roth) sowie Eigenproduktionen (Rickermann/ Beller) verhandelt.

Dabei sind die Beiträge gemäß dem in ihrem Gegenstand fokussierten Thema einem der beiden Buchteile („Behinderung" oder „Migration und Kultur") zugeordnet. Hinsichtlich des ersten Buchteils kann zudem unterschieden werden, ob in den analysierten Filmen oder Fernsehproduktionen einzelne Behinderungsformen wie etwa Blindheit (Degenhardt/ Hilgers, Hóková/ Čepáková) oder Taubheit (Löser) im Fokus stehen oder ob verschiedene (oder teilweise auch Mehrfach-)Behinderungen gleichzeitig eine Rolle spielen (Helmes, Bosse).

Divers und vielfältig sind die BeiträgerInnen diese Bandes aber nicht nur hinsichtlich ihrer nationalen Herkunft, ihrer disziplinären Beheimatung und ihrer Forschungsgegenstände bzw. -interessen, sondern auch in theoretisch-methodischer Hinsicht: Während vier BeiträgerInnen mehr oder weniger „klassisch" verfahren und kontextualisierte Analysen einzelner Filme vorlegen (Helmes, Friedrichsen, Löser, Ricart Brede), nehmen andere BeiträgerInnen aus übergreifender Perspektive mehrere Filme oder Serien vergleichend in den Blick (Bosse, Degenhardt/ Hilgers). In zwei empirisch angelegten Beiträgen stehen ferner weniger die Filme und Serien als solche im Mittelpunkt als vielmehr deren Rezeption durch bestimmte Personengruppen wie Studierende einer bestimmten Fachrichtung oder Kinder mit Migrationshintergrund (Hóková/ Čepáková, Terhart/ Roth). Schließlich zeigen drei Beiträge Möglichkeiten zur Konzeption und Produktion von Filmen (Rickermann/ Beller) bzw. zum Einsatz von Filmen im Unterricht (Biechele, Maak/ Spaniel-Weise) auf.

Insgesamt reicht die Fächerung des Bandes demnach von „klassischen" Filmanalysen und -interpretationen über didaktische und unterrichtspraktische Überlegungen bis hin zu Projektberichten aus der Praxis von Filmemacherinnen. Diese Fächerung stellt ein Alleinstellungsmerkmal des Bandes dar, durch den er sich von anderen sehr begrüßenswerten Arbeiten wie bspw. den Herausgeberbänden „Medien – Diversität – Ungleichheit. Zur medialen Konstruktion sozialer Differenz" (Wischermann/ Thomas 2008) und „Medien und Migration. Europa als multikultureller Raum?" (Bondfadelli/ Moser 2007) unterscheidet.[1]

Angemerkt sei an dieser Stelle, dass die vorliegende Publikation zwar einen Anspruch auf Vielfalt, jedoch keinesfalls einen Anspruch auf Vollständigkeit erhebt. Zweifellos hätten zahlreiche weitere Filme und Fernsehproduktionen berücksichtigt werden können (und vielleicht auch sollen), wenn das Buch nicht vom Umfang her hätte begrenzt werden müssen.

Hingewiesen sei in diesem Zusammenhang bspw. auf Lars von Triers Film *Idioten* (1998), in dem auf beeindruckende, multiperspektivische Weise die Themen „Behinderung" und „Inszenierung von Behinderung" verhandelt werden, oder auf Guildo Horns Talkshow *Guildo und seine Gäste* des SWR, in der geistig Behinderte seit 2006 eben nicht über ihre Behinderung sprechen, sondern zu politischen und gesellschaftlichen Themen zu Wort kommen. Darüber hinaus hätte auch Fernsehwerbung ein weiteres, aufschlussreiches Feld für Diversitätsanalysen eröffnen können (vgl. hierzu bspw. die Arbeit von Hobuß 2008).

Ferner diskussionswürdig wäre eine ganze Reihe von Spielfilmen gewesen, von denen nach dem Zweiten Weltkrieg neben „Klassikern" wie John Hustons *Moulin Rouge* (1952), Rolf Hädrichs *Von Menschen und Mäusen* (1968), Milos

---

[1]   Diese beiden genannten sowie weitere Publikationen ergänzen den hier vorgelegten Band ihrerseits, indem sie bspw. Analysen zu Diversität in Printmedien (vgl. Röben 2008, Virchow 2008) bzw. zu Diversität in Massenmedien (vgl. bspw. Bonfadelli 2007) sowie zu weiteren Aspekten von Diversität wie bspw. zu sozialer Ungleichheit (vgl. ebenfalls Virchow 2008, auch Klaus/ Röser 2008) präsentieren.

Formans *One flew over the Cuckoo's Nest* (1975), Barry Levinsons *Rain Man* (1988), Peter Vogels *Der kleine Herr Friedemann* (1990), Lasse Halstöms *Gilbert Grape* (1993), Robert Zemeckis' *Forrest Gump* (1994) oder Damian O'Donnells *Inside I'm dancing* (2004) hier eigens nur zwei kurz angesprochen werden können: Yilmaz Arslans großartiger Film *Langer Gang* (1992) zum einen, der in einem technokratisch geführten Rehabilitations- und Wohnzentrum spielt und teils drastisch den Umgang mit und unter Behinderten sehr unterschiedlicher Art zeigt, und der auf mannigfache Weise Diversität zum Ausdruck bringende Episodenfilm *Night on earth* von Jim Jarmusch (1991) zum anderen, in dem sich bspw. in einer in Paris spielenden Episode ein blinder weiblicher Taxi-Fahrgast ebensolch diskriminierenden Fragen und Diskussionen stellen muss, wie jenen, mit denen sich der von der Elfenbeinküste stammende Taxifahrer zuvor selbst konfrontiert sah.

Mit Blick auf die lange Tradition des Migrationsfilms schließlich hätten Filme wie Rainer Werner Fassbinders *Angst essen Seele auf* (1974), Tunç Okans *Mercedes mon Amour* (1992), Pepe Danquarts Kurzfilm *Der Schwarzfahrer* (1992), Fatih Akins *Solino* (2002) oder Yasemin Şamderelis *Alemanya – Willkommen in Deutschland* (2011) ohne Frage eine Würdigung im Sinne einer wissenschaftlichen Auseinandersetzung verdient gehabt; die HerausgeberInnen hoffen hier auf weitere Projekte von dritter Seite.

Während ein Anspruch auf Vollständigkeit demnach also unrealistisch ist, möchte der vorliegende Band anhand ausgewählter Beispiele und über unterschiedliche Zugänge dennoch möglichst vielfältige, zu Diskussionen anregende Perspektiven auf migrationsbedingte und kulturelle Diversität sowie auf Behinderung in Film und Fernsehen gewähren.

3 Vorstellung der einzelnen Beiträge

Im Folgenden werden die einzelnen Beiträge der beiden Buchteile in der Reihenfolge ihrer Anordnung im Band näher vorstellt.

Eingeleitet wird der Band und damit auch der **erste Buchteil** mit dem Beitrag „Spielfilm – Abweichung – Behinderung" von *Günter Helmes*. Mit Tod Brownings *Freaks* (1932) wendet sich Helmes darin einem frühen Klassiker des Genres „Behindertenfilm" zu. Unter Einbeziehung historischer sowie produktions- und rezeptionsspezifischer Aspekte befragt Helmes den skandalisierten, von ihm als „Lehrstück" verstandenen Film in seiner detaillierten Analyse nach seinen filmästhetischen Mitteln, narrativen Strategien und themenbezogenen Intentionen, sodass sich die LeserInnen am Schluss wohl fragen: Wer sind eigentlich die wirklichen „Freaks" im Film, aber auch im wahren Leben?

Walter Löser diskutiert in seinem Beitrag „Der Nebel steigt, es fällt das Laub: Ich seh' es wohl – bin ja nicht taub!" jene filmischen Mittel, die für die Darstellung von Taubheit genutzt werden (sollten). Dabei weist er insbesondere auf zahlreiche Inkongruenzen und Unzulänglichkeiten hin, wie bspw. auf die Tatsache, dass der Film zwar die sog. „subjektive Kamera", nicht aber das „subjektive Mikrophon" kennt. An Caroline Links Spielfilm *Jenseits der Stille* (1996), der Löser „unterm Strich" überzeugt, wird die filmische Darstellung von Taubheit im Detail untersucht.

Unter Bezug auf eine sehr umfangreiche, thematisch breite und den Genres nach variante Datenmenge wenden sich *Sven Degenhardt* und *Florian P. Hilgers* in ihrem Beitrag der „Darstellung blinder Menschen im Spielfilm" zu: Ihre Analyse von 116 Rollen mit Blindheit und Sehbehinderung in 97 Spielfilmen geht der Frage nach, ob und inwieweit die Darstellungen realistisch sind und damit – der UN-BRK entsprechend – dazu beitragen (können), den Weg für eine inklusive Gesellschaft auszuformen. Die Autoren kommen zu dem Schluss, dass (diese) Spielfilme den langen Weg zu einer inklusiven Gesellschaft zwar begleiten, jedoch stets auch ihre eigenen Geschichten schreiben und erzählen.

Auch der englischsprachige Beitrag „Visual Impairment Portrayal in the Moving Picture" von *Tímea Hóková* und *Paulína Čepáková* fokussiert die Darstellung von Blindheit im Film, interessiert sich dabei allerdings für die Rezeption betreffender Filme durch bestimmte Personengruppen: Vorgestellt wird eine empirische Studie, in der 76 Sonderpädagogik-Studierende schriftlich zu ihrer Einschätzung der Darstellung von Blindheit in den beiden Filmen *Blind Loves* (*Slepé lásky*, Juraj Lehotský 2008) und *Ray* (Taylor Harkford 2004) befragt wurden.

Ingo Bosse stellt in seinem Beitrag „Bewusstseinsbildung durch Fernsehen? Die Darstellung von Behinderung in Boulevardmagazinen und Krimiserien" zwei eigene Studien vor, in denen er die Darstellung von Behinderungen in Boulevardmagazinen sowie in populären Kriminalserien untersucht hat. Neben einer vergleichenden Analyse verschiedener Boulevardmagazine werden fünf ausgewählte Folgen der Krimiserien *Tatort* und *Polizeiruf 110* analysiert. Bosse interessiert insbesondere, inwiefern es gelingen kann, dass Menschen mit Behinderungen im Fernsehen faszinieren bzw. unterhalten und dabei zugleich ein positives Bild von Menschen mit Behinderung befördert wird.

Der **zweite Buchteil** zu Vielfalt und Diversität durch Migration wird durch eine Filmanalyse von *Maik Friedrichsen* eingeleitet. In seinem Beitrag geht Friedrichsen der Frage nach, inwiefern der türkische Germanistikprofessor Nejat Aksu in Fatih Akins *Auf der anderen Seite* (2007) als „Anti-Türke" bezeichnet werden kann. Friedrichsen zeichnet dabei nicht nur die Reise des Protagonisten von Hamburg bzw. Bremen nach Istanbul nach, sondern insbesondere auch dessen „Werdegang" vom interkulturellen „Anti-Türken" zum transkulturellen Weltbürger.

Der Dokumentarfilm *Babys* (franz. *Bébés*) von Thomas Balmès (2010) steht im Mittelpunkt des Textbeitrags von *Julia Ricart Brede*. In dem Film werden vier Babys aus vier Ländern und drei Kontinenten während ihres ersten Lebensjahres begleitet; das bietet eine Folie für kulturvergleichende Überlegungen und regt dadurch zur Auseinandersetzung mit „the self and the other" an.

In ihrem Beitrag „Migration, Mehrsprachigkeit und kindliches Fernsehen – ein Überblick" präsentieren *Henrike Terhart* und *Hans-Joachim Roth* Ergebnisse einer schriftlichen und mündlichen Befragung von 8- bis 12-jährigen Kindern mit Migrationshintergrund (n= 125) zu ihren TV-Lieblingsfiguren. Die Ergebnisse zeigen einerseits, dass die befragten Kinder diesbezüglich weitgehend dieselben Präferenzen und Nutzungsmuster haben wie Kinder ohne Migrationshintergrund. Doch lässt die Auseinandersetzung mit den Fernsehfiguren auch Migrationsspezifisches erkennen: die Erfahrung beispielsweise, als „anders" (aussehend) markiert oder wahrgenommen zu werden, oder diejenige, eine andere Sprache als die deutsche zu sprechen.

Wege zu einer „film literacy" im Deutsch als Fremd- und Zweitsprache-Unterricht (DaF-/ DaZ-Unterricht) zeigt *Barbara Biechele* in ihrem Beitrag auf. Auf die Explikation des Hör-Seh-Verstehens als fünfter Sprachkompetenz folgen methodisch wertvolle Hinweise auf den Einsatz von Filmen im DaF-/ DaZ-Unterricht. Biechele empfiehlt beispielsweise, anhand gezielter Aufgaben mit ausgewählten Filmsequenzen zu arbeiten und die Filme auf diese Weise ausschnitthaft „unter die Lupe" zu nehmen.

Diana Maak und *Dorothea Spaniel-Weise* stellen in ihrem Beitrag sog. TV-Julekalender (oder auch TV-Weihnachtskalender) als spezifischen Ausdruck dänischer Kultur vor. Anhand des Julekalenders *Mikkel og Guldkortet* (Christian E. Christiansen 2008) zeigen sie in einem zweiten Schritt, wie dieses Format für den Dänisch als Fremd- und Zweitsprache-Unterricht (DäaF-/ DäaZ-Unterricht) genutzt werden kann, um kulturelle und sprachliche Lernprozesse zu initiieren.

Mit „Einblick" gewähren *Kerstin Rickermann* und *Silke Beller* in ihrem den Band beschließenden Beitrag Einblick in ein von ihnen durchgeführtes, globales Videoaustauschprojekt. Durch filmische Eigenproduktionen treten jugendliche DaF-SchülerInnen hierbei in einen trilateralen und interkontinentalen Dialog über ihre eigene Kultur.

Literatur

Bonfadelli, Heinz (2007). Die Darstellung ethnischer Minderheiten in den Massenmedien. In Heinz Bonfadelli & Heinz Moser (Hrsg.), *Medien und Migration. Europa als multikultureller Raum?* Wiesbaden: VS Verlag, 95–116.

Bonfadelli, Heinz; Moser, Heinz (Hrsg.) (2007). *Medien und Migration. Europa als multikultureller Raum?* Wiesbaden: VS Verlag.

Hagedorn, Jörg (2010). Heterogenität als erziehungswissenschaftliche Herausforderung – Über die Schwierigkeit, die Einheit in der Differenz zu denken. In Jörg Hagedorn, Verena Schurt, Corinna Steber & Wiebke Waburg (Hrsg.), *Ethnizität, Geschlecht, Familie und Schule. Heterogenität als erziehungswissenschaftliche Herausforderung.* Wiesbaden: VS Verlag, 403–423.

Hobuß, Steffi (2008). „Weiße Bilder" in der Werbung. Zur Stabilisierung und Destabilisierung von Whiteness als unsichtbare Norm. In Ulla Wischermann & Tanja Thomas (Hrsg.), *Medien – Diversität – Ungleichheit. Zur medialen Konstruktion sozialer Differenz.* Wiesbaden: VS Verlag, 203–222.

Klaus, Elisabet; Röser, Jutta (2008). „Unterschichtenfernsehen": Beobachtungen zum Zusammenhang von Medienklassifikationen und sozialer Ungleichheit. In Ulla Wischermann & Tanja Thomas (Hrsg.), *Medien – Diversität – Ungleichheit. Zur medialen Konstruktion sozialer Differenz.* Wiesbaden: VS Verlag, 263–279.

Röben, Bärbel (2008). Migrantinnen in den Medien. Diversität in der journalistischen Produktion – am Beispiel Frankfurt/Main. In Ulla Wischermann & Tanja Thomas (Hrsg.), *Medien – Diversität – Ungleichheit. Zur medialen Konstruktion sozialer Differenz.* Wiesbaden: VS Verlag, 141–159.

Trautmann, Matthias; Wischer, Beate (2011). *Heterogenität in der Schule. Eine kritische Einführung.* Wiesbaden: VS Verlag.

Virchow, Fabian (2008). „Fordern und fördern" – Zum Gratifikations-, Sanktions- und Gerechtigkeitsdiskurs in der BILD-Zeitung. In Ulla Wischermann & Tanja Thomas (Hrsg.), *Medien – Diversität – Ungleichheit. Zur medialen Konstruktion sozialer Differenz.* Wiesbaden: VS Verlag, 245–262.

I: Behinderung in Film und Fernsehen

Günter Helmes

Spielfilm – Abweichung – Behinderung[1]
Beobachtungen zu einem frühen Klassiker des Genres „Behindertenfilm": Das Lehrstück *Freaks* (1932) von Tod Browning

1   Einleitung: Abweichung – Neugierde – Identität

Wie weit man auch zurückschaut: Abweichungen davon, was seitens eines bestimmten Kulturkreises jeweils als normal angesehen wird, sei es im körperlichen, im geistigen und/ oder im psychischen Bereich, haben immer schon die – künstlerisch artikulierte – Aufmerksamkeit auf sich gezogen; zum Teil seitens derjenigen, die davon betroffen waren bzw. sind, immer aber seitens derjenigen, denen diese Abweichungen beim Anderen begegnen. Dabei hat sich diese Aufmerksamkeit, deren Intensität und Extensität selbstverständlich von der Art der Abweichung, vom Grad der jeweiligen Abweichung und von den sozialen Daten des/ der Betroffenen (wie Klassen-/ Schichtzugehörigkeit, Geschlecht, Alter, Ausbildung, Beruf etc.) abhängig ist, in ganz unterschiedlicher Weise geäußert, als Betroffensein oder Furcht, als (Selbst-)Mitleid oder Ärger, als Bewunderung oder Geringschätzung, als Bestaunen oder Verlachen, als Überhöhung oder Denunziation, als Verzauberung oder Abscheu, als Belobigung oder Verurteilung, als Hilfsbereitschaft oder Tötungswille[2]. Beeinträch-

---

1   Anstatt von „behinderten" von „andersbefähigten" Körpern zu sprechen, wie das Elahe Haschemi Yekani und Henriette Gunkel (2012) vorschlagen, mag zwar der ‚Mangel-Falle' aus dem Weg gehen und weitere Relikte defizitorientierten Denkens und Handelns eliminieren, der Euphemismus-Tretmühle entgeht aber auch dieser Sprachgebrauch letztlich nicht. Aus sprachpragmatischer Sicht könnte man sogar die Befürchtung hegen, dass solche ungebräuchlichen Markierungen wie diejenigen Haschemi Yekanis und Gunkels selbst behindernd wirken.

2   Zu erinnern ist an die Bewertung schwer Behinderter als „lebensunwertes Leben" insbesondere während des Nationalsozialismus, aber auch schon davor wie bei Alfred Hoche und Karl Binding. Defizittheoretisches Gedankengut bezüglich Be-

tigungen, Entstellungen, Versehrungen, Mängel, Verluste, aber auch Vorzüge, Reize, Ausprägungen und dergleichen mehr[3] an Körper, ‚Kopf' und/ oder ‚Seele' eines/ einer anderen: Welch' ein willkommener Anlass, um sich darüber – so oder so die eigene Identität oder ‚den Menschen' als Idealität im Blick, so oder so erzählend – impulsiv, reflektierend und/ oder handelnd auszulassen!

1.1 Abweichung als Behinderung und Missgestalt: historische Signaturen

Bereits in der griechischen Antike, bei Hesiod oder bei Homer zum Beispiel,[4] aber ebenso in den Büchern der *Bibel* finden wir zahlreiche Figuren, die in einer bestimmten Hinsicht eine in diesem Beitrag allein interessierende Abwiechung ‚nach unten', eine sogenannte Behinderung, Missgestalt oder chronische Krankheit also aufweisen.[5] Sie fallen von daher aus dem mit Etiketten wie „normal" oder „durchschnittlich" versehenen Korridor der die Mehrheit darstellenden und deshalb die Deutungshoheit beanspruchenden „Wir"-SagerInnen heraus. Und es finden sich, bspw. bei Aristoteles in dessen *Poetik* oder bei Cicero in dessen *Rhetorik*, einlässliche Reflexionen darüber, wie man solche Behinderungen – sie werden in der Regel unter dem Begriff „Hässlichkeit" subsumiert – zu bewerten habe und wie damit umzugehen sei: Sie werden als komisch, lächerlich und/ oder schlecht eingestuft und geben deshalb ggf. legitimerweise Anlass, dem/ der Betroffenen auch in ganz anderen Hinsichten Kompetenzen oder Seriosität abzusprechen (vgl. Gottwald 2013).

---

hinderungen findet sich aber auch noch lange nach 1945, bspw. 1958 in Schreiben des Bundesministeriums des Innern, in denen von „leistungsgestört" oder „lebensuntüchtig" die Rede ist (vgl. Bösl 2010: 6).

3   Um die Dinge nicht zu verkomplizieren, sollen an dieser Stelle solche Fälle ausgeblendet bleiben, bei denen eine Segnung oder ein Vorzug so radikal ausfällt, dass sie bzw. er ‚unterm Strich' zum Nachteil gereicht, bspw. zu sozialer Inkompetenz oder zu Ausgrenzung führt.

4   Zu denken wäre bspw. an Figuren der *Ilias* wie den humpelnden Hephaistos oder den als hässlichster Mann beschriebenen Theristes.

5   Filmische Darstellungen von im Lebensverlauf erworbenen Krankheiten wie Krebs oder MS und deren Folgen, also bspw. George Cukors *Camille* (1936) oder Edmund Gouldings *Dark Victory* (1939), bleiben in diesem Beitrag weitestgehend unbeachtet. Das gilt auch für Spielfilme wie Bård Breiens *Die Kunst des negativen Denkens* (2006) oder Dalton Trumbos *Johnny got his gun* (1971), die von im Lebensverlauf erworbenen Versehrungen aufgrund von Unfall- oder Kriegsgeschehen handeln. – Vgl. auch Anm. 12.

Auffällig ist, dass in der christlichen wie in der nichtchristlichen Tradition Behinderungen häufig als Folge von Bestrafung, intendierter Vorenthaltung und/ oder als zu kompensierender oder zu heilender Zustand des Krankseins dargestellt werden.[6] Die Aufhebung dieses Zustandes (bspw. durch Jesus) geht, wie bei den Evangelisten Markus, Lukas und Matthäus nachzulesen, mit Freude und Glück sowie mit Dankbarkeit und Ergebenheit des/ der zuvor um Erbarmen bettelnden Betroffenen einher.[7] Nach *Matthäus 12,22* ist es sogar ein innewohnender Dämon bzw. ein böser Geist, der einen Mann stumm und blind[8] gemacht hat; vom bösen Geist aus ist es zum Teufel dann nicht mehr weit. Es werden dergestalt nicht nur böse sein und behindert bzw. krank sein parallelisiert; vielmehr wird Behinderung bzw. Krankheit auch von einem Akzidenz, einer bloßen (körperlichen) Partialität des/ der Betroffenen zum Ausdruck von dessen/ deren essentieller menschlicher Verderbtheit. Weil Betroffene derart verderbt sind, haben sie keinerlei Recht, zu rebellieren oder sich gegen bzw. über das ,Schicksal' zu empören, sondern müssen vielmehr um Gnade bitten und sich im Falle der Hilfe verbunden, ja verpflichtet fühlen. Und mehr noch: Weil eine Behinderung nicht nur Ausdruck einer Bestrafung, sondern auch Zeichen einer Besessenheit ggf. sogar durch den Teufel sein kann, geht von jedem/ jeder Betroffenen potentiell eine große Gefahr für alle aus.[9]

---

6   Vgl. bspw. die Figur des Teiresias, den nach Hesiod – andere Quellen erzählen anderes – Hera aus Wut erblinden ließ; der stets mit Hera ringende Zeus verlieh ihm daraufhin zum Ausgleich die Sehergabe und eine siebenfache Lebensdauer. – Vgl. auch Anm. 8.

7   Vgl. *Markus 10,46–52* bzw. *Lukas 18,35–43* bzw. *Matthäus 20,29–34*, die von der Heilung des blinden Bartimäus durch Jesus in Jericho erzählen. Vgl. auch *Matthäus 15,29–31* und *Markus 6,53–56*, die davon erzählen, wie Jesus am See Genezareth viele kranke, blinde, stumme und lahme Menschen heilt.

8   Blindheit galt in Anlehnung an Jesu Gleichnis vom Blindensturz (*Matthäus 15,14* und *Lukas 6,39*) als eine besonders fatale Form der Behinderung, da sie mit mangelnder Einsichtsfähigkeit in Verbindung gebracht wurde. Vgl. auch Pieter Bruegels Gemälde *Der Blindensturz* (1568), Elias Canettis Romanerstling *Die Blendung* (1936) sowie Gert Hofmanns Erzählung *Der Blindensturz* (1985). Vgl. auch die mit Bosheit und Dämonisierung einhergehende Thematisierung von Ein- oder Mehräugigkeit in einem Märchen wie *Einäuglein, Zweiäugklein, Dreiäuglein* der Brüder Grimm (vgl. KMH 130) oder in einem Jugendbuch wie *Krabat* (1971) von Otfried Preußler. – Vgl. auch Anm. 6.

9   Zum Verhältnis des hier im Fokus stehenden Films *Freaks* zu Passagen aus der *Bibel* vgl. bspw. Brintnall (2006).

Kann es vor diesem Hintergrund verwundern, dass Behinderte bis weit über das Mittelalter hinaus diskriminiert, stigmatisiert, ausgegrenzt und verfolgt wurden und sie es eigentlich waren, die eine Bringschuld hatten, die es bspw. durch eine besondere Duldsamkeit oder durch eine besondere Unterwürfigkeit abzuarbeiten galt, ein Stück weit wenigstens? Kann es weiterhin verwundern, dass Behinderte, insbesondere solche mit extremen körperlichen Missbildungen,[10] noch in den ‚aufgeklärten‘, der Selbstwahrnehmung nach schon mitleidig und hilfsbereit gestimmten Zeiten des 19. Jahrhunderts und sogar bis in die 1920er Jahre hinein ganz selbstverständlich im Zirkus, in sog. „Side-Shows" oder „Freak-Shows" und sogar in weitläufigen öffentlichen Räumen wie bspw. dem Wiener Prater als begaffenswerte und begrölenswerte Abnormitäten ausgestellt wurden?[11]

Abb. 1: Eine Eintrittskarte für eine Vorstellung im Wiener Prater von Gustav Münstedts Liliput-Circus aus dem Jahre 1914; hier trat eine „Kolibris" genannte „Liliputanergruppe" auf (Quelle: Kaldy-Karo/ Enzinger 2010: 15).

---

10   Sogenannte Monster (Haarmenschen, Elefantenmenschen, Zwerge, siamesische Zwillinge etc.).
11   „Im Prater gab es oft Gastspiele von ‚Liliputaner‘-Gruppen, die im Circus Zentral, in Schaubuden oder in der ‚Liliputstadt‘ zu sehen waren." (Kaldy-Karo/ Enzinger 2010: 15).

Abb. 2: Postkarte von Karl-Heinz Schaefers Märchenstadt „Liliput" im Wiener Prater (Quelle: Posch 2013: 223).

Und kann es schließlich verwundern, dass es danach noch vieler Jahrzehnte und Anstrengungen mannigfachster Art bedurfte – zumal angesichts der exzessiven nationalsozialistischen Barbarei auch auf diesem Gebiet –,[12] bis es in Filmen wie bspw. Yilmaz Arslans *Langer Gang* (1992) oder zwölf Jahre später in Damian O'Donnells *Inside I'm dancing* (2004) möglich wurde, reale oder inszenierte Behinderte wie Tarik (Tarik Senouci) oder Rory O'Shea (James McAvoy) zu zeigen, die dank ihrer Unkonventionalität, Unbotmäßigkeit und aggressiven Zurückweisung von an sie herangetragenen Rollen-, Identitäts- und Verhaltensverpflichtungen die akklamierten Helden des Films sind (s.u.).[13]

---

12   Der Beitrag klammert bewusst Wolfgang Liebeneiners hoch umstrittenen Spielfilm *Ich klage an* aus dem Jahre 1941 aus, der sich aus thematischen Gründen und aufgrund spezifischer kontextueller Bedingungen nicht in der hier gebotenen Kürze abhandeln lässt. – Vgl. auch Anm. 5.

13   Zu erinnern ist im Übrigen daran, dass sog. Behinderte, Missgestaltete oder Hässliche sowohl in den bildenden Künsten (vgl. des Näheren Eco 2007) als auch in der Literatur über die letzten Jahrhunderte hinweg eine einschlägige Rolle

1.2   Behinderung und Missgestalt im Film[14]

Das am Ausgang des 19. Jahrhunderts entstandene Medium Film hat das Thema „Behinderung" schon früh für sich entdeckt bzw. wurde früh schon zu medizinischen oder sozialpolitischen Zwecken eingesetzt,[15] sowohl als sog. dokumentarischer Film[16] als auch als sog. Spielfilm[17]. Bekannte Spielfilmbeispiele sind, neben dem hier verhandelten Film *Freaks* von Tod Browning, Friedrich Wilhelm Murnaus *Nosferatu – Eine Symphonie des Grauens* (1922), Wallace Worsleys *The Hunchback of Notre Dame* (dt. *Der Glöckner von Notre*

---

gespielt haben. Für die Zeit bis 1900 denke man bspw. an Gemälde wie Quentin Massys' *Die hässliche Herzogin* (1525), Pieter Bruegels *Die Krüppel* (1568) oder William Blakes *Nepukadnezar* (1795), an unterschiedliche (Kunst-)Märchentraditionen und dort an Figuren wie den „kleinen Muck", „la Bête", den „Nussknacker" oder das „hässliche Entlein" sowie im deutschsprachigen Raum an Erzähltexte wie Adalbert Stifters *Brigitta* (1844/47) und *Turmalin* (1852/53) oder an Theodor Fontanes *Schach von Wuthenow* (1882). – Für umfangreiche weiterführende Hinweise vgl. Würtz (1932: 76–97), der ein 472 Personen umfassendes „Verzeichnis bekannter Gebrechlicher und Entstellter nach Beruf und Schaffensgebiet geordnet" liefert (u.a. „Schaukrüppel und Krüppel-Virtuosen"). Die aufgelisteten „Gebrechliche[n] und Entstellte[n]" werden dann sogar noch einmal dem Zeitgeist entsprechend nach „Völker[n]" geordnet (S. 98–116). Ebenfalls zu beachten sind das sich anschließende, 2502 Einträge umfassende „Verzeichnis der Darstellungen des Krüppels in der Kunst" (S. 119–189) sowie die knapp kommentierte Auflistung „Schöne Literatur über Krüppel", die 779 Einträge enthält.

14   Die fiktionale Thematisierung von Behinderung und Missgestalt im Fernsehen stellt ein eigenes Thema dar. Für das in der Bundesrepublik ausgestrahlte Fernsehen vgl. bspw. die US-amerikanische Krimi-Serie *Ironside* (1967–75; in der ARD unter *Der Chef* seit 1969 ausgestrahlt) und die siebenteilige ZDF-Serie *Unser Walter* (1974).

15   Zum Thema „Behinderung" im schockästhetisch ganz anders wirkenden Medium Photographie vgl. bspw. Osten (2013), Regener (2013) und Schmidt (2013).

16   Vgl. bspw. den über zehn Jahre entstandenen, 51-minütigen Film *Krüppelnot und Krüppelhilfe* (1920) von Nicholas Kaufmann, Curt Thomalla und Konrad Biesalski (vgl. dazu näher Osten 2008); vgl. Anfang der 1970er Jahre bspw. die beiden dokumentarischen Filme von Werner Herzog *Behinderte Zukunft* und *Land des Schweigens und der Dunkelheit* (vgl. dazu näher Ochsner 2013).

17   Frühe Beispiele sind u.a. Rupert Julians *The Phantom of the Opera* (1925) und Rouben Mamoulians *Dr. Jekyll and Mr. Hyde* (1931). – Seeßlen hat für das 20. Jahrhundert darauf hingewiesen, „dass es keinen erzählenden Film gibt, der konsequent aus der Perspektive eines Behinderten gedreht ist." (Seeßlen 2003: 33). – Vgl. auch die folgende Anm.

Dame; 1922)[18] und Charlie Chaplins *City Lights* (dt. *Lichter der Großstadt*; 1931). Mit diesen vier Filmen sind auch jene vier Grundtendenzen verbunden, die hinsichtlich der Darstellung von Behinderung und Missgestalt mehr als ein halbes Jahrhundert lang den Spielfilm dominiert haben:[19] Der/ die (inszenierte)

---

18   Paradoxerweise haben insbesondere die ineinandergreifenden Tatsachen, dass Worsleys *The Hunchback of Notre Dame* auf einer berühmten literarischen Vorlage beruht und eine beträchtliche Anzahl an heute weitaus bekannteren Filiationen nach sich zog, zu einer immer verhalteneren Beachtung des Films geführt. Von daher an dieser Stelle ein paar Hinweise: Worsleys Historienfilm beeindruckt durch episch breit entfaltete und parallel geführte Handlungsstränge, durch zahlreiche Massenszenen, aufwändige Kulissen und Kostümierungen, eine glänzende Maske sowie durch eine perspektivenreiche, beachtenswerterweise vor allem zu Beginn auch einige Male Quasimodos Sicht einnehmende Kamera; für einen Moment blitzt dann jene hilflose, qualvolle Einsamkeit auf, in der sich Quasimodo befindet und die filmischerseits meist „zum Verschwinden gebracht" (Seeßlen 2003: 31) wird. Der Film führt in eine Welt exzessiver Gewalttätigkeit, zügelloser Sinnlichkeit und hemmungsloser Rohheit, in der der als „monstrous joke of nature" betrachtete Quasimodo nur in Notre Dame Schutz finden kann. Ein ums andere Mal wird Quasimodo in Nahaufnahme gezeigt, was einerseits, intendiert oder unfreiwillig, voyeuristische Schaubedürfnisse bedient, andererseits aber auch die Möglichkeit eröffnet, das differenzierte, auch Zärtlichkeit und Flehen ausdrückende Mienen- und Gestenspiel Quasimodos zu ‚studieren', das ihn nicht nur (s.u.) als tierähnliche belebte Materie, sondern als empfindsamen Mann und Menschen ausweist [bspw. 04:22–04:42]. Es stellt sich dann ein freilich mit Fatalismus grundiertes Mitgefühl mit Quasimodo im Besonderen und mit Behinderten schlechthin ein. Dieses Mitgefühl wird allerdings in jener stark an entsprechende Passagen in Brechts *Dreigroschenoper* erinnernden Szene des Films gleich wieder unterlaufen, die an einem „Court of Miracles" genannten Ort spielt, an dem sich bettelnde Blinde und Lahme als professioneller Fake erweisen [27:45–29:15]. Darüber hinaus ist dieser Quasimodo in einer Weise behend, die ans Artistische grenzt. Die Leichtigkeit, Keckheit und Eleganz, mit der er über beinahe drei Filmminuten an der Außenfassade von Notre Dame herunterklettert [8:35–11:10], suchen filmgeschichtlich ihresgleichen, rücken Quasimodo allerdings auch in die unmittelbare Nähe zu einem Menschenaffen à la King Kong; dazu tragen entsprechende Schaukelbewegungen und Fratzen Quasimodos einschlägig bei, die ihn hier und an anderen Stellen häufig als tumb und als eine „slave nature" erscheinen lassen.

19   Zu Behinderung und Krankheit im Film vgl. die wertvolle Filmographie in Heiner und Gruber (2003), unpag. S. 188–203, die bis 2002 ca. 180 Titel umfasst und diese Titel insgesamt elf Kategorien zuordnet. Für die Kategorie „Sehen" bspw. werden 15, für die Kategorie „Sprechen und Hören" 26, für die Kategorie „Aussehen und Bewegung" 42 und für die Kategorie „Lernen und Begreifen" 7 Filme genannt. Diese stark voneinander abweichenden Zahlen dürften auch etwas mit den Darstellungsproblemen verschiedener Behinderungen im Film zu tun haben. Vgl. dazu bspw. Risolia (2003) und van Goor (2003).

Behinderte bzw. Missgestaltete als der/ die Abgründige und Böse (*Nosferatu*),[20] der/ die (inszenierte) Behinderte bzw. Missgestaltete als bemitleidenswertes Monster mit menschlich-allzumenschlichen Grundregungen (*The Hunchback of Notre Dame*), der/ die (inszenierte) Behinderte, aber nicht Missgestaltete als bemitleidens- und liebenswerter Herzensengel (*City Lights*) und (reale) Behinderte bzw. Missgestaltete als Menschen wie du und ich[21] (*Freaks*).

2   Freaks: Hintergründe – Kontexte – Fassungen – Trivia

Tod Brownings legendärer Film *Freaks* (zu den zahlreichen Legenden um *Freaks* vgl. Borst 1973), der Gattung nach ein Spielfilm mit kräftiger authentischer Grundierung aufgrund der Mehrzahl der tatsächlich behinderten SchauspielerInnen, dem Genre nach zwischen melodramatischem Liebesfilm, Zirkusfilm und Kriminalfilm angesiedelt, der frühen Rezeption nach aber vor allem als im Kino des Massenpublikums völlig deplatzierter dokumentarischer Horror- bzw. Monsterfilm wahrgenommen (s.u.), ist in seiner Art filmgeschichtlich nahezu einmalig.[22] Das gilt zumindest dann, wenn man nur auf Hollywood und vergleichbare Produktionsstätten und -firmen schaut und das Avantgarde- und

---

20   Bekannte Spielfilme, in denen der Behinderte oder der Verunstaltete zugleich der Böse ist, sind bspw. Howard Hawks' *Scarface* (1932), Stanley Kubricks *Dr. Strangelove or: How I Learned to Stop Worrying and Love the Bomb* (1964), Tim Burtons *Batman* (1989) oder Ridley Scotts *Hannibal* (2001).

21   Diese Aussage bezieht sich auf die Mehrzahl der „Freaks". Sie ist dahingehend einzuschränken, dass die kleinwüchsigen ProtagonistInnen Hans und Frieda (Harry und Daisy Earles) deutlich idealisiert werden (s.u.).

22   Hinzuweisen ist allerdings zum einen auf einen bereits 1915 von Universal produzierten Kurzfilm gleichen Titels von Allen Curtis, in dem SchauspielerInnen mit erheblichen mimisch-komödiantischen Fähigkeiten „Freaks" darstellen. Hinzuweisen ist zum anderen – und insbesondere – auf den der Story nach etliche Parallelen zu Brownings *Freaks* aufweisenden Erle C. Kenton-Film *The Sideshow* (1928), der von der damals noch finanzschwachen Produktionsgesellschaft Columbia produziert wurde und den man nach erst später eingeführter Terminologie ein „B-Movie" nennen würde. In diesem Film, der nie in den großen Lichtspielhäusern gezeigt wurde und der immer nur tageweise oder wenige Tage lang in randständigen Kinos lief, spielt der kleinwüchsige „Little Billy" Rhodes einen Zirkusdirektor, der im Abwehrkampf gegen einen skrupellosen Konkurrenten und in unglücklicher Liebe zu einer von jenem eingeschleusten jungen Frau zum tragischen Helden wird. Hinzuweisen ist zum Dritten auf die Filme *House of the Damned* (1963) von Maury Dexter und *She Freak* (1967) von Byron Mabe und Donn Davison, die so etwas wie ein Semi-Remake bzw. einen Ableger von *Freaks* darstellen. – Vgl. auch Anm. 32 und 37.

Undergroundkino[23] außer Acht lässt, die im Gegensatz dazu wesentlich ja auch durch Konventionsbruch und Provokation im Thematischen und/ oder Ästhetischen bestimmt sind.

Freaks basiert auf der in einem kleinen französischen Zirkus ihren Ausgang nehmenden Erzählung *Spurs* (1923)[24] des US-amerikanischen Schriftstellers Tod Robbins, der sich erfolgreich auf Kriminal- und vor allem auf Horrorgeschichten spezialisiert hatte. Er lässt sich damit von literarischen Genres und den mit ihnen einhergehenden Topoi und Erwartungshaltungen inspirieren und leiten, die schon seinerzeit besonders erfolgreich bzw. ausgeprägt waren und die bspw. mit Schauerfilmen wie Stellan Ryes und Paul Wegeners *Der Student von Prag* (1913), Robert Wienes *Das Cabinet des Dr. Caligari* (1920), Paul Wegeners und Carl Boeses *Der Golem, wie er in die Welt kam* (1920) und Henrik Galeens Neuverfilmung *Der Student von Prag* (1926) auch in Deutschland längst im Kino heimisch geworden waren.

Angesichts der Anfang der 1930er Jahre und dann noch auf mehrere Jahrzehnte lang als Ungeheuerlichkeit, als frivoler Tabubruch empfundenen und folglich harsch sanktionierten Tatsache,[25] reale „Freaks" – zumal in einer großen Anzahl und als Subjekte, Individuen und sogar als ‚HeldInnen' (s.u.) – auf die ‚saubere' Leinwand[26] und damit vor ein nach illusionistischer Sensation

---

23 Vgl. bspw. René Clairs *Entr'acte* (1924), in dem jemand eine Beinamputation vorgibt, oder Jean Vigos *À propos de Nice* (1930), in dem Behinderte im Alltag von Nizza zu sehen sind. Für spätere Jahrzehnte könnte man bspw. auf einen Film wie *La Montaña sagrada* (1973) von Alejandro Jodorowsky verweisen.

24 Der Text findet sich mit dem Zusatz „Copied in the M-G-M Script Dept. Sept. 18, 1928. From the book *Who Wants a Green Bottle?*" unter http://www. olgabaclanova.com/spurs.htm [20.07.2016].

25 Für die Zensur des Films bspw. in Großbritannien, wo *Freaks* bis 1963 verboten war, vgl. bspw. Robertson (1989). – Das öffentliche Vorführen des Films wurde bald nach seinem Erscheinen in vielen US-Bundesstaaten verboten oder nur mit einschneidenden weiteren (s.u.) Kürzungen erlaubt. Weltweit war der Film in vielen Ländern jahrzehntelang verboten. Erst in den ‚unbotmäßigen' 1960er Jahren wurde der Film zunächst auf dem Filmfestival in Cannes 1962 und dann in den Programmkinos der Gegenkultur quasi wiederentdeckt und zu einem bis heute höchst kontrovers diskutierten Kultfilm (vgl. bspw. Thomas 1964). In diesem jugend- bzw. protestkulturellen Zusammenhang kam es auch zu einer mehr oder minder radikalen Umwertung des Wortes „Freak". Aus der stigmatisierenden Vokabel mit hämischem Sensationskitzel im Unterton wurde eine Bezeichnung für akklamierte Antibürgerlichkeit.

26 ‚Sauber' war diese Leinwand auch in dem Sinne, dass sie selbstverständlich bspw. realen Kriminellen nicht die Möglichkeit bot, in einem Kriminalfilm Kriminelle darzustellen. Wie eingangs ausgeführt, wurden aber Behinderte schon in der Antike u.a. mit moralischer Inferiorität und einem daraus resultierenden

und sentimentalem Selbstgenuss und nicht nach naturalistischer Tatsächlichkeit und dekonstruierenden Provokationen gierendes Millionenpublikum zu bringen,[27] diese „Freaks" also nicht als bloße Objekte voyeuristischer Blicke der als angemessen empfundenen enklavischen ‚Schmuddelecke' drittklassiger Side-Shows[28], den großen Vergnügungsstätten[29] oder dem Zirkus[30] zu überlassen, ist es unumgänglich, auf einige Kontexte des Films hinzuweisen. Diese Kontexte gehören dann zumindest genuin zum Film und dessen ‚Charakter' dazu, wenn es auch um die historische Situierung und um die (Re-)Konstruktion der Funktion des Films geht sowie um diejenige der Bedeutungspotenziale, die der Film aufbaut.[31]

Spätestens mit den bis heute berühmten Universal-Filmen *Dracula* (1931) von Tod Browning und *Frankenstein* (1931) von James Whale waren in den USA und anderenorts der Horror-Film und dessen Varianten zu einem höchst

---

Gefahrenpotenzial für Recht und Ordnung in Verbindung gebracht. Vor diesen Hintergründen wird erklärbar, warum *Freaks* vielen KinogängerInnen damals und auch später noch per se als unmoralisch galten.

27   Diese Gier nach illusionistischer Sensation und sentimentalem Selbstgenuss des ebenso kontaktlos-billigen wie situativ-folgenlosen Mitfühlens bleibt selbstverständlich bspw. durch alle „Glöckner von Notre Dame"-Filme gewahrt. Es gründet ja auf dem Darsteller und Figur unterscheidenden Bewusstsein, einen Schauspieler zu sehen und keiner Selbstdarstellung beizuwohnen.

28   Nicht übersehen werden sollte allerdings, dass diese Form der Prostitution von den sich Prostituierenden meist auch als Möglichkeit einer geregelten Erwerbstätigkeit und damit als Möglichkeit zu einem selbstständigen Leben gesehen wurde. Man macht es sich zu leicht, wenn man in diesen Side-Shows und in den anderen Darbietungsorten in gutmenschelnder, als entmündigender Oktroy daherkommender Fürsorglichkeit nur Einrichtungen bzw. Unternehmen sieht, die Behinderte zu puren Objekten degradierten.

29   In Coney Islands Vergnügungspark *Dreamland* bspw. gab es eine durchgängig Einlass gewährende Side-Show mit sog. „Freaks" aller Art.

30   Aufschlussreich ist bspw. die Beschreibung, die Eberstaller (1974: 64–66) für jene „Sammlung menschlicher *Kuriositäten*" (S. 64) liefert, die Barnum & Baileys 1900/1901 in der Wiener Rotunde darboten.

31   Es versteht sich, dass einem Film keine Bedeutung an sich zukommt. Diese resultiert vielmehr immer aus dem ‚Blick' der so oder so an dem Film interessierten RezipientInnen und deren Position bzw. Funktion im Diskurs. Für *Freaks* heißt das bspw.: Heutige BetrachterInnen können sich vermutlich leichter auf die vom Film erzählte Geschichte konzentrieren, weil ihre Wahrnehmung nicht in der Weise durch den Anblick all der Behinderten präokkupiert bzw. absorbiert wird wie dies für das Publikum der frühen 1930er Jahre der Fall war.

populären und hohen Profit versprechenden Produkt geworden.[32] Damit hatte die dem bürgerlich-kapitalistischen Zeitalter zwingend angehörende Vermarktung auch von Freakishness[33] eine totale, von Fact (bspw. Side-Show) bis Fiction reichende, Sprachliches (bspw. eine Erzählung) und Visuelles (Gemälde, Fotos, bewegte Bilder) umfassende und anrüchige wie geachtete Orte[34] besetzende Qualität erreicht. An diesem Boom von Freakishness im Allgemeinen bzw. des Horrorfilms im Besonderen wollte die Filmgesellschaft Metro-Goldwyn-Mayer (im Folgenden kurz: M-G-M), die mit Browning unter der Direktive ihres begnadeten Produzenten Irving Thalberg Jahre zuvor bereits die sehr einträglichen Horror-Filme *The Unholy Three* (1925),[35] *The Unknown* (1927) und *London After Midnight* (1927) produziert hatte, nicht nur weiter partizipieren; es sollte zugleich die aktuell erfolgreichere Konkurrentin Universal in die Schranken weisen.[36] Von daher machte man Tod Browning, der gerade einen drei Projekte umfassenden Vertrag mit Universal erfüllt hatte (vgl. hierzu auch Skal/ Savada 1995, Herzogenrath 2006), kurzerhand ein Angebot, um mit ihm einen ultimativen, *Dracula* in tiefen Schatten stellenden Horror-

---

32   Von daher ließ Universal in den Folgejahren mit Karl Freunds *The Mummy* (1932) und den James-Whale-Filmen *The Invisible Man* (1933) und *Bride of Frankenstein* (1935) auch rasch weitere Filme dieses Genres folgen. Man sprach damals in Hollywood auch vom „Universal-Horror". – Vgl. auch Anm. 22 und 37.

33   *Alles* zu vermarkten, ist *das* Merkmal dieses Zeitalters bzw. Systems. Dabei ist die sich in Vermarktung niederschlagende voyeuristische Gier nach Freakishness im Sinne einer negativen Dialektik zwangsläufige Begleiterscheinung sich herausbildender hypertropher Humanitäts- und Tugendkonzepte.

34   Barnum & Baileys traten mit ihrem „Congress of Freaks" selbstverständlich auch in der wohl bekanntesten Arena der Welt, dem (zweiten) Madison Square Garden auf.

35   Auch dieser Film beruht auf einer – gleichnamigen – Erzählung von Tod Robbins. In diesem Film spielt auch bereits der mit Tod Browning befreundete kleinwüchsige männliche Hauptdarsteller von *Freaks,* Harry Earles, in einer tragenden Rolle mit; in *Freaks* heißt er Hans. 1939 war Earles neben Judy Garland in einer kleinen Rolle in V. Flemings *The Wizard of Oz* zu sehen. In diesem Film spielte auch Daisy Earles, „the midget Mae West", mit, die jüngere Schwester von Harry, die in *Freaks* die Verlobte von Hans mit Namen Frieda darstellt. Harry und Daisy Earles hatten zusammen mit zwei weiteren kleinwüchsigen Geschwistern noch weitere Nebenrollen in Spielfilmen; hauptsächlich arbeiteten sie aber mehrere Jahrzehnte lang für den Ringling Bros. and Barnum & Bailey Circus, die selbsternannte „Greatest Show on Earth".

36   Universal hatte Mitte der 1920er Jahre bereits mit dem Rupert-Julian-Film *The Phantom of the Opera* (1925) mit Lon Chaney sen. in der Hauptrolle einen großen Erfolg gefeiert.

Film – *Freaks* eben – zu produzieren.[37] M-G-M ging es also mit dem Film ganz vorrangig um die Vergrößerung eigener Marktanteile bzw. um die Schwächung der Konkurrenz, um zukunftsträchtiges Renommee und um momentanen wie langfristigen Profit; von einem genuinen, relevant gewordenen Interesse der Produktionsgesellschaft an den sog. „Freaks" selbst und deren privater und gesellschaftlich-öffentlicher Situation hingegen ist nichts bekannt.

Tod Browning seinerseits hatte sich vor *Freaks* nicht nur mit den zuvor genannten Filmen einen hervorragenden Namen im Horror- und Schauergenre gemacht, der ihn einer der Starregisseure Hollywoods der 1920er Jahre sein ließ. Er verfügte darüber hinaus aus den späten 1890er und den frühen Jahren des 20. Jahrhunderts auch selbst über langjährige und vielfältige Arbeitserfahrungen im Zirkus, in Side-Shows, im Vaudeville und auf Jahrmärkten (vgl. auch Savada 1973). Dabei hatte er selbstverständlich auch permanent mit „Freaks" zusammengearbeitet und diese als KollegInnen kennen- und ggf. auch schätzen gelernt. Browning war demnach zum einen in vielfacher Hinsicht ein Insider, von dessen Ruf und dessen quasi ‚natürlicher‘, aufs Filmprodukt wohl durchschlagender Affinität zur literarischen Vorlage von Tod Robbins man sich an der Kinokasse viel versprechen konnte. Zum anderen war Browning auch jemand, der neben dem professionell-ästhetischen Interesse ein menschlich-aufklärerisches, gegen zahlreiche Vorurteile gerichtetes und ins Gesellschafts-politische hineinspielendes Interesse an den „Freaks" hatte, um deren vielfältige Diskriminierung er selbstverständlich wusste.[38]

---

37   Obwohl *Freaks* vor allem aufgrund der zahlreichen Zensureingriffe und -verbote auch finanziell ein Misserfolg war, wurde dennoch versucht, auf diesen Zug – ultimativer Horror dank realer sog. „Freaks" als HauptdarstellerInnen – aufzu-springen. Paramount bringt bereits 1932 mit dem Erle-C.-Kenton-Werk *Island of Lost Souls* nach Herbert George Wells' *The Island of Dr. Moreau* (1896) einen Science Fiction und Horror vereinenden Film auf den Markt, in dem es zentral auch um Kleinwüchsige, um monströse Lebewesen zwischen Tier und Mensch und um ‚abwegigen‘ Sex zwischen ‚normalen‘ und ‚unnormalen‘ Menschen geht. Ein ‚Zugpferd‘ des Films ist der Dracula-Darsteller Bela Lugosi. Im Jahre 1938 dann erscheint mit dem Sam-Newfield-Film *The Terror of Tiny Town* sogar ein sog. Musical-Western, in dem ausschließlich Kleinwüchsige auftreten. Dieser der Story nach durchaus den Konventionen des Westerns folgende Film stößt im Unterschied zu *Freaks* vermutlich deshalb nicht auf Ablehnung, weil er voller komödiantischer und musikalischer Einlagen ist; es darf gelacht werden. – Vgl. auch Anm. 22 und 32.

38   Damit soll nicht ausgeschlossen werden, dass Browning nicht selbst auch als solche ja völlig legitime beruflich-kommerzielle Interessen verfolgte. Aber die standen, sofern vorhanden, gewiss nicht im Vordergrund.

Ließen sich diese augenscheinlich divergierenden Interessenlagen, die vermutlich ausschließlich kommerziellen der Produktionsfirma M-G-M hier und die mehrheitlich zugleich filmkünstlerischen und aufklärerisch-gesellschaftlichen des Regisseurs Tod Browning dort, ‚unter einen Hut' bzw. in einen Film bringen?

Bevor Browning Mitte 1931 von M-G-M ‚grünes Licht' für eine filmische Adaption der Erzählung *Spurs* bekam, hatte er – ein weiterer Hinweis auf sein nach dem eben Ausgeführten vermutlich gesteigertes moralisch-aufklärerisches Interesse am Stoff – denn auch selbst Jahre zuvor bereits zusammen mit Cedric Gibbons (dem damaligen Chef der M-G-M Art Departments, der zugleich ein Jugendfreund von Robbins war) dafür gesorgt, dass M-G-M die diesbezüglichen Rechte an der literarischen Vorlage für $ 8.000 erworben hatte (vgl. Savada 1973). Und er hatte selbst schon jahrelang an dem Projekt einer Verfilmung bzw. an einem Drehbuch gearbeitet,[39] mit dem Ergebnis allerdings, dass nicht viel mehr als wesentliche Teile des Gerippes der von Robbins erzählten Geschichte übrig geblieben waren: In einem Zirkus wirbt ein durch eine Erbschaft reich gewordener Kleinwüchsiger um eine betörend schöne, groß gewachsene Blondine; er wird von dieser mit Wissen ihres Geliebten um des Geldes als präsumtivem Erbe willen scheinbar erhört, doch faktisch betrogen und mit der Ermordung durch langsames Vergiften bedroht; das Mordkomplott wird durch ebenfalls behinderte KollegInnen des Kleinwüchsigen entdeckt; das hat für die Betrügerin und deren Geliebten fatale Folgen.[40] Unter den Tisch gefallen war hingegen bspw. die von Beginn an ambivalente Anlage der Figuren bei Robbins, die auch für den kleinwüchsigen Protagonisten gilt; sie wurde von Browning (über weite Strecken; s.u.) durch eine Schwarz-Weiß-Zeichnung ersetzt, die in vermutlich unbewusster Anlehnung an anderenorts

---

39   Für das komplette endgültige Drehbuch zeichneten dann die von Browning selbst ausgewählten Willis Goldbeck und Leon Gordon (Continuity und Dialoge) sowie Al Boasberg und Edgar Allan Woolf (zusätzliche Dialoge) verantwortlich. Eine Synopse des originalen Drehbuchs aus dem M-G-M-Archiv inkl. jener Passagen, die nicht verwirklicht wurden, findet sich unter http://www.olgabaclanova.com/ freaks_script_synopsis.htm [20.07.2016].

40   Hinzuweisen ist auch auf die auf Schockwerbung hinauslaufende Akzentverschiebung, die durch die Veränderung des Titels von *Spurs* zu *Freaks* entstanden ist. – Vgl. für einen ähnlichen Vorgang auch *The Hunchback of Notre Dame*. – Vgl. auch Anm. 18.

begründete Traditionen des uneingeschränkten Idealisierens das Bild des „edlen Behinderten"[41] lieferte.

Freaks wurde seit Mitte Oktober 1931 in nur 36 Tagen produziert.[42] Dabei mussten mit Victor McLaglen, Myrna Loy und vor allem mit der wohl ersten „Sexbombe" des Films, Jean Harlow, drei ursprünglich für die tragenden Rollen des Muskelprotzes Hercules, der Trapezartistin Cleopatra und der freundlichen Zirkusdame Venus vorgesehene SchauspielerInnen von einschlägigem Bekanntheitsgrad kurzfristig ersetzt werden, weil diese sich nicht vorstellen konnten, an der Seite von „Freaks" zu spielen.[43] An ihrer Stelle übernahmen die deutlich weniger bekannten SchauspielerInnen Henry Victor, Olga Baclanova und Leila Hyams die aufgelisteten Rollen normalwüchsiger

---

41   Im deutschsprachigen literarischen Kontext ist bspw. an die Figur des „edlen Wilden" oder diejenige des „edlen Juden" zu denken. Solche gut gemeinten Idealbilder von Diskriminierten haben freilich die fatale, weil wie ein Bumerang wirkende Eigenschaft, einerseits unrealistisch zu wirken, andererseits Diskriminierte in ihrer Durchschnittlichkeit quasi intrinsisch zu beschämen und zum Dritten von Diskriminierenden als eine Messlatte funktionalisiert zu werden, anhand derer man umso besser zeigen kann, wie berechtigt die Akte der Diskriminierung im Alltag sind. – Auch diese Schwarz-Weiß-Zeichnung spricht im Übrigen dafür, dass Browning quasi in der Manier des „Juden" und des „Nathan" Lessings ein Idealbild zeichnen wollte. – Vgl. auch Anm. 95.

42   Savada (1973) berichtet ausführlich von den außergewöhnlichen Vorkommnissen im Vorfeld und während der Produktion des Films. Diese Vorkommnisse enthüllen die tief verwurzelten Ressentiments und Ängste, die die Mehrzahl der an der Produktion beteiligten M-G-M-MitarbeiterInnen gegenüber den „Freaks" hatten. Die Produktion des Films musste faktisch von Thalberg gegen erhebliche Widerstände auch in der Geschäftsleitung von M-G-M durchgepeitscht werden. – Vgl. auch die folgende Anm.

43   Ob es sich dabei um persönliche Aversionen und/ oder um professionelle Bedenken handelte, ist (mir) nicht bekannt und wohl auch zweitrangig. Entscheidend ist, *dass* in der von gnadenloser Konkurrenz geprägten Atmosphäre Hollywoods die Freakishness der Mehrzahl der MitspielerInnen zu einer solch ungewöhnlichen Reaktion von gleich drei SchauspielerInnen führen konnte, denen (zu diesem Zeitpunkt) sicherlich (noch) keine roten Teppiche ausgerollt wurden. Im Übrigen reagierten nicht nur die genannten SchauspielerInnen ablehnend auf die „Freaks", sondern auch viele StudiomitarbeiterInnen. – Eine andere Version für das Austauschen der SchauspielerInnen lautet, Thalberg habe angesichts des brisanten Stoffes bzw. der ‚brisanten' MitspielerInnen nicht das Risiko eingehen wollen, schon recht bekannte DarstellerInnen ggf. zu ‚verbrennen'. Es fragt sich allerdings, ob diese Version nicht nach dem Desaster des Films lanciert wurde, um Thalberg (ein Stück weit) zu entlasten und einen Schatten von seinem Ruf als genialer Macher zu nehmen. – Vgl. auch die vorhergehende Anm.

ZirkuskünstlerInnen, zu denen zentral[44] auch noch diejenigen des Clowns Phroso (Wallace Ford), der ‚Behindertenmutter' Madame Tetrallini (Rose Dione) und des Verlobten des siamesischen Zwillings Daisy mit Namen Roscoe (Roscoe Ates) gehören. Die Figur der Verlobten Roscoe ist deshalb von besonderem Interesse, weil sie an Balbuties leidet; sie stellt eine Art ‚Bindeglied' zwischen den Normalwüchsigen und den „Freaks" dar, die zeigt, wie relativ die Rede von ‚gesund' und von ‚krank' ist.[45]

Diese sechs SchauspielerInnen spielten nunmehr neben ca. zwanzig DarstellerInnen mit Behinderungen unterschiedlichster Art und unterschiedlichsten Grades, die aus der ganzen Welt und aus verschiedenen Arbeitsverhältnissen bei Side-Shows, Zirkussen etc. kamen und die Browning eigens für den Film *Freaks* nach Hollywood locken konnte.[46] Für die deutliche Mehrzahl dieser DarstellerInnen sollte der Filmauftritt in *Freaks* ihr einziger bleiben, doch hatten einige – wie die bereits genannten Geschwister Harry und Daisy Earles sowie Schlitze (Schlitzie), Johnny Eck, Tiny Doll und vor allem Angelo Rossitto – bereits in Hollywoodfilmen mitgewirkt und/ oder wirkten später in dessen Filmen mit; für sie war der Film neben ihren sonstigen Engagements[47] eine weitere willkommene Einkommensquelle.[48]

---

44   Einige weitere Rollen für Nicht-Behinderte können aus Umfangsgründen hier nicht von Interesse sein.

45   Aufs Ganze gesehen dürfte Wallace Ford der bedeutendste dieser sechs Schau-spielerInnen gewesen sein, gehörte er doch mit seinen immerhin dreizehn Auftritten in John-Ford-Filmen zu dessen inoffizieller „Stock Company". Olga Baclanova befand sich mit ihren für Hollywood schon problematischen 35 Jahren und aufgrund ihres starken, zuvor im Stummfilm selbstverständlich nicht störenden Akzents bereits auf dem Abstieg; die sprachlich nicht gehandicapte Mittzwanzigerin Leila Hyams hingegen wurde gerade aufgebaut. – Vgl. auch Anm. 93.

46   Browning, so Savada (1973), hatte in seinem Büro tausende Photos von „Freaks" hängen, aus denen er für den Cast auswählte. Einige wussten bei ihrer Ankunft in Hollywood nicht einmal genau, welches Engagement sie erwartete.

47   Zu bedenken ist in diesem Zusammenhang allerdings, dass einige Behinderte wie Schlitze aufgrund ihrer mental-intellektuellen Einschränkungen nicht mündig waren; sie handelten nicht selbst, sondern wurden quasi von ihren BesitzerInnen vermarktet und ggf. auch ausgebeutet. So konnte es allerdings auch Behinderten wie den lediglich körperlich beeinträchtigten siamesischen Zwillingen Daisy und Violet Hilton gehen, die sich erst im Umfeld von *Freaks* juristisch aus der Jahrzehnte währenden Herrschaft ihrer Besitzer befreien und dann ein selbst verantwortetes Leben beginnen konnten. – Vgl. auch die nächste Anm.

48   Einige von ihnen waren später sogar gelegentlich im Fernsehen zu sehen. Die siamesischen Zwillinge Daisy und Violet Hilton waren 1952 sogar die Haupt-darstellerinnen in dem Henry-L.-Fraser-Film *Chained for Life*, in dem es um die

Insgesamt handelte es sich also der Anzahl der Behinderten und der Diversität der Behinderungen nach um eine auch für außerfilmische Verhältnisse außergewöhnliche Ansammlung von „Freaks", die zu ihrer Zeit zwar nicht, wie bis heute behauptet wird, „the largest sideshow ever" gewesen ist, die faktisch bzw. quantitativ jedoch wohl nur durch den permanent ‚aktualisierten', immer wieder bspw. durch Edward J. Kelty fotografisch festgehaltenen *Congress of Freaks* von Barnum & Baileys (vgl. Barth/ Siegel/ Hoagland 2002) übertroffen wurde.

Ist dieser Befund vor allem mit den maximalistischen Geschäftsabsichten von M-G-M in Verbindung zu bringen? Oder entsprach er korrespondierenden Überlegungen bei Browning? Oder verfolgte Browning möglicherweise noch andere, mit seiner sehr wahrscheinlich aufklärerischen Grundintention in Verbindung stehende Absichten? Für den weiter oben skizzierten Grundriss der vom Film erzählten Geschichte hätte es jedenfalls auch die Hälfte der „Freaks" leicht getan.

Bevor *Freaks* in einer knapp 64 Minuten langen Version am 20. Februar 1932 offiziell in Los Angeles im brandneuen, über die Jahrzehnte zu dem weltweit vielleicht bedeutendsten Premierenfilmtheater aufgestiegenen Fox Criterion (heute: Fox Village Theatre) zur Uraufführung kam, hatte es Anfang Januar in San Diego[49] eine Reihe von Voraufführungen gegeben. Diese fielen sämtlich desaströs aus.[50] M-G-M sah sich von daher genötigt, aus dem ursprünglich 90 Minuten langen Film Sequenzen im Umfang von mehr als einer halben Stunde herauszuschneiden und dem Film einen abgewandelten Prolog, ein anderes Ende der Hans-Cleopatra-Hercules-Geschichte und einen verän-

---

Fragen geht, ob einer der Zwillinge, der den eigenen Gatten umgebracht hat, als Mörderin eingestuft und bestraft werden kann – und wie mit dem anderen Zwilling zu verfahren ist. Bereut hat den Auftritt in *Freaks* allein die/ der intersexuelle Josephine Joseph, die/ der sich im Nachhinein ausgestellt fühlte. – Wichtige diesbezügliche Hinweise finden sich im Übrigen unter imdb.com und in der englischsprachigen Wikipedia-Version. – Vgl. auch die vorherige Anm.

49   Andere Quellen sprechen von Huntington Park, Inglewood im County Los Angeles (vgl. http://www.olgabaclanova.com/the_making_of_freaks.htm [20.07. 2016]).

50   Man kann lange darüber spekulieren, ob hier nicht die Filmkonkurrenz einen skandalisierenden Einfluss genommen hat. Diese Voraufführungen führten jedenfalls bereits vor der Premiere zu einem auch medial verbreiteten Negativ-Image des Films. Dieses Negativ-Image gehört publikumsseitig sicherlich mit zum Dispositiv der Premierenaufführung. Man wollte auch den Skandal sehen, ganz unabhängig davon, was die Bilder faktisch boten. Bspw. wurde kolportiert, bei der Voraufführung habe eine Schwangere ihr Kind verloren (http://www. olgabaclanova.com/freaks_re-evaluation.htm [20.07.2016]).

derten Epilog – die Hans-Frieda-Geschichte – zu geben. Die Kürzungen be-
trafen vor allem das letzte Filmdrittel, in dem ursprünglich ausführlich gezeigt
wurde, wie die „Freaks" im Zusammenspiel mit der Natur grausam Rache an
den normalwüchsigen SchurkInnen Cleopatra und Hercules nehmen, ohne dass
der selbst rachsüchtige Hans einschreiten würde.[51] Nunmehr ist lediglich zu
sehen, wie die von den „Freaks" verfolgte Cleopatra schreiend im Gewitter-
regen unter einem Baum steht; was danach passiert (sein muss), bleibt der
Imagination der ZuschauerInnen überlassen. Abgewandelter Prolog und neuer
Epilog hingegen sollten die Funktion haben, besänftigend auf das Publikum zu
wirken und dessen Bedürfnis nach einer letztlich heilen, gerechten Welt mit
auch als Opfer noch edlen HeldInnenfiguren zu befriedigen. Der Prolog nahm
in Sinne einer auf das Ende vorausweisenden Rahmenhandlung Spannungs-
und Empörungspotenzial aus dem Film, während der neue Epilog für die auf je
eigene Weise geschundenen kleinwüchsigen HauptdarstellerInnen ein mit Reue
und Edelmut garniertes Happyend bereithielt.[52]

Doch zeigten diese getroffenen Maßnahmen nicht den erwünschten Erfolg.
Sowohl Publikum als auch KritikerInnen standen auch dem so drastisch verän-
derten Film mehrheitlich entschieden ablehnend gegenüber.[53] Deshalb sah sich
M-G-M – das ist einmalig in der Geschichte des Studios – gezwungen, nach

---

51   In diesen apokalyptisch-orgiastisch anmutenden Szenen wird Cleopatra bei
      einem heftigen Gewitter von der Natur selbst als metaphysischer Richterin in
      Gestalt eines umstürzenden Baumes um ihre Beine gebracht und anschließend
      von den völlig enthemmten „Freaks" zur menschlichen Ente verkrüppelt; Hercu-
      les wird kastriert und ist dann als Sänger mit Falsett-Stimme in einer Side-Show
      zu hören, während Cleopatra dazu gackert. – Vgl. auch Anm. 86.
52   Nunmehr ist es dem großmütigen Hans einfach nicht möglich, die anderen
      „Freaks" an ihrem grausamen, sich auf einen „code of ethics" (s.u.) berufenden
      Zerstörungswerk an Cleopatra und Hercules zu hindern. Das streicht dann im
      Epilog, der Jahre später nach der Hans-Cleopatra-Hercules-Geschichte im mon-
      dänen Haus des allerdings völlig vereinsamten und die Welt fliehenden Hans
      spielt, auch die sich geradezu aufdrängende Frieda noch einmal heraus; sie
      spricht den sich moralisch selbst bezweifelnden Hans daher von aller Schuld frei.
      Aber mehr noch: Frieda, die von Hans um Cleopatra willen schmählich ver-
      lassene, verzeiht diesem, der in merklicher Zerknirschung dasteht, und lässt ihn
      mit schmeichelnd-fester Stimme wissen: „I love you." Das Ganze wird von
      Phroso und Venus beobachtet, deren gerührte, wie auf Kinder gerichtete Blicke
      uns vorgeben, wie wir die Szene sehen sollen.
53   Dokumente zur zeitgenössischen Rezeption, aber auch zu weiteren aufschluss-
      reichen Hintergründen und bemerkenswerten Trivia des Films finden sich bspw.
      unter http://www.tcm.com/tcmdb/title/163/Freaks/articles.html#06 [20.07.2016].

einem erneuten Scheitern des Films im New Yorker „Rialto" im Juli 1932[54] den
Film ganz aus dem Verleih zu nehmen, noch bevor er in allen üblicherweise be-
lieferten US-amerikanischen Kinos gelaufen war.[55]

‚Bezahlen' musste für diese Desaster nicht etwas der M-G-M-Produktions-
chef Irwin Thalberg, einer der anderen M-G-M-Bosse oder eine/ einer der
SchauspielerInnen, sondern der Regisseur Tod Browning. Seit Jahren aller-
bestens im Geschäft und von Produktionsgesellschaften umworben, von Publikum und KritikerInnen hoch gelobt und eben noch für *Dracula* allseits gefeiert,
ging man nun mehr oder minder entschieden auf Distanz zu ihm. Keines seiner
eigenen Projekte fand mehr einen Produzenten. Lediglich bei M-G-M durfte er
mit *Fast Workers* (1933), *Mark of the Vampire* (1935), *The Devil-Doll* (1936)
und *Miracles for Sale* (1939) noch vier Filme machen, dann war seine Karriere
als Filmregisseur endgültig zu Ende.[56]

3   Freaks: Figuren – Konstellationen – Strukturen – Geschichten[57]

Obwohl nur etwas mehr als eine Stunde lang, besteht *Freaks* doch aus fünf klar
voneinander zu unterscheidenden Teilen, deren Anordnung eine relativ kom-
plexe Erzählstruktur ergibt: einem alles Filmgeschehen umfassenden Kommen-

---

54   Zeitungen wie die *New York Times* (1932; „The difficulty is in telling whether it
should be shown at the Rialto [...] or in, say, the Medical Centre" und „excellent
at times and horrible") und der *New York Herald Tribune* (1932; „unhealthy"
aber „in some strange way [...] occasionally touching") urteilten keineswegs so
ausschließlich negativ wie große Teile der Provinzpresse. Und in *The New
Yorker* gab J. Mosher (1932) zu bedenken: „[...] if the poor things themselves can
be displayed in the basement of Madison Square Garden, pictures of them might
as well be shown in the Rialto. They may hereafter even be regarded in the flesh
with a new dread bordering on respect." – Vgl. auch Larsen/ Haller (2002). –
Vgl. auch Anm. 101.

55   Spätere Versuche, den Film unter Titeln wie *The Monster, Forbidden Love* oder
Nature's Mistakes zu vermarkten, scheiterten ebenfalls (vgl. Borst 1973).

56   Bezeichnenderweise wurde Browning bei *Fast Workers* (1933) und *The Devil-
Doll* (1936) nicht als Regisseur genannt.

57   Im Folgenden kann es aus Umfangsgründen nicht darum gehen, ausführlich den
Inhalt des Films wiederzugeben und den Film als Ganzen wie en détail zu
analysieren. Das betrifft insbesondere das Binnengeschehen des Films. Im Vordergrund soll lediglich die Frage stehen, wie der Film hinsichtlich der Präsentation von Freakishness und von realen „Freaks" zu bewerten ist: als filmische
Side-Show oder als filmische Aufklärung. – Vgl. auch Anm. 71.

tar vor Filmbeginn,[58] einem der Erzählgegenwart nahen, das Binnengeschehen rahmenden Prolog, einem Jahre zurückliegenden, das Zentrum des Films ausmachenden Binnengeschehen, einem wiederum der Erzählgegenwart nahen und in seinem ersten Teil ebenfalls das Binnengeschehen rahmenden Epilog sowie dem Abspann.

3.1   Eine „Special Message" als Auftakt

Dem heute vertriebenen Film vorangestellt ist eine ca. zweieinhalbminütige schriftliche „Special Message" bezüglich der „**HIGHLY UNUSUAL ATTRACTION**".[59] Diese „Message" berichtet zunächst davon, dass – „**BELIEVE IT OR NOT - - - - STRANGE AS IT SEEMS**" – von den Menschen schon seit Urzeiten Missbildungen und Behinderungen in vielfacher Hinsicht äußerst negativ bewertet und mit entsprechenden Sanktionen bedacht worden seien. Dafür gebe es zwei Gründe. Zum einen wimmele „**HISTORY, RELIGION, FOLKLORE** and **LITERATURE**" von „tales of misshapen misfits who have altered the world's course." Genannt wird eine krude Reihe von Namen, die von Goliath bis zu Kaiser Wilhelm[60] reicht. Zum anderen wird quasi als anthropologische Grundkonstante eine „love of beauty" angeführt, die selbst sog. „Freaks" innewohne, da diese in der Regel dem Denken und dem Empfinden und Fühlen nach ganz normale Menschen seien. Deren Schicksal sei angesichts dessen „truly a heart-breaking one", zwinge es sie doch „into the most unnatural of lives." Diese fatale Situation der „Freaks" habe dazu geführt, dass sie untereinander einen „code of ethics" entwickelten, um sich vor „the barbs of normal people" zu schützen. Grundlegend für diesen „code of ethics" sei die von allen „Freaks" strikt geteilte Überzeugung, dass das, was man einem einzelnen von ihnen antue, allen anderen mit zugefügt werde.

Von daher heißt es am Schluss dieser „Message" zunächst eher sachlich: „The story about to be revealed is a story based on the effect of this code upon

---

58   Den Kommentar könnte man je nach Sicht auch zum Film dazuzählen.

59   Diese „Special Message" wurde dem Film ab den späten 1940er Jahren beigegeben. Alle Hervorhebungen in dieser Message befinden sich im Film.

60   In dem an einem verkürzten linken Arm leidenden Wilhelm II. einen höchst gefährlichen „Krüppel" zu sehen, ist ein Topos der ausländischen Propaganda während des Ersten Weltkriegs. Zu erinnern ist bspw. an den Propagandafilm *The Kaiser, the Beast of Berlin* (1918) von Rupert Julian.

their lives",[61] um dann allerdings mit einem von keinerlei Zweifeln bedrängten biologisch-medizinischen Optimismus und im vollen Bewusstsein der ‚guten Tat' fortzufahren:[62] „Never again will such a story be filmed, as modern science and teratology is rapidly eliminating such blunders of nature [...]. With humility for the many injustices done to such people [...] we present the most startling horror story of the **ABNORMAL** and **THE UNWANTED** ".[63]

In der Essenz lässt diese „Special Message" ein Intentionenbündel erkennen, das wie ein Mix aus den (vorrangigen) Interessen der Produktionsfirma M-G-M und des Regisseurs Browning wirkt (s.o.): Zum einen soll in der frühen Tradition des „Kinos der Attraktionen"[64] offensichtlich dem in Bildern zur Schau stellenden und Gier befriedigenden Spektakel der Vorzug vor der mehr oder minder anspruchsvollen Narration gegeben werden; die kommerziellen Interessen, die hinter einer solchen Haltung stehen, liegen auf der Hand. Zum anderen soll aber ebenso offensichtlich – ein genuin gesellschaftlich-moralisches Ziel – im Sinne einer didaktisch-operationalen Kunstauffassung mit zwar überzeitlichen und erklärbaren, unter dem Strich dennoch fehlgehenden und eigentlich in Erstaunen setzenden Vorurteilen gegenüber Behinderten aufgeräumt werden. Diesen Vorurteilen wird zum einen angelastet, von etlichen auch in ihren Handlungen weltbewegend-monströsen Behinderten auf die Masse der Behinderten zu schließen. Zum anderen wird hervorgehoben, dass man für die große Masse der Behinderten um der Gerechtigkeit, um der mitleidigen Schonung und um der Vermeidung von Barbareien willen strikt zwischen Physis und Psyche zu unterscheiden habe. Die physische Verunstaltung sei in der Tat ein inakzeptabler und nach Möglichkeit präventiv auszu-

---

61   Dieser Satz bezieht sich erkennbarerweise auf jene von Rachsucht und Grausamkeiten geprägten Passagen des Films, die nach den Voraufführungen eliminiert oder aber verändert wurden. Für die dann tatsächlich in den Kinos gezeigte Version macht der Satz nur insofern Sinn, als Prolog und Schluss auf die zum „Freak" gewordene Cleopatra fokussieren. – Vgl. auch Anm. 68 und 88 bzw. Kap. 3.2 und 3.4.

62   Es versteht sich allerdings, dass jene ethischen, juristischen, anthropologischen etc. Probleme, die wir heute im Umfeld von Klontechnologie, genetischer Manipulation etc. diskutieren, damals so noch gar nicht ins Bewusstsein kommen konnten. – Vgl. auch Anm. 65.

63   Es fragt sich, ob mit „the unwanted" physische „abnormals" gemeint sind oder aber diejenigen, die wie Cleopatra und Hercules „barbs" an den „Freaks" begehen.

64   Nicht zu verwechseln mit Eisensteins „Montage der Attraktionen", bei der Schockeffekte ausgelöst werden, die in Erkenntnis münden sollen.

merzender grober „Schnitzer" der Natur.[65] Doch lasse sich von diesem rein äußerlichen „Schnitzer" in der Regel keineswegs auch auf eine analoge defizitäre innere Verfassung des bzw. der Betroffenen schließen. Vielmehr sei es sogar so, dass niemand den als unaufhebbare Spaltung empfundenen, eklatanten Widerspruch zwischen äußerer Hülle und innerem Kern, zwischen monströsem Aussehen einerseits und ästhetischem und ethischem Anspruch andererseits so sehr durchleide wie die Betroffenen selbst.

3.2   Der Prolog

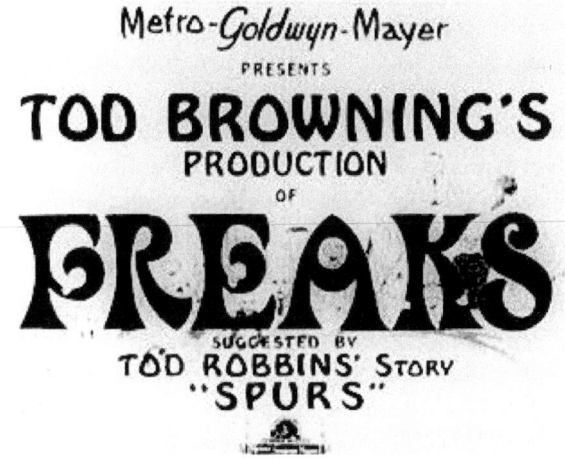

Abb. 3: Das Titel-Insert zu Anfang des Films (Quelle: http://www.olgabaclanova.com/freaks_re-evaluation.htm [31.07.2016]).

Der Film als solcher beginnt mit einem die gesamte Leinwand ausfüllenden Titel-Insert (vgl. Abb. 3). Nach wenigen Sekunden bricht sich plötzlich von hinten eine Hand durch dieses Titel-Insert, das sich damit als ein Plakat aus Papier erweist, und reißt es entzwei. Die Hand gehört, so ist nach dem ersten Schnitt zu sehen, einer Art Marktschreier in einer Side-Show.[66] Dieser, uns zugewandt und leicht erhöht vor Publikum stehend, zerknüllt das Plakat weiter,

---

65   Dass damit keiner Euthanasie in der Form nationalsozialistischer sog. „Rassen-hygiene" das Wort geredet wird, scheint eindeutig zu sein. – Vgl. auch Anm. 62.

66   Dafür sprechen nicht zuletzt die Tingeltangelmusik, die die ganze Szene über zu hören ist, sowie die eine oder andere ‚Monstrosität', die im Fortgang bei genauerem Hinsehen im Hintergrund zu sehen ist.

hebt dabei zu einer längeren Rede über „Freaks" an und schlüpft damit, wie sich erweisen wird, zusehends in eine Erzählerrolle, die derjenigen des Bänkelsängers auf Jahrmärkten vergleichbar ist.

Inszeniert wird also eine vermutlich vielen KinogängerInnen durchaus bekannte Situation in einer Side-Show. Die bekommt freilich dadurch einen mutmaßlich unüblichen Akzent, dass die Rede des ‚Aufreißers' glaubwürdig für die „Freaks" Partei ergreift und mit ‚drohendem Zeigefinger' unterlegte moralische Appelle enthält. „But for the accident of birth", lässt der wohl stellvertretend für Browning sprechende und von daher auch ganz seriös wirkende ‚Aufreißer' sein Publikum unter anderem wissen,[67] „you might even be as they are. They did not ask to be brought into the world, but into the world they came." [00:00:44–00:00:54] ‚Normal' zu sein ist also kein Verdienst, wie ‚unnormal' zu sein weder eine Sünde noch ein Verbrechen noch ein Anlass zur Ausgrenzung ist.

Damit hebt das eigentliche Filmgeschehen an. Der Marktschreier geht dann nämlich, während er weiter doziert,[68] mit seinem Publikum zu einer Art niederwandiger Stallbox, in der sich nach seiner Aussage die verblüffendste lebende Monstrosität der Welt befindet. Noch bevor wir selbst in die Box schauen können, hat das aber schon eine Frau aus dem Publikum für uns getan: Ihr markerschütternder Entsetzensschrei, der auch das übrige Publikum in Aufruhr versetzt und dessen fassungslose Blicke in die Box zwingt, lässt uns Schlimmstes erwarten oder, sofern Side-Show gemäß der Sinn nach Horror steht, auf Schlimmstes hoffen. Doch spannt uns der Film noch lange auf die Folter, bevor wir das ‚Objekt' dieses ultimativen Entsetzens am Ende des Films bzw. des Binnengeschehens tatsächlich zu sehen bekommen.[69] Stattdessen lässt er den

---

67   Diese Rede ist für die endgültige Filmversion gekürzt worden, wie ein verunglückter, den Argumentationsgang stückelnder Jump Cut gleich zu Anfang deutlich macht.

68   U.a. kommt er auf den „code of ethics" (s.o.) zu sprechen, was dem zuvor ‚erhobenen Zeigefinger' noch einmal Nachdruck verleiht. – Vgl. auch Anm. 61 und 89 bzw. Kap. 3.1.

69   Das wird nicht nur narrativ-strukturell, sondern auch kameratechnisch raffiniert bewerkstelligt. Bis hierhin nämlich hat die Kamera einen Gutteil des Handlungsraums erfasst. Nun aber nähert sie sich immer mehr dem jenseits der Box stehenden ‚Aufreißer' und kippt dabei zunächst sogar ein wenig nach vorne in Richtung unteren Innenraum der Box, die der Breite wie der Höhe nach etwa zur Hälfte im Filmvordergrund zu sehen ist. Im nächsten Moment, so die bei uns aufgebaute Erwartungshaltung, werden wir das ‚Objekt' des Grauens zu sehen bekommen. Doch hebt sich die Kamera dann wieder ein wenig und fokussiert den auch beleuchtungstechnisch hervorgehobenen, weiter erläuternden ‚Aufreißer'. – Für eine negative Beurteilung filmtechnischer Details vgl. Borst (1973), der *Freaks*

‚Aufreißer' erläutern, dass es sich bei dem ‚Objekt' um eine einstmals schöne Frau gehandelt habe, für die sich sogar ein königlicher Prinz aus Liebe erschossen habe. „Peacock of the air" [00:01:41 f.] sei sie genannt worden.[70] Bei diesen Worten blendet der Film vom jetzt halbnah gezeigten ‚Aufreißer' auf diesen einstmaligen „Peacock", auf eine strahlend schöne Frau auf einem Trapez und damit in die Welt eines Zirkus über.

Diese Überblendung (vgl. auch Abb. 4) ist zugleich eine Rückblende, beginnt doch nun das Jahre zurückliegende Binnengeschehen des Films.

Abb. 4: Überblendung im Übergang zum Binnengeschehen (Still [00:01:35] aus dem Film *Freaks*, G. H.).

---

für „a primitive example of film-making, even by 1932 standards" hält. – Vgl. auch Anm. 82.

70   Es gehört zu den Ungereimtheiten des Films – sie sind vermutlich auf die unterschiedlichen Intentionen von Produktionsgesellschaft und Regisseur und die Eingriffe in den Film zwischen Voraufführung und Uraufführung zurückzuführen –, dass es damit nun gar nicht wie in den zentralen Argumenten des ‚Aufreißers' (und der „Special Message") zuvor um als „Freaks" Geborene, sondern um eine als Erwachsene verunstaltete Frau geht.

Aufs Ganze gesehen ergibt sich für den Prolog also, dass er einerseits die übliche Zurschaustellung von „Freaks" und den grausigen Thrill, den das Publikum dabei erfährt und erfahren möchte, semi-dokumentarisch nachbildet. Dann aber und andererseits verweigert er die bildliche Befriedigung dieser von ihm selbst durch Kulisse und Worte provozierten Erwartungshaltung. Stattdessen baut er über die Rede des ‚Aufreißers' bereits eine Metaebene auf, auf der solche Side-Show-Praktiken und die dazugehörigen, voyeuristischen Erwartungshaltungen reflektiert und problematisiert werden.

3.3   Das Binnengeschehen[71]

Bereits wenige Sekunden nachdem wir mittels einer untersichtigen Kamera die strahlend schöne Frau auf dem Trapez zu sehen bekommen haben – es handelt sich um Cleopatra, wie wir bald darauf erfahren –, lernen wir mit dem kleinwüchsigen Liebespaar Hans und Frieda [00:01:48–00:02:27] schon recht einlässlich die zentralen ‚Edelfreaks' des Films und mit dem einen Stier niederringenden Hercules [00:02:22–00:02:25] auch kurz den späteren männlichen Antagonisten von Hans kennen.[72] Sofern es den dominanten Handlungsstrang des Binnengeschehens betrifft, sind damit die wichtigsten Figuren eingeführt und die zentralen, ggf. Widerstreit zwischen Figuren oder sogar in einer Figur generierenden Oppositionen markiert – Körper vs. Seele, Muskelkraft und Schönheit vs. Charakterstärke und Tugend, Schein vs. Sein. Und uns wird schnell klar, aus welcher konfliktären, von Liebeshändeln handelnder Allerweltskonstellation sich das künftige Filmgeschehen der Haupthandlung nach entwickeln wird.

---

71   Im Folgenden kann nicht das gesamte Binnengeschehen wiedergegeben und analysiert werden. Insbesondere sollen die Hans-Cleopatra-Hercules-, Hans-Frieda- und Cleopatra-Hercules-Geschichten sowie deren Zusammenhänge nicht im Einzelnen thematisiert werden. Sie stellen systemisch betrachtet nichts anderes als triviale Dutzendware dar. Verfolgt werden soll das Binnengeschehen von daher nur bis zu dem Punkt, an dem der Film ein klares, sich im Filmverlauf fortschreibendes Bild von den „Freaks" entworfen hat. – Vgl. auch Anm. 57.

72   Cleopatra und Hercules hier, Hans und Frieda dort: Bereits diese Namen sind Programm und lassen aufgrund ihres hohen Bekanntheitsgrades auch ohne spezifische Vorbildung bestimmte Assoziationen, Zuschreibungen und Erwartungshaltungen oppositioneller oder gar antagonistischer Art entstehen. So kann es sich bspw. bei Hans und Frieda nicht um Menschen handeln, denen man von vornherein mit Argwohn, Ausgrenzung o.ä. begegnen sollte bzw. würde.

Hans und Frieda nämlich unterhalten sich ausführlich über die Trapezkünstle-rin, zu der beide hinaufschauen, und versichert Hans auch Frieda mit aller-liebsten Gesten und selbst geglaubten Worten, dass sie die Frau sei, die er liebe und heiraten möchte, so ist doch klar, dass er der Frau auf dem Trapez bereits verfallen ist. Frieda ihrerseits ahnt die heraufziehende Gefahr und spricht diese auch ebenso offen wie vertrauensvoll und nachsichtig an; doch wird sie kurzfristig hinter die Kulisse gerufen, was Hans wiederum die Möglichkeit eröffnet, die kurz darauf erscheinende Trapezkünstlerin anzusprechen.

Wichtig ist diese das Binnengeschehen eröffnende Szene nicht nur als Exposition für das im Folgenden lose (s.u.) erzählte Liebesdrama als dem dominanten Handlungsstrang. Wichtiger noch ist sie hinsichtlich der die ge-samte Rezeption durchziehenden zentralen Frage, ob in diesem Film „Freaks" à la Side-Shows ausgestellt werden oder ob der Film in aufklärerisch-emanzipa-torischer Manier mit den „Freaks" als Menschen wie du und ich bekannt und vertraut machen möchte.

Hier nun ist erzählstrukturell daran zu erinnern, dass der Prolog das bildliche Einlösen eines zuvor quasi gegebenen Versprechens auf Horror schuldig geblieben ist. Wird dieses Versprechen nunmehr eingelöst? Ganz und gar nicht! Denn wir sehen zwar mehr als eine halbe Minute lang die zwei ge-nannten Kleinwüchsigen, doch sind diese nach Aussehen, Kleidung, Sprache,[73] Gestik, Mimik, Haltung, Umgang miteinander, kurz: in jeder Hinsicht der Ausbund eines hochherzigen Gentleman[74] und das Sinnbild einer einfühlsamen Lady[75]. Von daher ist es nur schwer vorstellbar, dass diesem Gentleman und

---

73   Teilweise sprechen die beiden auch Deutsch – die Erstsprache der Schau-spielerInnen – miteinander. Das dürfte auf das US-amerikanische Filmpublikum (der Intention nach) zugleich einen ‚exotistischen' und einen verniedlichenden Effekt gehabt haben (sollen). Die kindlich wirkende Intonation und die Stimm-lagen der SchauspielerInnen dürften das ihrige beigetragen haben. – Vgl. auch Anm. 76 und 77.

74   Selbstverständlich hebt es Hans als einen Gentleman um ein Weiteres, dass wir zuvor den ungeschlachten bloßen Kraftprotz Hercules gesehen haben. – Die Selbsttäuschung in Liebesangelegenheiten, der Hans unterliegt, widerspricht im Übrigen dem ganz und gar nicht, macht diesen ansonsten perfekten Gentleman vielmehr glaubwürdig und rückt ihn in die Nähe realer, auf tragische Weise fehl-barer Menschen. – Vgl. auch die nächste Anm.

75   Dieses Lady-Sein wird auch dadurch unterstrichen, dass ja zuvor Cleopatra im Trikot hoch oben auf dem Trapez gezeigt wurde. Mit den ‚Windigkeit' signali-sierenden Symbolen Trikot und Trapez ist bereits zum Ausdruck gebracht, dass es sich bei ihr um das Andere zur durchaus hübschen, doch vor allem als Seelen-schönheit glänzenden Frieda handelt, um den Fleisch gewordenen Typus Ver-führung nämlich. Dieser Typus hat zwar – man achte auf die Platzierung beider

dieser Lady nicht wie sonst auch im Gefühlskino sogleich alle Sympathien zufliegen sollen, untermischt mit jenem Mitleid selbstverständlich, das aus diesem Wohlwollen und dem ‚intuitiven' Wissen resultiert, dass den beiden Schmerzvolles bevorsteht. Deren Kleinwüchsigkeit hingegen dürfte bei diesen publikumsseitigen Vorgängen nur insofern eine fragwürdige Rolle spielen, als sie dem sich anbahnenden Drama dadurch einige Schärfe nimmt, dass sie einen Schleier aus Niedlichkeit über die gesamte Szene legt.[76] Keine Frage, wir wohnen einem sehr ernsthaften, der Erwachsenenwelt eigenen Konflikt bei, doch scheint dieser Konflikt hier aufgrund die Kleinwüchsigkeit betreffender präsentationstechnischer und -ästhetischer Entscheidungen[77] in der Welt ältlicher Kinder zu spielen.

Die sich anschließende Begegnung zwischen Hans und Cleopatra (vgl. hierzu auch die beiden Photographien in Abb. 5) wird von Frieda beobachtet, die in Cleopatra nicht nur die Rivalin, sondern intuitiv auch den höchst fragwürdigen Charakter erkennt. Im Verlauf dieser Begegnung kommt es sogar als Intermezzo zu einer Art Kampfansage zwischen Frieda und Cleopatra [00:03:38–00:04:00], in der überdeutlich wird, wie niederträchtig, respektlos und herablassend Cleopatra über Frieda denkt, eben weil sie kleinwüchsig ist. In der durchaus auch eifersüchtigen, doch ebenso selbstbewusst wie giftig reagierenden Frieda eine auch nur halbwegs ernstzunehmende Konkurrentin in Männerangelegenheiten zu sehen, käme ihr, die schon hier vor kleinen Sadismen nicht zurückschreckt, nie in den Sinn.

Frauenfiguren auf der Vertikalen – als ‚schöne Larve' derzeit Oberwasser, doch ist ihre Fallhöhe aufgrund ihrer großen inneren Defizite im Wortsinne enorm. – Vgl. auch die vorige und die nächste Anm.

76   Selbstredend handelt es sich um ein fragwürdiges Unterfangen, Aufgeschlossenheit und Wertschätzung für die Welt der „Freaks" dadurch bewirken zu wollen, dass man diese Welt in ein Kindchenschema presst. – Vgl. auch die vorige Anm. und Anm. 72.

77   Selbstverständlich müsste eine einlässlichere Analyse neben bereits Gesagtem bspw. auch Lichtarchitektur, Einstellungsgrößen und Dialogführung berücksichtigen, die den formulierten Eindruck zu generieren helfen.

Abb. 5: Die Figuren Hans und Cleopatra bzw. Hans, Cleopatra und Hercules (Quelle: http://www.olgabaclanova.com/picture_gallery/movies/freaks_show_gallery.htm [31.07.2016]).

Für diese (den kleinen) Menschen verachtenden Abgründe in Cleopatra hat auch Hans zuvor ein feines, sich offenbar aus schmerzlichen Erfahrungen speisendes Sensorium gehabt, doch kann Cleopatra ihn, der für sie an dieser Stelle nicht mehr als ein Spielzeug ist, mit Schmeichelreden und -blicken betören. Als Hans nämlich die sich vor ihm kokett spreizende Cleopatra schein-bar unbemerkt mit begehrlichem Kennerblick von oben bis unten und wieder hinauf vermaß, schenkte sie ihm ein aufmunterndes, ihn freilich verunsichern-des Lächeln: „Are you laughing at me? [...] Most big people do. They don't realize I'm a man with the same feelings they have" [00:03:09–00:03:22], ließ er sich von daher mit einer zwischen Betroffenheit, Traurigkeit und Kindlich-keit changierenden Miene vernehmen, woraufhin sie, ebenso kaltsinnig wie strategisch geschickt, erst einmal Frieda lächerlich zu machen versuchte (s.o.). Als Frieda dann den ‚Kampfplatz' räumt, kehrt Cleopatra zu Hans zurück, kniet halb vor ihm nieder und antwortet ihm verführerisch: „You must come to see me sometimes and we have a little wine together" [00:04:04–00:04:08], wobei sie ihm wie einem netten kleinen Jungen in die Wange kneift. Das lässt sich der glückstrunkene, stolz die Männerbrust blähende und formvollendet (wiederum auf Deutsch) dankende Hans ohne Weiteres gefallen; beschwingt tritt er, den

Rücken uns zugewandt, als vermeintlicher Eroberer eines umschwärmten Frauenherzens durch einen Vorhang ab. Cleopatra hingegen, halbnah gezeigt, geht uns entgegen, wiegt sich dabei selbstverliebt und amüsiert in den Hüften und hat Hans im nächsten Moment offensichtlich bereits vergessen. Eine Schwarzblende über mehrere Sekunden beendet die Sequenz.

Hat die erste Sequenz des Binnengeschehens hinsichtlich der „Freaks" u.a. die Funktion, deren über das ‚Normalmaß' hinausreichenden menschlichen Adel herauszustellen, geht es in der vorgestellten zweiten Sequenz vor allem um zweierlei: zum einen darum, diesen Eindruck auszudifferenzieren und zu bestärken, und zum anderen darum, an einem extremen und deshalb Erkenntnis befördernden Beispiel die faktische moralische Verwerflichkeit der per se mit „gut" und „in Ordnung" sein assoziierten ‚Normalwüchsigen' zu demonstrieren. Cleopatras inakzeptables Verhalten nämlich ist nicht darin ungewöhnlich, dass sie sich über Kleinwüchsige amüsiert und diese verlacht – „[m]ost big people do" (s.o.) –, sondern darin, dass es auf zu Perfidie neigender charakterlicher Insuffizienz beruht und nicht, wie vermutlich bei den meisten, auf naivunreflektierter Gewohnheit. Ungerecht und moralisch nicht zu billigen ist das Verhalten gegenüber den „Freaks" allemal und hier wie dort. Doch während jene Eine in ihrer willentlichen Boshaftigkeit – als Menetekel – an Schuld und Sühne fallen wird, sind jene anderen zur Vernunft zu bringen, der grundsätzlichen Möglichkeit wie der Aufgabe bzw. der Verpflichtung wie – hoffentlich – der Bereitschaft nach.

Mit der nächsten Sequenz, die den bisherigen Handlungsraum „Zirkuszelt" verlässt und die in eine zugleich sehr vertraute und sehr fremde Welt führt, wird der aufklärerische, auf Einstellungs- und Verhaltensänderung des Filmpublikums drängende Argumentationsgang, den der Film bis dato entwickelt hat, entschieden forciert und radikalisiert.

Kann man davon sprechen, dass die Eingangssequenzen des Binnengeschehens durch das Amalgamieren von geläufiger physischer Anormalität und charakterlich-moralischer Exklusivität in den Figuren Hans und Frieda dosiert und behutsam an das Thema „Freaks" heranführen, ist es nunmehr so, dass die ZuschauerInnen mit Formen von Freakishness konfrontiert werden, die im alltäglichen öffentlichen Raum auch heute noch alles andere als selbstverständlich sind. Dabei werden diesen Formen von Freakishness nunmehr allerdings nicht mehr wie zuvor außergewöhnliche innere Schönheiten im Sinne des Konzepts ‚Edelfreak' zugesellt; wir bekommen es vielmehr mit „Freaks" zu tun, die diesbezüglich nichts anderes darstellen als Durchschnittsmenschen der ‚guten' und liebenswerten Sorte. Dieser Verzicht auf einen Ausgleich des pathologisierten Äußeren durch ein qualitativ höchstwertiges inneres Sein liegt wohl in einer anzunehmenden Überzeugung des Films begründet, dass das Publikum nunmehr auch – drastisch wie noch nie oder heilsam – schockiert werden kann.[78]

Bald nämlich [00:05:03 ff.] bekommen wir u.a. mit Schlitze (Schlitzie), mit den „Pinheads" (Jenny Lee, Elvira Snow), mit dem „lebenden Torso" (Prince Randian), mit dem „Jungen ohne Unterleib" (Johnny Eck) und mit dem „menschlichen Skelett" (Peter Robinson) „Freaks" zu sehen, die bislang noch nie auf einer Spielfilmleinwand zu sehen gewesen waren.[79] Bevor es aber so weit ist, begegnen wir zunächst zwei Männern mittleren Alters,[80] einem offensichtlich vornehmen Grundbesitzer und dessen bäuerlichem Angestellten Jean, die strammen Schrittes einen Idylle signalisierenden Waldweg entlang schreiten.[81] [00:04:21–00:05:02] Allerdings kann von Beschaulichkeit und Waldeinsamkeit keine Rede sein, erzählt doch der Angestellte Jean ganz aufgeregt und ausführlich von „horrible twisted things", die er, den eigenen Augen nicht trauend, im Wald des Grundbesitzers gesehen habe, „crawling, winding, laughing" – woraufhin der Grundbesitzer abrupt stehenbleibt und ihn amüsiert fragt, was er denn den Abend zuvor getrunken habe.

Wie im Prolog des Films, wird also auch hier um des Spannungsaufbaus willen über „Freaks" zunächst einmal nur gesprochen. Doch im Unterschied zur Dramaturgie des Prologs bekommen wir dann, als Unterbrechung des Gesprächs und als ersten bildlichen Kommentar auf dieses Gespräch, tatsächlich ein mehrere Sekunden [00:04:43–00:04:50] währendes ‚Geschehen' eingeblendet, das die Behauptung des Angestellten zweifellos bestätigt. Freilich, die zuvor noch halbnah operierende Kamera hält nun gehörigen Abstand zu diesem ‚Geschehen', das an einem lauschigen Plätzchen mit einem Seeufer im Vor-

---

78   Wie die Rezeption des Films zeigt, ging diese Kalkulation nicht auf. Der Thrill, den M-G-M angestrebt haben dürfte, fiel zu heftig aus; der heilsame Schock hingegen, den eventuell Browning im Kopf hatte, erreichte nur wenige.

79   Zu der Mehrzahl dieser „Freaks" vgl. bspw. die betreffenden Artikel im englischsprachigen *wikipedia*.

80   Sie tragen französische Namen und sprechen – wie später auch Madame Tetrallini – Englisch mit französischem Akzent, was auf die literarische Vorlage von Tod Robbins verweist.

81   Dabei werden wir in das Geschehen und die mit ihm verbundene Aufregung hineingezogen, indem sich die Kamera mit den halbnah gezeigten, auf uns zuschreitenden Sprechern fortbewegt.

dergrund und parkähnlicher Wildnis im Hintergrund, einem wahren locus amoenus, statthat. Das Prinzip des bedachten Heranführens an die „Freaks", das den Film bis dato kennzeichnet, wird also auch hier beachtet. Und so sehen wir denn in einiger Entfernung links von der Bildmitte eine körperlich unauffällige blonde Frau – es ist Madame Tetrallini, wie sich später erweist – ganz entspannt bei der Zeitungslektüre auf einer Art Hocker sitzend, während sich bildmittig vor ihr, gehüteten Kindern gleich, zwei körperlich stark bis extrem beeinträchtigte Menschen mehr oder minder mühevoll zur Seite bzw. zum Bildvordergrund hin bewegen.[82]

Doch kehrt der Film dann erst noch einmal auf gut zwölf Sekunden zu den beiden Männern zurück, die ihr Gespräch und ihren Weg zum ‚Tatort' fortsetzen, bis zu jenem Moment, an dem sie die „Freaks" erblicken. Eben noch hat der Grundbesitzer seiner Miene nach dem Angestellten kein Wort geglaubt, eben noch hat er um dessen Beruhigung willen vollmundig verkündet, er werde solche „things", sollte es sie denn wirklich geben, unverzüglich von seinem Land entfernen lassen, da erstarrt er in ungläubiger Verwunderung. Was sieht er? Er und wir mit ihm sehen eine knappe halbe Minute lang [00:05:03–00:05:28] in einer wohl dosierten (s.o.) Mischung aus totalen, halbtotalen und halbnahen Einstellungen die oben bereits genannten und weitere „Freaks", die, soweit es ihre körperlichen Möglichkeiten zulassen, auf einer Lichtung zu fröhlichen Mundharmonikaklängen und um den Musikanten herum Ringelrein tanzen. Fröhlichkeit, Ausgelassenheit, Unschuld und ein großer Friede liegt über all ihrem Tun; eine Atmosphäre, die beinahe paradiesisch wirkt und die jedenfalls ganz jener Idylle entspricht, die die waldige Umgebung bereits evoziert hat.

Doch markige, drohende Worte des Angestellten Jean, die zunächst nur aus dem Off zu vernehmen sind, bis ihr Sprecher selbst dann lauthals und einen Stock schwingend ins Bild poltert, zerstören im Nu die allgemeine Seligkeit. Tief verschreckt flüchten die „Freaks" zu Madame Tetrallini, scharen sich um diese oder lassen sich von ihr in die schützenden Arme nehmen. Ebenso besänftigend wie bestimmt wie um Verständnis, ja Mitleid werbend, beginnt

---

82   Selbst innerhalb dieser kurzen Einstellung wird das Prinzip des bedachten Annäherns bzw. der langsamen Steigerung beachtet; das spricht für die Sorgfalt, mit der Browning Regie geführt hat. Der zwar bildmittig, doch am weitesten von der Kamera entfernte „lebende Torso" fällt zunächst als vermeintliches bloßes Bündel am Boden kaum auf; erst als sich eine vor ihm platzierte junge Frau kriechend zur rechten Seite hin bewegt, gerät er mit seiner durch Schaukeln des Torsos bewerkstelligten Vorwärtsbewegung ins Auge. – Für weitere Bemerkungen zur Kameraführung vgl. auch Anm. 69.

diese in einem längeren Monolog, ihrer aller Anwesenheit auf des Grundbesitzers Land zu erklären. Heraufbeschworen wird dabei das Bild einer warmherzigen, stets umsichtig sorgenden und auch zärtlichen Mutter, die ihren unschuldigen, per se liebenswerten Kindern – „children, that's what most of them are - - - children!" [00:06:01–00:06:07], heißt es mit Emphase – nur jene Freuden bereiten will, nach denen der Sinn aller Kinder dieser Welt steht. Damit dieses archetypische Bild aber nicht bloße Vorstellung bleibt, sehen wir dabei zwischenzeitlich in halbnahen und nahen Einstellungen nurmehr den Torso der Sprecherin, an den sich das „menschliche Skelett", die „Pinheads" und Schlitze wohlig-vertrauensvoll schmiegen. Zuneigung, Verantwortungsgefühl und Fürsorge auf der Seite der ‚Normalen', so die landläufige Vorstellungen über „Freaks" und den empfehlenswerten Umgang mit diesen pulverisierende Botschaft dieser Passage, werden seitens der „Freaks" ohne jedwede Berechnung, vielmehr naiv und aus vollem Herzen mit lauterster Dankbarkeit und unverbrüchlicher Anhänglichkeit belohnt.

Abb. 6: „Lebender Torso" (Still [00:06:16] aus dem Film Freaks, G. H.).

Allerdings lässt es diese Filmsequenz nicht bei diesem ‚Kinder-Argument‘ bewenden, das bei den ZuschauerInnen hinsichtlich der Akzeptanz von Freakishness ganz auf tolerant-herablassende, ggf. auch rührend-selbstgenie-ßerische Gefühle setzt. Vielmehr sollen diese Gefühle quasi als Zwischenstufe eine reflektierte, letztlich auf Enthierarchisierung zielende Haltung der ‚Nor-malen‘ gegenüber den „Freaks“ vorbereiten helfen. Diese Haltung selbst zeigt der unmittelbare Fortgang des Geschehens in der Figur des Grundbesitzers und damit des Angehörigen eines gehobenen und von daher auch für das gemeine Volk (wie bspw. dem Angestellten Jean) vorbildhaften Standes. „Children? - - - children?“ [00:06:10], fragt der Grundbesitzer provokant und rhetorisch, nachdem Madame Tetrallini ihr am Ende flammendes Plädoyer für die „Freaks“ beendet hat, und lässt dabei – dank subjektiver Kamera für uns – den Blick auf den „lebenden Torso“ (vgl. auch Abb. 6) und den „Jungen ohne Unterleib“ fallen, bei denen es sich offensichtlich um Erwachsene ohne erkenn-bare intellektuell-mentale Beeinträchtigungen handelt.

Sind es deren zwischen Hoffen und Bangen changierende Blicke, die den Grundbesitzer dann zu einer allerdings rösselsprüngig wirkenden Kehrt-wendung veranlassen? Der Film gibt darauf keine Antwort. Doch mit einem ritterlich vorgetragenen „You are welcome to remain. Au revoir“ [00:06:18–00:06:20] lässt der Grundbesitzer Madame Tetrallini und deren Schar gewähren und verabschiedet sich kurzerhand. Dieser Abgang als sichtbarer Ausdruck einer unumstößlichen Haltung wirkt dadurch besonders entschieden, dass der Grundbesitzer seinem konsternierten, sich im Bunde mit seiner Herrschaft wähnenden Angestellten keine Möglichkeit der Gegenrede einräumt, sondern ihm nur knapp befiehlt, ihm zu folgen. Dass „Freaks“ zu behandeln sind wie andere Menschen auch, bspw. indem man ihnen Gastfreundschaft entgegen-bringt, ist weder zu bedenken noch zu diskutieren, sondern selbstverständlich. Für irgendeine Aversion oder gar Aggression gegenüber den „Freaks“ ist jedenfalls keinerlei Raum.

Unterstrichen wird dies durch die letzten Sekunden dieser Sequenz [00:06:22–00:06:40], in denen Madame Tetrallini ein weiteres Mal zu einer programmatischen Rede anhebt. Diese Rede richtet sich mahnend insbesondere an diejenigen unter ihren Schützlingen, die sich Kindern gleich nach wie vor ängstlich an sie drängen, obwohl jede Gefahr vorbei ist: „Oh shame, shame! How many times have I told you not to be frightened! Have I not told you God looks after all his children?!“ Auf die prinzipielle Gleichstellung der „Freaks“ mit den ‚Normalen‘ durch den Grundbesitzer als innerweltliche Herrschafts-instanz folgt nunmehr also deren Gleichstellung vor der väterlich-richterlichen

Instanz schlechthin, das ist Gott.[83] Auch die „Freaks" sind, mögen sie alt oder
jung sein und intellektuell-mental und/ oder physisch vom ‚Normalen' ab-
weichen, ohne jeden Abstrich Kinder Gottes und in dessen Obhut. Jedes
individuelle oder kollektive Verhalten und jede gesellschaftliche Ordnung oder
Einrichtung, das bzw. die sich über diese Gotteskindschaft der „Freaks" und
damit auch über deren Würde hinwegsetzt,[84] verstößt gegen die von Gott
gesetzte Ordnung und ist von daher mit dem Prädikat „Sünde" zu belegen –
eine Sichtweise, die im offiziös gottesfürchtigen Amerika der 1930er Jahre als
besonders starkes Argument intendiert gewesen sein dürfte. Nicht von ungefähr
endet diese Sequenz daher genau an dieser Stelle mit einer mehrere Sekunden
währenden Schwarzblende. Deren Funktion ist es nicht nur, den nachfolgenden
Handlungsraum und die nachfolgenden Geschehnisse deutlich vom gerade
Gesehenen und Gehörten abzugrenzen – der Film führt uns nunmehr zurück ins
pralle Zirkusleben und in die Hans-Cleopatra-Hercules- sowie die Hans-Frieda-
Geschichte als freilich eher ‚blassrote' Fäden –, sondern auch ein Zeitfenster
vorzuhalten, in dem über dieses eben Gesehene und Gehörte ein erstes Nach-
denken in Gang gesetzt werden kann.

Das verbleibende Binnengeschehen – Trennung von Hans und Frieda, Hochzeit
von Hans und Cleopatra, Mordkomplott von Cleopatra und Hercules gegen
Hans, Rettung von Hans und Bestrafung von Cleopatra und Hercules durch die
auf der Grundlage des „code of ethics" handelnden anderen „Freaks" – ist in
dem hier thematisierten Zusammenhang nur insofern von Belang, als es, ab-
weichend von einer straffen Handlungs- und Spannungsführung, immer wieder
ausgiebig von den „Freaks" und deren Leben erzählt: den vulgären, nach allem
bisher Gezeigten durch nichts zu rechtfertigenden Diskriminierungen, denen sie
sich immer wieder ausgesetzt sehen,[85] und deren Lebenshaltung und Lebens-

---

83   Der Film folgt hier letztlich Ordo-Vorstellungen, die legitime weltliche Herr-
      schaft als Stellvertretertum Gottes auffassen.
84   Grundsätzlich dürfte der Film bzw. dürfte Browning damit auch Side-Shows und
      Zirkusse im kritischen Blick haben bzw. gehabt haben. – Vgl. auch Anm. 28–30.
85   Vgl. bspw. [00:06:45–00:07:25]: Eben noch haben wir von der Gotteskindschaft
      auch der „Freaks" gehört und sind durch das Handeln des Grundbesitzers über
      das einzig richtige Verhalten ihnen gegenüber instruiert worden. Eben noch ha-
      ben wir Madame Tetrallini mit ihren Schützlingen auf der Lichtung gesehen.
      Jetzt schreitet sie fröhlich mit ihnen durch den Sattelgang des Zirkuszeltes. Hier
      aber werden sie und ihre Schützlinge durch zwei Artisten verbal und handelnd
      (z.B. durch Verlachen, Ausspucken, Zunge herausstrecken) aufs Widerlichste ge-
      schmäht. Diese beiden Artisten, die Rollo Brothers (Edward Brophy und Matt

führung, die sich von denjenigen der ‚Normalen' letztlich nur in körperlich oder geistig bedingten, menschlichen Belanglosigkeiten unterscheiden. Hinsichtlich dieser Belanglosigkeiten entgeht der Film allerdings nicht immer der Gefahr, einige „Freaks" doch Side-Show-mäßig auszustellen, da bspw., wo er zeigt, wie sich der „lebende Torso" eine Zigarette anzündet [00:24:45–00:25:18] oder wie das „Mädchen ohne Arme" mit dem Fuß die Gabel und ein Glas Wein zum Mund führt und isst und trinkt [00:26:39–00:27:01]. Hier werden, insbesondere beim erstgenannten Beispiel, Einstellungsgrößen, Kameraperspektiven und Fokussierungen gewählt, die Bild und Ton, zu Sehendes und sprachlich Vermitteltes auseinanderdividieren und die auf diese Weise Alltagshandlungen der „Freaks" zur begaffenswerten Attraktion machen.

Im Übrigen aber gilt, dass der Film mit seinem Binnengeschehen sowohl vom Standpunkt eines ordinären Horrorfilms als auch von demjenigen eines ordinären Liebesdramas aus mehr oder minder versagt bzw. recht unbefriedigend ausfällt. Es wird nicht nur keine Horrorgeschichte sui generis erzählt,[86] es wird auch kein Liebesdrama dergestalt erzählt, dass man von einer konsequent und bündig erzählten Geschichte sprechen könnte. Wohl lässt sich aus dem Binnenteil des Films ein solches Liebesdrama unschwer herausdestillieren, doch werden dessen Stationen immer wieder durch eine beträchtliche Anzahl an Szenen unterbrochen, deren einzige Verbindung und Funktion darin besteht, aus einer Backstage-Perspektive das quasi familiäre Zusammen- und Alltagsleben ganz unterschiedlicher „Freaks" in einem Zirkus zu zeigen. Angesichts dessen scheint das ohnehin reichlich abgegriffene Liebesdrama eher zweitrangig zu sein.[87]

McHugh), vergreifen sich unmittelbar darauf genau so abstoßend an der Figur des/ der HermaphroditIn (Josephine Joseph). – Vgl. auch Anm. 48.

86   Die Tatsache, dass Cleopatra und ihr Liebhaber Hercules Hans langsam vergiften wollen, wird man kaum als Horror werten wollen. Allenfalls kämen in der ursprünglichen Fassung des Films jene gewaltvollen Sequenzen in Frage, in denen an Cleopatra und an Hercules ausgiebig Rache genommen wird. – Vgl. auch Anm. 51 sowie die zugehörigen Ausführungen in Kap. 2.

87   Man stelle sich die Frage, wie es um den Film bestellt gewesen wäre, wenn die gleiche Story unter Menschen ohne physische oder psychische Einschränkungen gespielt hätte und allenfalls wenige inszenierte „Freaks" in Nebenrollen aufgetreten wären. Ob der Film dann überhaupt produziert worden wäre? Falls ja, wäre er, so meine Vermutung, allerdings ebenfalls kein Markterfolg geworden und rasch in Vergessenheit geraten.

3.4 Der Epilog

Der Epilog des Films [00:57:23–00:59:08], der offensichtlich Jahre nach dem Binnengeschehen spielt [00:57:59–00:58:01], besteht aus zwei Teilen, die wie eine auf extreme Kontraste setzende Parallelmontage wirken.

Im ersten Teil [00:57:23–00:57:52] wird der Prolog rein vom optischen Arrangement her just an der Stelle fortgesetzt, an der der Prolog durch Über- bzw. Rückblenden in das Binnengeschehen endete. Der ‚Aufreißer' setzt die Geschichte über den „Peacock" Cleopatra fort, die gerade durch die handlungstragenden Teile des Binnengeschehens ausführlich illustriert worden ist bis zu jenem Punkt, an dem die von den „Freaks" verfolgte und hoch verängstigte Cleopatra bei heftigem Gewitter schreiend unter einen Baum flieht. „How she got that way", fährt der ‚Aufreißer' fort und deutet auf den Boden jener Box, in dem sich Cleopatra, das Ausstellungsstück, nun befindet,[88] „will never be known." [00:57:26–00:57:28] Ob sie von ihrem Geliebten aus Eifersucht oder von den ihrem „code of ethics" folgenden „Freaks" oder einfach nur vom Unwetter dermaßen verunstaltet worden sei, müsse offen bleiben.[89] Mit den Worten „[t]here she is" [00:57:41] wird dann endlich das schon eingangs der zweiten Filmminute gegebene Versprechen eingelöst, sogleich eine kaum vorstellbare Monstrosität zu sehen zu bekommen.

Und dann sehen wir tatsächlich auf ein paar Sekunden jenes nun entenähnliche Wesen Cleopatra, das den Kopf ein paar Mal wendet und dazu lauthals quakt. Der Schock allerdings, den die Side-Show-Besucherin im Prolog des Films bei diesem Anblick erlitt (s.o.), will sich nicht recht einstellen.

Das liegt nicht nur daran, dass wir in der Zwischenzeit eine ganze Reihe von „Freaks" gesehen haben, deren physische Beeinträchtigungen denjenigen von Cleopatra nicht oder kaum nachstehen. Es liegt auch nicht vorrangig daran, dass uns diese „Freaks" – sieht man von der freilich auf Moral fußenden Verfolgung Cleopatras am Schluss des Binnengeschehens einmal ab –[90] Stück für

---

88   Von hoch oben in der Zirkuskuppel hinunter auf den Boden einer Box: Sinnfälliger könnte der Fall nicht inszeniert sein, den Cleopatra erlitten hat.

89   Dabei legt uns doch das Binnengeschehen mehr als nahe, dass es die ihrem „code of ethics" folgenden „Freaks" waren, die Cleopatra verkrüppelten. – Vgl. auch Anm. 61 und 68 sowie die zugehörigen Ausführungen in Kap. 3.2.

90   Aus deutschsprachigen kulturellen Kontexten fühlt man sich an Kästners *Emil und die Detektive* (1929) und an die gleichnamige filmische Adaption von Gerhard Lamprecht (1931) erinnert; auch hier wird der Bösewicht Grundeis von Emil und seinen HelferInnen in einer Weise verfolgt, die an Menschenjagd und Selbstjustiz erinnert.

Stück als gutsinnige und friedliche Menschen wie du und ich begegnet sind. Es liegt vor allem daran, dass wir Cleopatra, und mit ihr Hercules, durch das Binnengeschehen des Films sozusagen als charakterlich-moralischen „Freak" kennengelernt haben. Sind Cleopatra und Hercules nicht die eigentlichen „Freaks" dieses Films? Cleopatras physische Freakishness jedenfalls erscheint vor diesem Hintergrund nicht wie diejenige der anderen „Freaks" als das für die Betroffenen entsetzliche Ergebnis natürlicher Zufälligkeiten, wie das der ‚Aufreißer' im Prolog ja diesbezüglich ausgeführt hatte; sie erscheint vielmehr als eine Strafe, deren apokalyptisches Ausmaß man sicherlich nicht billigen muss, über deren grundsätzliche Berechtigung es aber angesichts des durchgängig verwerflichen und schließlich auf Mord hinauslaufenden Handelns von Cleopatra keinen Zweifel gibt. Von daher wollen sich so recht auch weder Wohlwollen noch gar Mitleid mit Cleopatra einstellen, Haltungen, die zumindest Hans und Frieda als von physischer Freakishness Betroffenen zuteilwurden.

Abb. 7: Cleopatra als Entengetier (Still [00:57:41] aus dem Film *Freaks*, G. H.).

Im Anschluss an die nüchterne Besichtigung der zur – abschreckenden[91] –
Schau gestellten Cleopatra wird mittels einer weiteren Überblendung in den
zweiten Teil des Epilogs übergeleitet. Ein zeitlicher Sprung scheint damit aber
nicht verbunden zu sein.

Abb. 8: Überblendung in den zweiten Teil des Epilogs (Still [00:57:52] aus dem Film
Freaks, G. H).

Dieser zweite, mit reichlich ‚kinogerechter' Sentimentalität versehene und
schwerlich vom Kitschvorwurf freizusprechende Teil [00:57:53–00:59:08]
spielt in einem aristokratisch anmutenden, eine Schlossumgebung nahelegen-
den Herrenzimmer, in dem eingangs ein von Kopf bis Fuß gentlemanlike ge-
kleideter Hans auf und ab geht. Dank seines Erbes hat dieser Hans in materiel-
ler Hinsicht ganz offensichtlich sein Glück gemacht. Doch sein nachdenklich
gesenkter Kopf und seine auf dem Rücken verschränkten Arme signalisieren
nur zu deutlich, dass er alles andere als glücklich ist. Geld und Reichtum allein
machen nicht glücklich, so die hinlänglich bekannte Botschaft auch hier, und
ein rücksichtsloses Streben danach (Cleopatra und Hercules) führt ebenso ins

---

91   Cleopatra ist eben nicht ein x-beliebiger „Freak", sondern ein Menetekel für all
      diejenigen, die ihr Leben falsch, d.h. dem Film nach materialistisch einrichten.

Unglück wie ein Liebesbegehren (Hans), dass nicht nach Herz und Charakter (Frieda) fragt, sondern nur nach dem schönen Leib (Cleopatra).

Hans, so wird deutlich, ist mutterseelenallein, und er will es auch sein. So lässt er denn auch seinen Butler wissen, der von BesucherInnen berichtet, die sich nicht abweisen lassen wollen, er werde diese keinesfalls empfangen: „In all these years, I've seen no one. [...] I can't see no one" [00:57:59–00:58:09], heißt es in ebenso entschiedenem wie tieftraurigem Ton. Doch da dringen diese BesucherInnen, es sind Phroso, Venus und, wie ein Kind von dieser mit beiden Händen vorgeschoben, Frieda, bereits in das Herrenzimmer ein.

Doch immer noch nicht will sich Hans erweichen lassen, immer noch nicht darf er sich um der intendierten Effekte der Rührung und Tränenseligkeit willen erweichen lassen. Mit brechender Stimme wiederholt er „Please, go away, I can't see no one." [00:58:34–00:58:36] und wendet sich tief gebeugten Hauptes ab. Aber Frieda gibt nicht auf, geht auf ihn zu bzw. hinter ihm her und spricht ihn von aller Schuld und Verantwortung am bzw. für das Schicksal Cleopatras frei. Währenddessen fährt die Kamera auf Phroso und Venus zu, die das Geschehen erst angespannt und dann angerührt verfolgen, um schließlich die ‚Bühne' klammheimlich und zufrieden-belustigt zu verlassen.[92] So können wir zunächst nur hören, wie Frieda Hans bittet, nicht zu weinen. Dann aber sehen wir die beiden noch einmal in der letzten Einstellung des Films, den leise wimmernden Hans in den Armen Friedas, die ihm beruhigend und tröstend übers Haar streicht und ihm dabei mehrfach versichert, dass sie ihn liebe.

3.5 Der Abspann

Zunächst wird im allein von der Produktionsgesellschaft zu verantwortenden Abspann das Happyend des Epilogs aufgegriffen. Zu fröhlicher Blasmusik wird sechs Sekunden lang in schwungvoller Schrift „The End" eingeblendet [00:59:09–00:59:15]; dabei befindet sich unter dem Wort „End" ein ornamentales M-G-M-Logo. Alles wird dergestalt daran gesetzt, den möglicherweise entstandenen Eindruck, einem in der einen oder anderen Hinsicht belastenden, fordernden Film beigewohnt zu haben, vergessen zu machen.

Auf eine Schwarzblende folgt dann die Auflistung der Mitwirkenden, die (k)eine Überraschung bereithält: Obwohl der Filmtitel behauptet, die „Freaks" stünden im Fokus, sind es doch zunächst fünf nicht behinderte SchauspielerIn-

---

92   Die beiden zeigen uns, wie wir als ZuschauerInnen auf das im nächsten Moment präsentierte Ende der Hans-Frieda-Geschichte reagieren sollen.

nen, die genannt werden. Aber auch diese SchauspielerInnen werden nicht in der Reihenfolge des Gewichtes der von ihnen im Film dargestellten Figuren oder hinsichtlich von deren Verhältnis zu den „Freaks" aufgelistet, sondern gemäß ihres Bekanntheitsgrades und ihres aktuellen Marktwertes.[93] Daraufhin erst folgen mit Harry und Daisy Earles die DarstellerInnen der wichtigsten „Freak"-Rollen, bevor mit Rose Dione als Madame Tetrallini eine weitere – für die „Freaks" doch so wichtige – normalwüchsige Schauspielerin genannt wird. Nach ihr werden dann, angefangen mit den siamesischen Zwillingen Daisy und Violet Hilton, knapp eineinhalb Dutzend weiterer „Freaks" namentlich aufgeführt. Ein Prinzip für deren Reihung ist allerdings nicht erkennbar, was ebenfalls einer Aussage gleichkommt.

Ungenannt hingegen bleibt der Stab des Films, allen voran der Regisseur Tod Browning. Dessen Name war zwar im Titel-Insert zu Anfang des Films prominent zu lesen (s.o.),[94] doch mit dem ‚guten' Ende des Films soll er nicht mehr und nur noch M-G-M in Verbindung gebracht werden.

4   Ein Fazit

In *Freaks* versucht Tod Browning mit vielen Mitteln nahezu alles Mögliche,[95] eine Sanktionen ganz unterschiedlicher Art nach sich ziehende Abscheu gegenüber „Freaks", die sich im ersten Moment und auf den ersten, ‚einfrierenden' Blick bspw. einer Photokamera ja sogar einstellen mag, aus der Welt zu schaffen.

Aber Browning versucht noch wesentlich mehr: Er versucht auch soweit es eben geht, gegen die markt- und profitorientierten Intentionen der Produktionsfirma M-G-M zu inszenieren, die hier als eigentliches Movens hinter dem Film-

---

93   Zuerst wird Wallace Ford genannt; dann folgt Leila Hyams und dann erst Olga Baclanova. – Vgl. auch Anm. 45.

94   Er fiel deutlich größer aus als derjenige der Produktionsgesellschaft M-G-M.

95   Dieses „wertende Fazit" hat keinesfalls die Absicht, aus Browning in Analogie zum „edlen Wilden", „edlen Juden" oder auch „edlen ‚Freak'" den „edlen Regisseur" zu machen; solche in mehrfacher Hinsicht wirklichkeitsfremden ‚Edel-Konzepte' leisten letztlich nur Bärendienste. Selbstverständlich und legitimerweise hatte Browning auch eigene Karriereinteressen; darüber hinaus hatte er die – zumindest teilweise – gegenläufigen Interessen seines Arbeitgebers sowie diejenigen des Publikums bzw. des Marktes zu berücksichtigen. Dies zugestanden, versuchte Browning tatsächlich und im emphatischen Sinne alles damals nur Mögliche, eine Lanze für die „Freaks" zu brechen. – Vgl. auch Anm. 41.

projekt stehen und die in Allianz mit jenem voyeuristisch-sensationsgierigen Blick zu sehen sind, der in Side-Shows etc. der befriedigte Zwilling der Abscheu ist. Und Browning versucht, dies die alles andere dominierende Intention vielleicht, die „Freaks" als freundliche, harmlose und liebenswürdige Menschen zu zeigen, die ein Leben führen, dass sich zwar graduell, akzentuell und segmental vom Leben der ‚Normalen' und ‚Gesunden' unterscheiden mag, dem menschlich-allzumenschlichen Kern nach aber keinesfalls grundsätzlich.

In diesem Zusammenhang ist narrativ bspw. vor allem auf eine ganze Reihe von Kontrastmontagen und Deviationen von der Haupthandlung sowie filmtechnisch insbesondere auf zahlreiche Nahaufnahmen zu verweisen, die mehrheitlich das Anliegen des Regisseurs befördern und im Sinne des menschlich Unspektakulären meist zum Vorteil der „Freaks" ausfallen.[96] Hinzuweisen ist aber auch darauf, dass Browning die „Freaks" vor der Kamera agieren lässt, sie also sozusagen in Bewegung setzt. Immer wieder sehen wir die „Freaks" bei ganz alltäglichen Verrichtungen und Abläufen, die für die Haupthandlung „Liebesdrama" völlig unerheblich sind.

Indem die „Freaks" dergestalt agieren und ein Leben führen dürfen, gewinnen sie zusehends jene Natürlichkeit, Selbstverständlichkeit und menschliche Würde zurück, die ihnen ein ‚Präparationsmedium' wie die Photographie oder eine Kamera und eine Dramaturgie nehmen, die einen Lebensvollzug voller Sinn, voller Freude, voller Sorgen und dergleichen mehr nicht zulassen.

Warum der Film trotz all dieser Vorzüge bei seinem Erscheinen so grandios gescheitert ist? Hier ist das Interagieren mehrerer Faktoren und deren jeweilige Gewichtung zu bedenken.

Sicherlich hatte es damit zu tun, dass Erwartungshaltungen des Publikums, die zum Dispositiv „Kino" gehören, mehr oder minder heftig irritiert wurden; das führte zu a- und irrationalen Rezeptionshaltungen und damit zu maßgeblichen Rezeptionsbarrieren.[97] Nie zuvor hatte man eine so große Anzahl an wirklichen „Freaks" auf der Spielfilmleinwand gesehen, nie zuvor waren einem dort solche Arten von Freakishness gezeigt worden.[98]

---

96   Auf Ausnahmen wie [00:24:45–00:25:18] oder [00:26:39–00:27:01] wurde hingewiesen.
97   Bspw. wurden die hier erläuterten Erzählstrukturen nicht wahrgenommen; stattdessen fokussierte man auf das vereinzelte Bild.
98   Kleinwüchsigkeit stellte in diesem Kontext kein Problem dar; sie begegnete einem im Unterschied zu den meisten anderen ‚Abnormalitäten' zuweilen im

Dann dürfte eine Rolle gespielt haben, dass der Film den ZuschauerInnen die Preisgabe kollektiv wie individuell gehegter, jahrtausendealter Vorurteile „Freaks" gegenüber abverlangt, und das mit guten, im Wortsinne sichtbaren Gründen. Diese Vorurteile werden in ihrer phobischen und zugleich in ihrer ans Erotische grenzenden Dimension – Angstlust – gezeigt.[99] Es findet also ein Umpolungsprozess zwischen „Freaks" hier und Publikum dort statt; tendenziell kann von Entpathologisierung auf der einen und Pathologisierung auf der anderen Seite gesprochen werden.

Zum Dritten ist auf die unterschiedlichen Intentionen bezüglich des Films der Produktionsgesellschaft M-G-M und des Regisseurs Tod Browning hinzu-weisen. Diese unterschiedlichen, zwischen schnödem Materialismus und unbe-kümmertem Idealismus gespannten Intentionen haben sich als Angriffsfläche bietende Ungereimtheiten und Brüche in den Film eingeschrieben.[100]

Schließlich sollte nicht ausgeschlossen werden, dass im Kampf um generel-le und um spezifische, das damals boomende Thema „Horror" betreffende, Marktanteile, die Konkurrenz von M-G-M das ihrige dazu beigetragen hat, den Film „Freaks" von Beginn an zu skandalisieren.[101]

Literatur

Das Literaturverzeichnis enthält auch Publikationen, die nur mittelbar in den Beitrag eingeflossen sind.

Barth, Miles; Siegel, Alan M.; Hoagland, Edward (2002). *Step Right This Way: The Photographs of Edward J. Kelly*. New York: Barnes & Noble.
Bösl, Elsbeth (2010). Die Geschichte der Behindertenpolitik in der Bundesrepublik aus Sicht der Disability History. *Politik und Zeitgeschichte*, 23, 6–12.

öffentlichen Raum und konnte von daher auch in ein Spielfilmgeschehen integriert werden.

99   Hier ist insbesondere noch einmal an den Prolog und an den ersten Teil des Epilogs zu erinnern.

100   Vgl. bspw. die unterschiedlichen Stilebenen des Prologs und des Epilogs.

101   Auffällig ist ja u.a., dass der Film im fernen und sicherlich nicht so leicht zu beeinflussenden New York seitens der Kritik besser aufgenommen wurde als im amerikanischen Westen und im Midwest. Das mag selbstverständlich auch etwas mit der Professionalität der KritikerInnen und mit einem kulturell-mentalen Gefälle zwischen Metropole und Provinz zu tun gehabt haben. – Vgl. auch Anm. 54.

Borst, Ronald V. (1973). Freaks: Re-Evaluating a Screen Classic. *Photon*, 23 (Tod Browning: A Filmography. The Making of Freaks & The Invisible Man) [http://www.olgabaclanova.com/freaks_re-evaluation.htm, 11.01.2016].

Brintnall, Kent L. (2006). The Moral Demand of the ‚Loving Cup': The Presence of the Abject Body in Tod Browning's Freaks and the Christian Eucharist. *Golem*, 1(1) [http://www.lomibao.net/golem/admin/pdfs/11_Brintnall_Freaks_ S06.pdf, 01.02.2016].

British Film Institute (2003). *White Sticks, Wheels and Crutches. Disability and the Moving Image*. London.

Burgholzer, Laurette (2013). Mit / geteilte Körper. Zur populärkulturellen Ausstellungspraxis im 19. Jahrhundert. In Birgit Peter & Robert Kaldy-Karo (Hrsg.), *Artistenleben auf vergessenen Wegen. Eine Spurensuche in Wien*. Wien: Lit-Verlag, 227–246.

Chivers, Sally (2001). The Horror of Becoming „One of Us". In Christopher R. Smit & Anthony W. Enns (Hrsg.), *Screening Disability: Essays on Cinema and Disability*. Lanham, Md.: University Press of America, 57–64.

Church, David (2011). Freakery, Cult Films, and the Problem of Ambivalence. *Journal of Film and Video*, 63(1), 3–17.

Cook, Méira (2001). None of Us: Ambiguity as Moral Discourse in Tod Browning's Freaks. In Christopher R. Smit & Anthony W. Enns (Hrsg.), *Screening Disability: Essays on Cinema and Disability*. Lanham, Md.: University Press of America, 47–56.

Eberstaller, Gerhard (1974). *Zirkus und Varieté in Wien*. Wien-München: Jugend und Volk.

Eco, Umberto (2007). *Die Geschichte der Hässlichkeit*. München: Carl Hanser.

Fofi, Goffredo (2003). Bewusst ohne Mitleid. Das Andersartige, das Extreme und die Utopie. In Stefan Heiner & Enzo Gruber (Hrsg.), *Bildstörungen. Kranke und Behinderte im Spielfilm*. Frankfurt a.M.: Mabuse-Verlag, 41–47.

Goor, Deike van (2003). Gehörlos – hilflos, sprachlos? Meinungsbildung durch die Kamerastrategie in Filmen mit Gehörlosen. In Stefan Heiner & Enzo Gruber (Hrsg.), *Bildstörungen. Kranke und Behinderte im Spielfilm*. Frankfurt a.M.: Mabuse-Verlag, 129–139.

Gottwald, Claudia (2013). Behinderung in der Karikatur. Zum Verhältnis von Hässlichkeit, Komik und Behinderung in der Geschichte der Karikatur. In Beate Ochsner & Anna Grebe (Hrsg.), *Andere Bilder. Zur Produktion von Behinderung in der visuellen Kultur* (Disability Studies. Körper – Macht – Differenz, Bd. 8). Bielefeld: transcript Verlag, 117–132.

Haschemi Yekani, Elahe; Gunkel, Henriette (2012). (Sich) Fortbewegen. In Netzwerk Körper (Hrsg.), *What Can a Body Do? Praktiken und Figurationen des Körpers in den Kulturwissenschaften*. Frankfurt a.M./ New York: Campus, 57–69.

Heiner, Stefan; Gruber, Enzo (Hrsg.) (2003). *Bildstörungen. Kranke und Behinderte im Spielfilm*. Frankfurt a.M.: Mabuse-Verlag.

Heiner, Stefan (2003). Einleitung. In Stefan Heiner & Enzo Gruber (Hrsg.), *Bildstörungen. Kranke und Behinderte im Spielfilm*. Frankfurt a.M.: Mabuse-Verlag, 11–27.

Herzogenrath, Bernd (Hrsg.) (2006). *The Films of Tod Browning*. London: Black Dog Publishing.

Herzogenrath, Bernd (Hrsg.) (2008). *The cinema of Tod Browning: essays of the macabre and grotesque.* Jefferson, N.C.: McFarland [http://www.tcm.com/tcmdb/title/163/Freaks/articles.html#06, 12.02.2016].

Kaldy-Karo, Robert; Enzinger, Christoph (Hrsg.) (2010). *Circus in Wien.* Erfurt: Sutton Verlag.

L. N. (1932). The Circus Side Show. *The New York Times*, 9th of July, S. 7. [http://www.nytimes.com/movie/review?res=9E07E6D61031E333A2575AC0A9619C946394D6CF, 20.02.2016].

Larsen, Robin; Haller, Beth A. (2002). The Case of Freaks: Public Reception of Real Disability. *Journal of Popular Film and Television*, 29(4), 164–173.

Lee, Walt (Hrsg.) (1973). *Reference Guide to Fantastic Films: Science Fiction, Fantasy and Horror.* 3. Aufl. Los Angeles: Chelsea-Lee Books.

Maio, Giovanni (2001). Die medialen Deutungsmuster von Krankheit und Medizin. *Fortschritte der Neurologie-Psychiatrie*, 69, 138–146.

Manon, Hugh S. (2006). Seeing Through Seeing Through: The Trompe L'Oeil Effect and Bodily Difference in the Cinema of Tod Browning. *Framework: The Journal of Cinema & Media*, 47(1), 60–82.

Markotić, Nicole (2001). Disabling the Viewer: Perceptions of Disability in Tod Browning's Freaks. In Christopher R. Smit & Anthony W. Enns (Hrsg.), *Screening Disability: Essays on Cinema and Disability.* Lanham, Md.: University Press of America, 65–72.

McRoy, Jay; Crucianelli, Guy (2009). „I Panic the World": Benevolent Exploitation in Tod Browning's Freaks and Harmony Korine's Gummo. *Journal of Popular Culture*, 42(2), 257–272.

Mosher, John C. (1932). The Current Cinema. *The New Yorker*, 16th of July, 45–46.

Müller, Corinna (2003). *Vom Stummfilm zum Tonfilm.* München: Wilhelm Fink.

Ochsner, Beate; Grebe, Anna (Hrsg.) (2013). *Andere Bilder. Zur Produktion von Behinderung in der visuellen Kultu*r (Disability Studies. Körper – Macht – Differenz, Bd. 8). Bielefeld: transcript Verlag.

Ochsner, Beate (2013). „Ich wollte, Sie könnten das auch einmal sehen" (Fini Straubinger). Zum Widerstand der Bilder in LAND DES SCHWEIGENS UND DER DUNKELHEIT. In Beate Ochsner & Anna Grebe (Hrsg.), *Andere Bilder. Zur Produktion von Behinderung in der visuellen Kultur* (Disability Studies. Körper – Macht – Differenz, Bd. 8). Bielefeld: transcript Verlag, 261–280.

Osten, Philipp (2008). Ärzte als Filmregisseure. Ein Ufa-Kulturfilm aus dem Berliner Oskar-Helene-Heim für die Heilung und Erziehung gebrechlicher Kinder, aufgenommen in den Jahren 1910 bis 1920. *Filmblatt*, 13, 37–56.

Osten, Philipp (2013). „Lärmender Frohsinn". Fotografien körperbehinderter Kinder (1900–1920). In Beate Ochsner & Anna Grebe (Hrsg.), *Andere Bilder. Zur Produktion von Behinderung in der visuellen Kultur* (Disability Studies. Körper – Macht – Differenz, Bd. 8). Bielefeld: transcript Verlag, 133–159.

Posch, Christine (2013). Der Körper als Darstellungsmittel. In Birgit Peter & Robert Kaldy-Karo (Hrsg.), *Artistenleben auf vergessenen Wegen. Eine Spurensuche in Wien.* Wien: Lit-Verlag, 215–225.

Regener, Susanne (2013). Fotografien-wider-Willen: Psychiatrische Bilder und Vor-Bilder vom Anderen im 20. Jahrhundert. In Beate Ochsner & Anna Grebe (Hrsg.), *Andere Bilder. Zur Produktion von Behinderung in der visuellen Kultur* (Disability Studies. Körper – Macht – Differenz, Bd. 8). Bielefeld: transcript Verlag, 211–226.

Risolia, Veruska Samantha (2003). Der Grund der Klänge. Die vielen Funktionen der Filmmusik zu „Shine" und „Das Piano". In Stefan Heiner & Enzo Gruber (Hrsg.), *Bildstörungen. Kranke und Behinderte im Spielfilm.* Frankfurt a.m.: Mabuse-Verlag, 129–139.

Robertson, James C. (1989). *The Hidden Cinema: British Film Censorship in Action, 1913–1972.* London; New York: Routledge.

Savada, Elias (1973). The Making of Freaks. The Events leading up to the Creation of Browning's Classic. *Photon*, 23 (Tod Browning: A Filmography. The Making of Freaks & The Invisible Man) [http://www.olgabaclanova.com/the_making_of_freaks.htm, 08.08.2016].

Schmidt, Gunnar (2013). Menschentrümmer oder eine neue Anthropologie? Zur Fotografie der hässlichen Krankheiten im 19. Jahrhundert. In Beate Ochsner & Anna Grebe (Hrsg.), *Andere Bilder. Zur Produktion von Behinderung in der visuellen Kultur* (Disability Studies. Körper – Macht – Differenz, Bd. 8). Bielefeld: transcript Verlag, 196–209.

Seeßlen, Georg (2003). Freaks & Heroes. Wie die Traummaschine Kino Krankheit und Behinderung in unsere Wahrnehmung einschreibt. In Stefan Heiner & Enzo Gruber (Hrsg.), *Bildstörungen. Kranke und Behinderte im Spielfilm.* Frankfurt a.M.: Mabuse-Verlag, 31–40.

Skal, David. J.; Savada, Elias (1995). *Dark Carnival: The Secret World of Tod Browning.* New York: Anchor Books: Doubleday.

Smith, Angela M. (2011). *Hideous Progeny. Disability, Eugenics, and Classic Horror Cinema.* New York: Columbia University Press.

Thomas, John (1964). „Freaks" by Tod Browning. *Film Quarterly*, 17(3), 59–61.

Watts, Richard, Jr. (1932). „Freaks". *New York Herald Tribune*, 9th of July, 6.

Würtz, Hans (1932). *Zerbrecht die Krücken. Krüppel-Probleme der Menschheit. Schicksalsstiefkinder aller Zeiten und Völker in Wort und Bild.* Leipzig: Voss.

Walter Löser

Der Nebel steigt, es fällt das Laub: Ich seh' es wohl – bin ja nicht taub!

Zur Abbildung menschlichen Hörvermögens in Filmen unter besonderer Berücksichtigung von Caroline Links *Jenseits der Stille*

1 Einleitung

Eine der jüngeren *Tatort*-Folgen der ARD bietet den ZuschauerInnen in ungeahnter Vielfalt und Dichte die Möglichkeit schmerzhaften Miterlebens und -leidens mit der Hauptfigur: In der Folge *Ohnmacht* (WDR 2014) wird zu Beginn der Kölner Kommissar Ballauf im U-Bahnhof brutal zusammengeschlagen und verliert das Bewusstsein. Die ZuschauerInnen erleben dieses Geschehen nicht nur über chaotische Reißschwenks der Kamera, dumpfe Schläge (die von Fall zu Fall sogar Vibrationen in den übertragenden Geräten erzeugen) und durch Tiefen-Unschärfe und Ausblenden auf Schwarz über quälend lange Sekunden hautnah mit, sondern auch durch das Verrauschen der Umweltgeräusche und Dialogfetzen. Eine derart eindrückliche Wiedergabe des einschneidenden Erlebnisses wäre mit der Bild-, Ton- und Schnitttechnik vergangener Jahrzehnte kaum so wirklichkeitsnah zu erzeugen gewesen.[1]

---

[1]　Außer Betrachtung bleibt dabei der Umstand, dass Kamera und Mikrophon an dieser Stelle die BeobachterInnenperspektive aufgeben (die sonst auch bei der sog. subjektiven Kamera im Allgemeinen erhalten bleibt) und die Erlebensperspektive der Hauptfigur nicht nur einnehmen, sondern sogar übernehmen. Ein ähnlich unlogischer Perspektivwechsel findet sich etwa in dem Film *Berlin – 1. Mai* (2007) von Carsten Ludwig, Jan-Christoph Glaser, Sven Taddicken und Jakob Ziemnicki, als die Hauptfigur am Rande einer Demonstration bei Handgreiflichkeiten einen Schlag auf den Kopf erhält und daraufhin für die ZuschauerInnen die Umweltgeräusche verschwimmen und verhallen, wie durch Watte gedämpft.

Das Medium Film vermittelt uns im Dargestellten sinnliche Eindrücke, die sowohl die Auswirkungen von Defiziten Einzelner in der Gemeinschaft deutlich werden lassen[2] als auch deren Auftreten für andere wahrnehmbar machen. In diesem Zusammenhang nützt es, sich an etwas Grundlegendes der Filmgeschichte zu erinnern: Ausgehend von dem Bestreben, Eigenheiten von Bewegung auf der Leinwand naturgetreu wiederzugeben, sollte dieser zunächst selektive Eindruck sinnlicher Wahrnehmung mittels neuer technischer Möglichkeiten immer vollständiger und authentischer erscheinen; im visuellen Bereich durch Manipulation der Anzahl von Bildern pro Sekunde und die Herstellung farbiger Bildeindrücke, auditiv durch die Einführung eines synchronisierten Tonkanals anstelle addierter akustischer Konnotate durch Klavierbegleitung im Kinosaal. Heute sind wir bei „3D" und „dolby surround" angelangt und bei Versuchen, elementare olfaktorische Anmutungen in die Vorführung von Experimentalfilmen zu integrieren.[3] Selbst der Konsum bestimmter Speisen im Kollektiv des ZuschauerInnenraums dient von Fall zu Fall nicht nur dem unmittelbaren Lustgewinn als solchem, sondern der Komplettierung des sinnlichen Filmerlebnisses.

Im vorliegenden Beitrag soll der Frage nachgegangen werden, wie Taubheit filmisch dargestellt wird. In einem ersten Schritt wird kontrastiv zum Sehsinn die Bedeutung des Hörsinns im wirklichen Leben diskutiert und in Verlängerung dazu die Bedeutung des Auditiven für den Film erörtert. Es wird sich zeigen, dass Beeinträchtigungen des Sehsinns dem Gegenüber visuell aus der üblichen BeobachterInnenperspektive vermittelt werden können, wohingegen Beeinträchtigungen des Hörsinns auditiv lediglich aus der Perspektive des/ der Betroffenen vermittelt werden können. Das erklärt, warum bei der Darstellung von (defizitärer) Audiowahrnehmung im Film neben filmhandwerklichen Fehlern und erzählerischen Inkonsequenzen eine Reihe unauflöslicher Widersprüche und/ oder Darstellungsgewohnheiten zutage treten. Insbesondere am Beispiel des Films *Jenseits der Stille*, der insgesamt als gelungenes Beispiel für die Darstellung von Taubheit bzw. Hörbeeinträchtigungen angesehen wird, sollen Herausforderung der filmischen Darstellung von Hörbeeinträchtigungen aufgezeigt werden.

---

2   Sei es im Vergleich zu erwartbaren kodifizierten Normen oder im Vergleich zu unausgesprochenen Erwartungen aufgrund früherer Erfahrungswerte.

3   Interessanterweise hat sich komplementär dazu etwa der (Pseudo-)Stummfilm als Kunstform erhalten, in jüngster Zeit sogar mit Oskarprämierung für Michel Hazanavicius' *The Artist* (2011).

2   Sehen und Hören in Wirklichkeit und Film

Wie gehen wir im Alltag mit unvollständigen Formen sinnlicher Wahrnehmung um? Wenn man das Konzept der Inklusion auf die Forderung nach gleichberechtigter Teilnahme gründet, so räumt man damit unausgesprochen ein, dass im Umgang mit anderen Menschen, mit denen wir ein bestimmtes Handlungsziel teilen, bestimmte Defizite Einzelner von anderen so ausgeglichen oder überbrückt werden müssen, dass in der Gruppe das zielorientierte Handeln befördert oder zumindest nicht beeinträchtigt wird. Auch moralische Einigkeit über diesen Ansatz erzielt man im Alltag vermutlich am ehesten im Bereich von Mannschaftssportarten, wo Abweichungen von der Norm als weniger diskriminierend empfunden werden, gleichzeitig aber auch deutlich zutage treten und damit klarer kompensierbar sind. Interessanterweise wird aber auch gerade im Sport die Grenze inklusorischer Bemühungen deutlich, wenn Fangemeinden heftig darüber streiten, welche Spieler aus der Mannschaft genommen werden sollen, weil sie das Erreichen des angestrebten Ziels dauerhaft zu behindern scheinen, oder wenn wie im Falle des Weitspringers Markus Rehm[4] juristische Anstrengungen unternommen werden, um paralympischen Sportlern Startberechtigungen in Standardwettbewerben zu erstreiten. Dieses Beispiel soll zeigen, dass es bei der Einschätzung eines Films nicht nur um die plausible mediale Vermittlung des Defizits geht, sondern auch um einen bestimmten Blick auf dessen Konsequenzen.

Um sich bewusst zu werden, was unsere Wahrnehmungskanäle zum Verstehen unserer Umgebung und zum Handeln in ihr beitragen und wie sie in alltäglichen Situationen koordiniert werden, kann es nützlich sein, gewisse Inkongruenzen und Brüche in der filmischen Darstellung kompakten, sinnlichen Erlebens in Bild- und parallelem Tonkanal zu erörtern. Für die sinnliche Wahrnehmung akustischer Signale sei daran erinnert, dass deren Bedeutung im Alltag aufgrund ihrer scheinbaren Beiläufigkeit oft unterschätzt wird. Während in Policen von Unfallversicherungen der Verlust des Gehörs nicht annähernd ähnlich dotiert ist wie der Verlust der Sehfähigkeit,[5] wird jeder Verkehrs-

---

4   Markus Rehm scheitert 2014 mit dem Versuch, mit Beinprothese eine Startberechtigung bei den Standard-Europameisterschaften der Leichtathleten zu erwirken.

5   Vgl. Invaliditätsanspruch nach Gliedertaxe: Verlust eines Auges 50%; Verlust des Gehörs auf einem Ohr: 30% (http://www.unfallversicherung-kompakt.de/leistungen/invaliditaet); umgekehrt, im sozialen Ansehen, erzeugen die Fangemeinden von MusikinterpretInnen jeden Genres offensichtlich mehr Begeis-

teilnehmer/ jede Verkehrsteilnehmerin einräumen, dass man auf Einsatzfahrzeuge wesentlich häufiger über das Signal des Martinshorns als über das getaktete Blaulicht aufmerksam wird. Dieselbe Fehleinschätzung von Bedeutsamkeit wird entlarvt, wenn in Urlaubsfilmen die beeindruckendsten Sonnenuntergänge zum schmerzlichen Erlebnis werden, weil dem begleitenden Tonkanal zu wenig Aufmerksamkeit geschenkt wurde.

All diese Beispiele zeigen, dass sowohl die physikalischen Wahrnehmungsbedingungen für Hören und Sehen völlig andere sind (z.b. Unwillkürlichkeit der Wahrnehmung, Dauerhaftigkeit der Reize und deren Speicherung) als auch – dadurch – deren Bedeutung im Alltag.

Womöglich sind aber die beschriebenen Irritationen auch nur dadurch bedingt, dass in unseren Sehgewohnheiten die nicht weiter koordinierte Verbindung sog. „takes" beobachtender und subjektiver bzw. handelnder Kameraperspektive in der Montage durch entsprechende Häufigkeit inzwischen verankert ist,[6] die Verwerfungen in den Hörgewohnheiten aber noch nicht. Verwerfungen in den Hörgewohnheiten fallen in der Rezeption nach wie vor sofort auf und werden als fehlerhaft wahrgenommen.

Bei der Darstellung von Audiowahrnehmung im Film treten aber nicht nur filmhandwerkliche Fehler und erzählerische Inkonsequenzen auf, sondern auch eine Reihe unauflöslicher Widersprüche in Darstellungsgewohnheiten zutage:

1. Während sichtbare Verletzungen einer Filmfigur durch die beobachtende Kamera (bspw. über das Tragen einer Sonnenbrille oder über ein Blindenzeichen) plausibel vermittelt werden und bei BetrachterInnen Empathie hervorrufen können, können Beeinträchtigungen des Gehörsinns akustisch nur aus der Perspektive des/ der Betroffenen logisch und sachgerecht vermittelt werden (Hörgeräte sind i.d.R. nicht sichtbar; auch gibt es kein Taubheitszeichen). Das schließt aber den erwähnten, unlogischen Rollenbruch ein. Für die RezipientInnen gilt eben: Ich kann sehen,

---

terung als die Fangruppen von FotografInnen, RegisseurInnen oder SchauspielerInnen. – Was der Verlust einzelner Sinne für die Lebensqualität bedeutet, wird in dem US-amerikanischen Science-Fiction Spielfilm *Perfect Sense* (2011) von David Mackenzie in den Zusammenhang einer Epidemie gestellt und so zum Erzählthema gemacht.

6   Selbst aufwändige Cineflex-Spiralen oder Super-Zeitlupen, deren Beobachtungsperspektiven kaum noch plausibel und kohärent sind, werden widerspruchslos akzeptiert.

dass ein anderer nicht sehen kann, aber ich kann nicht hören, dass ein anderer nicht hören kann.

2. Änderungen im Wahrnehmungsabstand, von dem das Gehör als Fernsinn abhängig ist, werden im Audiokanal nur dann konsequent durch Lautstärke- und Raumklangveränderungen modelliert, wenn sich die Geräuschquelle durch optische Bewegungen im Bild annähert oder entfernt, nicht aber, wenn die Annäherung oder Entfernung technisch (durch Schwenk oder Zoom der Kamera) dargestellt wird.[7]

Insofern kann es nicht verwundern, wenn viele solcher Brüche, aber auch zunächst irritierende Aufnahme- oder Montagetechniken im Genre „Kriminalfilm" ihren Ursprung haben. Auch erzählerisch öffnen sich in diesem Genre naheliegende Spielräume, wie die Folge *Das leise Sterben des Kolibri* (2003) aus der Fernsehserie *Rosa Roth* zeigt, in der eine taube Zeugin eines Verbrechens eingeführt wird, die bei der Aufklärung helfen kann, weil sie durch Lippenlesen am Tatort Gesprochenes aus der Entfernung erkennen konnte.[8]

---

7   Einige konkrete Beispiele sollen veranschaulichen, inwieweit das illusionistische Gesamterleben einer Filmvorführung dadurch eingeschränkt, die Erzählperspektive gestört oder gar gebrochen werden kann, indem die physikalischen Gesetze der Schallübertragung ignoriert werden. Eine Reihe von Varianten hierfür finden sich bei der filmischen Darstellung von Telefongesprächen, etwa wenn der Telefonpartner/ die Telefonpartnerin des/ der im Raum Anwesenden mit demselben Raumklang und in einer Lautstärke zu hören ist, die physikalisch nicht dem BetrachterInnenabstand entspricht. In der Folge *Im Sumpf* (1996; Regie: Theo Mezger) aus der Fernsehserie *Schwarz Rot Gold* z.B. wird gleichzeitig erzählerisch mit den physikalischen Bedingungen des Telefonierens gespielt, indem der Sprechende aufgefordert wird, nicht so zu schreien, nur weil er ein Auslandsgespräch führt; vgl. auch *Ich will dich* (2014) von Rainer Kaufmann. Eine andere Variante findet sich in *Eine neue Chance* (*Things we lost in the fire*; 2007) von Susanne Bier: Jemand sitzt mit MP3-Player auf der Terrasse. Ein Besucher spricht gegen laute Musik an, die die ZuschauerInnen mithören. Der Sitzende nimmt nach Blickkontakt die Kopfhörer ab. Die Musik wird leiser, der Sitzende und mit ihm die ZuschauerInnen verstehen den Besucher.

8   Aber nicht nur in kriminalistischen Filmen kann der Hörsinn eine zentrale Rolle spielen. Im Folgenden einige Filme, in denen ein wichtiger Bestandteil des Erzählten, die Pointe der Handlung, über den Audiokanal transportiert wird: *Happy End mit Hindernissen* (2004) von Yvan Attal: Ein Mann telefoniert kurz nacheinander mit seiner Geliebten und seiner Frau, ohne zu ahnen, dass beide gerade in einem Restaurant zufällig nebeneinander sitzen. *Notbremse* (2007) von Philipp Wohlleben: Ein Mann sieht seinen zu ihm hinschauenden Flirt im Zug davonfahren; die ZuschauerInnen hören im finalen Schwarzbild eine Notbremse

3   Der Film *Jenseits der Stille* mit Blick auf die Darstellung von Taubheit

Der Spielfilmklassiker *Jenseits der Stille* (Caroline Link 1996) regt in dem hier eröffneten Kontext dadurch viele Überlegungen an, dass ein Mädchen, Lara, im Mittelpunkt der Erzählung steht, das taube Eltern hat und damit zum einen ihre eigenen Umwelterfahrungen nicht einfach unbewusst auf ihre Umgebung übertragen kann und das zum anderen schon in jungen Jahren einen beträchtlichen Anteil an Familienmanagement übernehmen muss,[9] indem sie, selbst hörend und damit in zwei sprachlichen Codes heimisch, zwischen der Innenwelt der Familie und der Außenwelt vermittelt, dabei aber dennoch ihre eigenen Interessen geschickt positioniert.[10]

---

kreischen, ohne dass deren Bedeutung aufgelöst wird. *Klopfzeichen* (2002) von Julius Dasche: Eine junge Frau ahmt neben einem Blinden, der sich zuvor ihr gegenüber äußerst ungebührlich benommen hat, das Signal für eine grüne Fußgängerampel mittels Schnalzen nach, so dass dieser nichtsahnend in den fließenden Verkehr stolpert. *Berlin Chamissoplatz* (1980) von Rudolf Thome: Die abwartende Anna hört im Nebenzimmer ihrer Wohnung, während sie sich im Bad herrichtet, den bewunderten Martin gefühlvoll Klavier spielen und schmilzt dahin. Beindruckend nicht nur das Schauspiel, sondern auch der sich mit Annas Annäherung verändernde Raumklang der Musik. – Die Erwähnung lohnen ebenso beispielhaft zwei Filme, in denen mit einem fließenden Übergang zwischen „Off-Ton" (underlay) und „O-Ton" gespielt wird: *Abbitte* (*Atonement*; 2007) von Joe Wright: Scheinbar nondiegetisch unterlegte Musik transportiert die traurige Atmosphäre der geschlagenen Armee am Strand, während die ZuschauerInnen erst nach einem langen Schwenk auf einen Strandpavillon erkennen, dass die gehörte Musik die Instrumentierung des Chorals ist, den die Soldaten dort intonieren. *Zu schön für dich* (1989) von Bertrand Blier: Wiederkehrend kommt eine Schubert-Sonate ins Spiel, ehe am Ende die männliche Hauptfigur den ZuschauerInnen auf einer Wohnstraße entgegenläuft und in die Kamera blafft: „Euer Schubert kotzt mich an."

9   Insofern muss irritieren, dass Silvie Testud, die die erwachsene Lara verkörpert, als die Hauptdarstellerin dieses Films gilt, obwohl Tatjana Trieb die viel diffizilere Mädchenrolle der Lara in beeindruckender Weise ausfüllt.

10   Dass die Oskar-Nominierung für den besten ausländischen Film seinerzeit nicht zum Erfolg führte, spricht zweifellos für diesen Film, da die Vergabepolitik der Academy aus den letzten zwanzig Jahren wiederkehrende Erwartungsmuster erkennen lässt, denen dieser Film glücklicherweise nicht entspricht. – Der Zufall will es, dass in diesen Tagen ein französischer Film mit einem verblüffend ähnlichen Plot in die deutschen Kinos gekommen ist: *Verstehen Sie die Béliers?* von Eric Lartigau; als Komödie bedient der Film aber ein anderes Genre. Konnte man das Komödiantische in *Ziemlich beste Freunde* noch unter dem Versuch verbuchen, der Tragik des Lebens noch eine lustige Seite abzugewinnen, verheißt

Es gibt in *Jenseits der Stille* mehrere Szenen, die wohl deshalb den ZuschauerInnen im Gedächtnis bleiben werden, weil sie das unausgesprochene Einverständnis jeder zufälligen Alltagskommunikation aufbrechen und in Frage stellen, das Gegenüber erlebe gerade in derselben Welt wie man selbst dasselbe.

So steht Lara in einer Szene bspw. am Kinderbett ihrer kleinen Schwester, die offenkundig wach ist, ihr aber trotz Ansprache keinerlei Aufmerksamkeit schenkt. In Folge vollzieht Lara mit zunehmender Panik kleine Tests, um herauszufinden, ob ihre Schwester hören kann [00:30:15]. Dass Lara dabei von ihrer Schwester durch die Gitterstäbe des Kinderbettes getrennt ist, verstärkt die Eindringlichkeit ihres verzweifelten Tuns. Die ZuschauerInnen wiederum werden dazu angeregt darüber nachzudenken, inwieweit Menschen, die bereits von Geburt an nicht hören können, sich in einem anderen Erlebnisraum bewegen als Menschen, die ihr Gehör durch Krankheit oder Unfall verlieren.

Lara, indem sie hört, kann sich gedanklich in beiden Erlebnisräumen bewegen. Und indem sie zwei Sprachcodes beherrscht, um jeden dieser beiden Räume zu erschließen, kann sie eine gewisse Exklusivität in ihren sozialen Beziehungen arrangieren. Dies geschieht in weniger bedeutungsvollen Zusammenhängen eher beiläufig, wird aber bei besonderen Gelegenheiten auch absichtsvoll zelebriert.

Wenn etwa Laras Mutter durch das geschlossene Fenster des Schulzimmers mit ihrer Tochter optisch Kontakt aufzunehmen versucht, kann Lara den zweiten Code nutzen, um die vermeintliche Peinlichkeit für sich dezent in Grenzen zu halten [00:07:10]. Wenn es hingegen um den in Zweifel stehenden Bankkredit der Eltern geht, nutzt Lara die Chance, durch gezielte, moderierende Fehlübersetzungen die Gesprächsatmosphäre zu retten [00:08:30].

Die Mutter vor dem Klassenraumfenster veranschaulicht den ZuschauerInnen noch einmal, wie die unterschiedlichen physikalischen Transportwege beider Sprachcodes hier zusätzliche Kommunikationsmöglichkeiten schaffen, die ansonsten durch soziale Übereinkunft – man kann nicht einfach in eine laufende Schulstunde platzen – versperrt wären. Im Gespräch mit dem Bankberater ersetzt der zweite Code Unterbrechungen der regulierten Kommunikation wie ansonsten ein Zuflüstern, die andernfalls vonnöten wären, um Exklusivität zu schaffen.

---

diese Zuschreibung bei diesem Thema nichts Gutes, weil mutmaßlich subtile Feinheiten defizitären Erlebens unter vordergründiger Heiterkeit zu verschwinden drohen.

Die parallele Kommunikation in beiden Codes ermöglicht den handelnden Figuren ebenso wie den beobachtenden ZuschauerInnen die Entnahme (möglicherweise sich ergänzender) Teilinformationen aus beiden Quellen; d.h. der/ die Nicht-Hörende erschließt sich Zusammenhänge aus dem Lippenlesen, der/ die Hörende erfasst intuitiv gewisse Bestandteile der Gebärdensprache. Es entsteht gleichermaßen ein fehlertolerantes System für die AkteurInnen und eine Art atmosphärische Zertifizierung des unmittelbar Gehörten für die Hörenden.

Leider werden die Dolmetschergebnisse von Lara den ZuschauerInnen über Schrift-Inserts vermittelt, was das illusionistische Erleben des Films entscheidend stört. Gerade die Möglichkeit, sich in solchen Momenten auf die Gebärdensprache der Tochter zu konzentrieren – die ja erstaunlich viele nicht arbiträre, hoch suggestive Zeichenanteile enthält –, wird durch den Zwang, parallel etwas zu lesen, erheblich reduziert. Hier hätte eine sehr viel größere Erlebniskraft wirken können, wenn – ganz in der Art des Simultandolmetschens von Fremdsprachen auf Konferenzen – eine einflüsternde Off-Stimme im Audiokanal diese Aufgabe anstelle graphischer Einblendungen übernommen hätte.

Hier ist es vielleicht an der Zeit, die technisch filigranen Möglichkeiten des Abmischens von Ton zu nutzen, um bestimmte Hörgewohnheiten herauszubilden, so wie in der Geschichte des Films sich gewisse Sehgewohnheiten herausgebildet haben, die es im Laufe der Zeit ermöglichten, auf die umfangreichen Texttafeln zu verzichten, die in den frühen Tagen des Stummfilms den Gang der Handlung zwischen den eigentlichen Bildern erklärten.[11] So könnte z.B. ein bestimmter Raumklang per Konvention für eine innere Stimme stehen, eine bestimmte Frequenz für Traumassoziationen u.ä.

Jenseits der Stille beginnt mit Bildern aus einer verschneiten Winterwelt, der stillen Jahreszeit, in der die Natur unter einer Schneedecke ihre sonstige Geräuschkulisse absorbiert. Der Audiokanal hat dabei für die ZuschauerInnen eine doppelte Funktion: Er vermittelt in der üblichen Weise den Teil der gezeigten Welt, der akustische Signale und Informationen transportiert: Geräusche aller Art einschließlich der menschlichen Sprache, die bei taubstummen Personen auf einen emotional entschlüsselbaren Geräuschwert

---

11   Irritierende Vergleichsmöglichkeiten ergeben sich in diesem Zusammenhang aus Verwerfungen in den Höreindrücken, wenn in der Synchronisation eines Films die Dialogsprache übersetzt wird, Gesang aber in den Originaltönen und damit -stimmen verbleibt.

reduziert sein kann.[12] Auf einer Metaebene liefert er den ZuschauerInnen gleichzeitig die Referenzebene dafür, die Differenz zwischen dem Erleben der Eltern und dem Erleben von Lara zu verstehen.

Erzählerisch werden diese Differenzen im Erleben der gehörlosen Eltern und ihrer hörenden Tochter bisweilen komödiantisch zugespitzt, indem Lara immer wieder die Informationen der Hörenden sehr frei für ihre Eltern übersetzt, sei es, um diese (wie auf der Bank) ein Stück weit vor unliebsamen Informationen zu schützen, oder sei es, um sich selbst (wie im Gespräch mit der Lehrerin) zu entlasten. Die ZuschauerInnen lernen dabei mit den Figuren mit, indem sie aus der Körpersprache der Beteiligten ähnlich wie deren Gegenüber direkt miterleben, wo Zweifel und Verwerfungen an Laras Dolmetsch-Leistungen deutlich werden.

Die ZuschauerInnen bekommen noch einmal vor Augen (und vor Ohren) geführt,[13] wie groß die Unterschiede der sinnlichen Wahrnehmungskanäle in ihrem Beitrag zur kommunikativen Information allein dadurch werden, dass die Information unwillkürlich oder nur willkürlich, bewusst oder ebenso unterbewusst wahrgenommen werden kann, dass sie physikalisch permanent oder nur flüchtig verfügbar ist.

Auch insoweit verschwimmen in der Gebärdensprache die Grenzen zwischen gesprochener und geschriebener Sprache, und Eigenschaften beider Performanzsysteme, die eigentlich komplementär sind, treten gemeinsam zutage. Indem der Film unsere sinnliche Wahrnehmung mit Umwelteindrücken über mehrere Kanäle bedient, befördert er die Möglichkeiten empathischen Miterlebens und hilft, das Bewusstsein zu schärfen für die Möglichkeiten und Grenzen inklusionsorientierten Miteinanders in aufgaben- und zielorientierter Alltagskommunikation.[14]

Gewitter, Bilder, Töne und Gesprächsteile (optisch und akustisch) liefern in *Jenseits der Stille* auch unter synästhetischen Aspekten eine interessante Erzählsequenz. Nur wird der/ die Zuschauende unmittelbar irritiert bemerken,

---

12   Berichten von Betroffenen aus der bildenden Kunst zufolge assoziieren diese Menschen Vibrationen je nach Anmutung oft automatisch mit bestimmten Farben, die für sie einen ähnlichen Signalwert beinhalten.

13   Diese Unterschiede betreffen ebenso die Aktionsmöglichkeiten des Senders wie die Rezeptionsmöglichkeiten des Empfängers. Am Rande sei in diesem Zusammenhang an den medizinischen Befund erinnert, dass bei Bewusstseinsverlust der Hörsinn zuletzt schwindet.

14   Auffälligerweise wird oft in einer stehenden Redewendung darauf verwiesen, das Sehen eröffne den Zugang zu Objekten, das Hören den zu Menschen.

dass es völlig unplausibel ist, dass der Vater diese Erfahrungen („Der Blitz war jetzt sicherlich sehr laut" [00:03:15]) mit seiner bereits zehnjährigen Tochter zum ersten Mal teilt. Mit solchen sachlogischen Ungereimtheiten beschäftigt der Film die ZuschauerInnen leider mehrmals, etwa auch an der erwähnten Stelle, wo Lara ihre etwa neun Monate alte Schwester Marie geradezu verzweifelt mit Geräuschen traktiert, um festzustellen, ob sie hören kann. Dies wäre in einer derartigen Familienkonstellation mit Sicherheit – auch ärztlicherseits – viel früher geklärt worden.

Gewitterbilder und -töne öffnen Erlebnisräume, die ganze Welten vor unserem geistigen Auge entstehen lassen, wie das etwa auch in dem synästhetischen Begriff des Hörbildes durchscheint.[15]

Die Gegenüberstellung zweier Welten wird vervollständigt durch Laras Begeisterung für das Musikinstrument einer Tante, das schnell zu einem wesentlichen Bestandteil ihrer Welt wird, an der ihre Eltern nur bedingt teilhaben können.

Eine erzählerische Stärke des Films liegt dabei sicherlich auch darin, dass er in einer kubrickhaften[16] Blende Jahre überbrückt und während eines Konzertes die zehnjährige, Klarinette spielende Lara in eine junge Erwachsene überführt [00:37:40]. Durch diese Kontrastierung können die ZuschauerInnen rekapitulieren, wie sehr die vermittelnde Aufgabe zwischen der Welt der Hörenden und der Welt der Tauben die Kinderwelt Laras verändert hatte.[17]

---

15   „Augen zu – Film ab" lautet bezeichnenderweise der Titel einer Zeitschriftenausgabe über Filmmusik (vgl. Bachmann 2005). Nicht umsonst sprechen wir von Hörbildern, um auszudrücken, dass ganze Landschaften vor unserem geistigen Auge aus einer Geräuschkulisse entstehen können.

16   Vgl. die berühmte Szene zu Anfang des Films *2001: Odyssee im Weltraum* (1968) von Stanley Kubrick.

17   Beispiele für andere reizvolle erzählerische Ansätze liefern die folgenden Filme: *Love language* (2010) von Jason Y. Lee: Zwei junge Leute auf einer Parkbank kommunizieren scheinbar spielerisch nur mit Post-it-Zetteln, bis sich am Ende herausstellt, dass die Frau taub ist, obwohl das vorherige Kennenlernen durch ihren MP3-Player angeregt worden war. *Halbe Portionen* (2010) von Martin Busker: Es werden die Gefühlsverwirrungen eines kindlichen Straßenräubers verfolgt, der plötzlich realisiert, dass sein Opfer ihn nicht hören kann, was in ihm plötzlich Mitleidsgefühle erregt. *Berührungen* (2011) von Jean-Charles Mbotti Malolon: In Zeichentrick wird der intensivierte Körperkontakt zwischen zwei tauben Personen gezeigt.

4 Subjektive Kamera und subjektives Mikrophon?

Insgesamt scheint es indes vielen FilmemacherInnen reizvoller zu sein, Blindheit zu erzählen als Taubheit[18] (vgl. dazu auch den Beitrag von Degenhardt/ Hilgers in diesem Band), mutmaßlich, u.a. weil für die soziale Umwelt des Akteurs/ der Akteurin die Unterschiede bei Blindheit offenkundiger und leichter nachvollziehbar sind als die bei Taubheit. Taubheit kann für unbeteiligte Dritte eher verdeckt sein und unbemerkt bleiben und damit auch das filmische Erzählen davon; d.h. wir vollziehen meist unmittelbar nach, was Blinde in unserer Nähe nicht sehen, aber wir müssen uns mittelbar kognitiv klarmachen, was Taube neben uns nicht hören, zumal wir ja auch vieles unbewusst hören.

Die Wahrscheinlichkeit, auf Dinge zu reagieren, die wir unbewusst sehen (ein Hindernis auf dem vertrauten Hausflur, eine rote Ampel auf einer bekannten Fahrstrecke), ist größer als die Wahrscheinlichkeit, auf Geräusche zu reagieren, die wir nur unbewusst wahrnehmen (die Fahrradklingel hinter uns, das Hecheln eines heranstürmenden Hundes).

Entsprechend funktioniert beim filmischen Erzählen die „subjektive Kamera" anders als das „subjektive Mikrophon" – nicht umsonst finden sich in diesem Bereich viele Inkonsequenzen, nicht zufällig ist auch der letztgenannte Begriff „subjektives Mikrophon" nicht wirklich eingeführt.

Sinneswahrnehmungen im Film zu veranschaulichen – ,vernachhorchlichen' interessiert offenbar weniger – ist immer wieder ein großes Thema (vgl. die jahrelange Skepsis gegenüber einer Verfilmung des Romans *Das Parfüm* mit seinen schwelgerisch verwirrenden olfaktorischen Eindrücken). Anspruchsvoll ist beides, weil das Medium Film kommunikativ auf dem Transfer unserer beiden Fernsinne beruht und uns dadurch unmittelbar vor Augen (und vor Ohren) führt, was es bedeutet, wenn Menschen in unserer Umgebung anders als wir selbst wahrnehmen und reagieren.[19]

---

18 Prominente Beispiele sind bspw. *Hotel Desire* (2011) von Sergej Moya oder der Klassiker *Der Duft der Frauen* (1992) von Martin Brest.

19 In *Eifersucht* (1988), der 121. Folge von *Polizeiruf 110*, wird virtuos mit der Atmosphäre gespielt, indem ein Thema aus dem Lied *Straße* der Rockgruppe „Karussell" in wechselnder Instrumentierung durch den Film geführt wird und dabei sehr unterschiedliche Stimmungen vermittelt.

Eine Brille (im Alltag spricht sicherlich niemand von einer „Sehhilfe") zu tragen, gilt als normal, ist wie bei der Werbung vom schlauen Kind eher positiv konnotiert und wird als modisches Accessoire gestaltet. Ein Hörgerät hingegen (und eben nicht etwa eine „Lausche") signalisiert Defizite und Hilfsbedürftigkeit.

Und es gibt eben als Gegenstück zur „subjektiven (besser: handelnden) Kamera" nicht wirklich so etwas wie ein „subjektives (besser: suggestives) Mikrophon", weil die physikalische und die soziale Rolle („wegsehen" spricht eine andere Bedeutungsebene an als „weghören") eines Beobachters/ einer Beobachterin optischer Eindrücke eine ganz andere ist als die eines Beobachters/ einer Beobachterin akustischer Eindrücke. Insbesondere ist es, außer in Lehrfilmen, nicht bzw. kaum üblich, krankhafte Einschränkungen des Sehsinnes abzubilden (milchiges Bild, Bild mit blindem Fleck, Bild mit verengten Rändern). Üblich ist es aber sehr wohl, mit emphatischer Anmutung, Einschränkungen des Gehörsinnes wiederzugeben, etwa als verrauschtes Hören, als Reduktion der wahrgenommenen Lautstärke oder als Verfremdungen im Raumempfinden.

Die vorangehenden Vergleiche können zeigen, dass im Medium Film deutlich wird, wie unsere Wahrnehmung von Menschen und unser alltäglicher Umgang mit Menschen mit Einschränkungen beim Sehen ein ganz anderer ist als bei Menschen mit Einschränkungen beim Hören. Folglich stellen sich für die Möglichkeiten und Begrenzungen von Inklusion für diese beiden Bereiche völlig unterschiedliche Aufgaben; von daher werden die Erfolgsaussichten mutmaßlich unterschiedlich sein.

Auch der Film von Joachim Bihrer und Claus Hanischdörfer erliegt der Versuchung, Taubheit mit Stille zu assoziieren, nämlich mit dem Titel *Im Rhythmus der Stille* (2003).[20] Dieser Titel für eine dokumentarische Erzählung über eine Tanzschülerin (Sarah Neef) erinnert daran, dass der Rhythmus unseres Lebens vom ersten Herzschlag bis zur Totenglocke von Schallwellen vorgegeben und strukturiert wird, sogar in unserer Kommunikation sehr unmittelbar, indem Sprechen und mündliches Mitteilen und dessen emotionale Anbindungen erkennbar an unsere Atmung gebunden sind. Am Schneidetisch wird der Audiokanal zum Bett, in das die Bilder gelegt werden.

Der autobiographische Weg von Sarah Neef macht zudem deutlich, dass aufgrund der physikalischen Basierung von Hören und Sehen akustische Ein-

---

20   Wohingegen viele Menschen einen Titel wie *Das Licht durch die Dunkelheit* für einen Film über einen blinden Menschen wohl als despektierlich empfunden würden.

drücke sehr viel unmittelbarer synästhetisch übersetzt werden können als optische. Sarah Neef nimmt den Rhythmus von Musik, aber auch bestimmte Tonqualitäten, über Vibrationen wahr und gestaltet ihren Tanz auf dieser Grundlage. Ohnehin gibt der Audiokanal den Montage- und Schnitt-Rhythmus eines Films vor, liefert sozusagen den spezifischen Herzschlag und erzeugt damit mehr als jede 3D-Animation Raumgefühl.

Der entscheidende Gewinn für die ZuschauerInnen ist, dass der Film in der Darstellung dieser synästhetischen Transformationen so etwas erreicht wie die subjektive Kamera im Spielfilm, die den ZuschauerInnen ermöglicht, die Perspektive der handelnden Person einzunehmen. Konsequenterweise müsste dieser Film in einer Art mehrkanaliger Performance aufgeführt werden, indem der ZuschauerInnenraum durch die Lautsprecher in entsprechende Vibrationen versetzt wird.[21]

Der dokumentarische Film bringt sich selbst ein Stück weit um verdientes Ansehen, indem er in einem eilfertigen Akt der Didaktisierung einem Publikum „geeignet für Schulklassen ab ..." zugewiesen wird. Er hätte zweifellos eine seriösere und ernsthaftere Aufnahme verdient. Es ist auf ganz undidaktische Weise lehrreich zu verfolgen, wie die Hauptfigur als Taube zu sprechen lernt, indem sie sich an Bewegungen und insbesondere Schwingungen orientiert, wobei Schwingungen ein Begriff ist, den wir bezeichnenderweise ebenso physikalisch wie psychologisch verstehen.

Das Stichwort von der synästhetischen Erschließung sinnlicher Eindrücke führt auf die filmische Collage *Touch the sound* (2004) von Thomas Riedelsheimer, die zwar erläuternde Interviewausschnitte enthält, aber vom Verzicht auf jeglichen belehrenden Off-Ton-Kommentar lebt. Alltagsbeispiele von Geräuschen, akustische Darbietungen von Klängen und zielgerichtetes Sounddesign (digital, analog)[22] werden anregend montiert, was selbstverständlich auch als eine Art Kommentar gelten kann. Dieser Film sensibilisiert den Rezipienten/ die Rezipientin, die Geräuschkulissen seiner/ ihrer Umgebung bewusster wahrzunehmen und zu entschlüsseln. Ähnliches erreicht der Percussionist Martin

---

21 Am Rande sei erwähnt, dass es digitale Lernprogramme für Musikinstrumente gibt, in denen (ähnlich wie bei den optischen Animationen für Audio-CDs) Töne je nach Tonhöhe und -länge in bestimmte Farben und Formen übersetzt werden; beides scheint recht erfolgreich zu sein.

22 Die tragende Bedeutung des Audiokanals für den Rhythmus eines Films wird nicht zuletzt dadurch offensichtlich, dass in dokumentarischen Umgebungen oftmals die Bilder über einen zuvor erstellten Tonkanal geschnitten werden und nicht Ton unter montierte Bilder gelegt wird.

Grubinger[23] für ein begeistertes Publikum, wenn er mit den Schlagzeugstöcken den verschiedensten Alltagsgegenständen Töne entlockt und deren Materialklang ebenso wie ihre Tonhöhe kompositorisch improvisierend verarbeitet. Der bildende Künstler Goldsworthy[24] stellt in der freien Natur verdichtend Erlebnisräume zusammen, die optische und akustische Wirkungen biologischer Strukturen in ihrer Veränderung durch Wetter und Jahreszeiten erlebbar werden lassen. So gesehen ist *Touch the sound* unausgesprochen fast eine Art Lehrfilm, der solche synästhetischen Wirkungen anhand von beeindruckenden Beispielen vorführt.

5   Jenseits und diesseits der Stille

In bewerbenden Inhaltsangaben für *Jenseits der Stille* wird oft der Konflikt zwischen Vater und Tochter als der erzählerische Kern gesehen, in dem der Vater das pubertierende Mädchen sich durch das Klarinettespielen entfernen sieht – und fühlt. Mit dieser Wertung wird der Film m.E. eher verharmlost, denn Väter pubertierender Mädchen sehen wohl häufig in jeder aufkeimenden Vorliebe ihrer Töchter eine Bedrohung, auch wenn die Klarinette nicht Paul mit Vornamen heißt. Die eigentliche Leistung des Films dürfte sein, auf einprägsame Weise die Selbstverständlichkeit unserer Alltagsannahmen über Kommunikation in Frage zu stellen, in denen wir davon ausgehen, dass unser Gegenüber sinnliche Wahrnehmung und Empfindung genau so aufnimmt und entschlüsselt wie wir selbst. Wie verstörend es für die Alltagskommunikation wird, wenn diese Grundannahmen für uns merklich außer Kraft gesetzt werden, erkennen wir zum Beispiel, wenn Erwachsene in geradezu alberner Art und Weise auf kleine Kinder, psychisch Kranke oder Fremde einer anderen Muttersprache einreden.[25] Um Alltagskommunikation zu beschleunigen und von Reibungen freizuhalten, sind solche Automatismen unverzichtbar, für jede Form der Teilhabe zwischen ungleichen Partnern müssen sie gewissenhaft hinterfragt werden. Der Film tut das auf ebenso unterhaltsame wie anregende Art und Weise. Und so gesehen müsste man auch Tatjana Trieb, die die junge Lara spielt, als die Hauptfigur dieses Films ansehen (und anhören) und würdigen und nicht Sylvie Testud, deren Beitrag zum Gelingen im Vergleich dazu

---

23   Zu Martin Grubinger vgl. https://www.youtube.com/watch?v=n15iw0NHzfM.
24   Siehe unter den Stichworten Andy Goldsworthy und Landart.
25   Preisfrage: Ist es peinlich, zu einem Blinden „Auf Wiedersehen" zu sagen?

eher belanglos ist. Und so gesehen (und gehört) hätte der Film von Caroline Link eigentlich *Diesseits der Stille* heißen sollen.

Literatur

Bachmann, Dieter (Hrsg.) (2005). Augen zu – Film ab. Ein Handbuch zum Soundtrack. *Du – Zeitschrift für Kultur*, 754.

Sven Degenhardt & Florian P. Hilgers

Darstellung blinder Menschen im Spielfilm: Spiegelbilder inklusiver Settings oder doch nur Fiktion?

1 Einleitung

Die Bundesrepublik Deutschland macht sich – wie aktuell weitere 150 Staaten weltweit, die die UN-Konvention über die Rechte von Menschen mit Behinderungen (UN-BRK) bisher ratifiziert haben – auf den Weg, eine inklusive Gesellschaft auszuformen – eine Gesellschaft, in der eine chancengleiche und diskriminierungsfreie Teilhabe von Menschen mit Behinderung an allen Lebensbereichen möglich ist. Das aktuell zentrale Thema in der bundesdeutschen Öffentlichkeit ist jedoch die inklusive Schule und hier im Kern die Frage der Schließung von Sonderschulen und die Unterrichtung von Kindern mit Behinderung und/ oder sonderpädagogischem Förderbedarf an der Regelschule. Inhaltlich eine Engführung, aber immerhin geben nach einer Erhebung des Allensbach-Instituts 77 Prozent der Bevölkerung über 16 Jahren an, diese Diskussion – wenn auch nur am Rande – mitbekommen zu haben (Lebenshilfe 2014: 10). Von der UN-BRK haben demgegenüber nur 22 Prozent „schon einmal gehört"; in der Gruppe der 16- bis 29-Jährigen sind es 14 Prozent. Der „Schon-von-der-UN-BRK-gehört"-Anteil an der Gesamtbevölkerung ist in den letzten drei Jahren von 14 auf 22 Prozent gestiegen (vgl. Lebenshilfe 2014: 16). Diese Zahlen ernüchtern – zumal ein Schwerpunkt in der Öffentlichkeitsarbeit des für die Umsetzung der UN-BRK federführenden Ministeriums, dem Bundesministerium für Arbeit und Soziales (BMAS), die Plakat-, TV- und Kinospot-Aktion „Behindern ist heilbar" war und ist. Es gibt nach einem Ad-hoc-Blick und auch nach ersten Forschungsergebnissen (vgl. u.a. Bosse 2006, Scholz 2010) eine breite und steigende Präsenz des Themas „Menschen mit Behinderung" in allen Medienbereichen. Doch stellt sich in diesem Kontext nicht allein die Frage nach der Präsenz, sondern auch die nach der Umsetzung.

So führen die UN in Art. 8 der UN-BRK folgende Grundsätze für die Bewusstseinsbildung aus:

„(1) Die Vertragsstaaten verpflichten sich, sofortige, wirksame und geeignete Maßnahmen zu ergreifen, um

    a)   in der gesamten Gesellschaft, einschließlich auf der Ebene der Familien, das Bewusstsein für Menschen mit Behinderungen zu schärfen und die Achtung ihrer Rechte und ihrer Würde zu fördern;

    b)   Klischees, Vorurteile und schädliche Praktiken gegenüber Menschen mit Behinderungen, einschließlich aufgrund des Geschlechts oder des Alters, in allen Lebensbereichen zu bekämpfen;

    c)   das Bewusstsein für die Fähigkeiten und den Beitrag von Menschen mit Behinderungen zu fördern.

(2) Zu den diesbezüglichen Maßnahmen gehören

    a)   die Einleitung und dauerhafte Durchführung wirksamer Kampagnen zur Bewusstseinsbildung in der Öffentlichkeit

    b)   […]

    c)   die Aufforderung an alle Medienorgane, Menschen mit Behinderungen in einer dem Zweck dieses Übereinkommens entsprechenden Weise darzustellen" (UN 2006/ 2008: 1427 f.).

Betrachtet man vor diesem Hintergrund Spielfilme als einen Ausschnitt medialen Angebots und bezieht man die o.g. Zielkategorien und die dazugehörigen Maßnahmen auf diesen Ausschnitt, entsteht ein Bündel von Fragen: In welchem Umfang befassen sich Spielfilme mit dem Thema Behinderung und/ oder werden ProtagonistInnen mit Behinderung eingebunden? Inwieweit bilden Spielfilme die Lebensbedingungen von Menschen mit Behinderung ab? Sind gesellschaftliche Entwicklungsprozesse wie z.B. Inklusion und Teilhabe implizit oder explizit Thema in Spielfilmen? Werden diskriminierende Klischees und/ oder Vorurteile abgebildet, aufgegriffen, gestärkt oder werden Potenziale für deren Abbau sichtbar? Wird die Würde von Menschen mit Behinderung geachtet? Treten Betroffene als SchauspielerInnen auf? … Zusammenfassend und menschenrechtlich fokussierend: Gelingt es Spielfilmen, Menschen mit Behinderung dem Zweck und der Intention der UN-BRK entsprechend darzustellen?

Mit dem Fokus auf Blindheit und Sehbehinderung soll dieser übergeordneten Fragestellung im vorliegenden Beitrag anhand von Ergebnissen des Projektes „Darstellung behinderter Menschen im Spielfilm" (DBMS) nachgegangen werden. Ausgehend von einer Verortung in der Forschungslandschaft in Kap. 2 werden hierzu 400 Spielfilme aus den Jahren 1931 bis 2012 (vgl. Kap. 3) insbesondere mit Blick auf die Binnenstruktur der Figurenanlage und die Sozialisation der blinden Figuren in Schul- und Berufsleben analysiert und hinsichtlich des zu vollführenden Spagates zwischen realistischer Darstellung und kommerzieller Gewinnmöglichkeit diskutiert (vgl. Kap. 4 und 5).

2   Theoretischer Rahmen

Ebenso wie die sich tapfer haltende Aussage, Menschen mit Behinderung würden viel zu wenig in Medien und insbesondere in Spielfilmen vorkommen, ist auch die Aussage, dass es zu diesem Thema kaum Forschungsarbeiten gibt, im Kern falsch. Ein Meilenstein bei der Bearbeitung dieses Themenbereiches ist die Buchveröffentlichung von Norden (1994). Nordens Grundthese „most movies have tended to isolate disabled characters from their able-bodied peers as well as from each other" (1994: 1) verweist auch auf die behinderten-politische Verortung seines Zugangs. Die Isolation von behinderten Menschen als Ausgangspunkt für gesellschaftliche Prozesse von Stigmatisierung und Diskriminierung wurde und wird durch Filmhandlungen nachvollzogen. Dabei versucht Film nicht automatisch, auf die dahinter stehenden Prozesse aufmerksam zu machen oder diese sogar zu ändern. So wie sich Film jegliche gesellschaftliche Gruppe bei Bedarf zu eigen macht, ohne dabei stets Ursprung, Belange oder Wünsche dieser Gruppe selbst zu hinterfragen, taucht oftmals der „isolierte, behinderte Mensch" ebenso unhinterfragt als ein solcher auf – zumindest, bis gesellschaftliche Entwicklungen auch im Film ihre Spuren hinterlassen. Aus dem breit in der Bürgerrechtsbewegung verwurzelten „disability rights movement" gingen in den USA sehr früh und weitreichend konkrete Rechte für Menschen mit Behinderung hervor. Der erste Aufschlag, die „Section 504" des „Rehabilitation Act" aus dem Jahre 1973, wurde in den 1980ern – wieder durch eine starke Protestbewegung – zu einem „Americans with Disabilities Act" (ADA) ausgebaut. Der ADA wurde am 26. Juli 1990 mit einer großen Zeremonie im Weißen Haus von Präsident George H. W. Bush unterzeichnet. So ist es für Norden (vgl. 1994: 308 ff.) auch von besonderem Interesse, eine Entwicklung in der Darstellung von Menschen mit Behinderung in Spielfilmen, insbesondere nach der Zäsur durch den ADA im Jahr 1990, zu diskutieren.

Radtke bringt aus bundesdeutscher und vor allem aus der Perspektive der „arbeitsgemeinschaft behinderung und medien e.v." weitere Daten für potenzielle Paradigmenwechsel ein: das von der UNO ausgerufene „Internationale Jahr der Behinderten" 1981 und das „Europäische Jahr der Menschen mit Behinderungen" 2003 (vgl. Radtke 2003: 8). Der Beschluss des Rates über das „Europäische Jahr der Menschen mit Behinderungen" formuliert als Zielstellung auch klar die „Verbesserung der Kommunikation über die Behinderung und Förderung einer positiven Darstellung der Menschen mit Behinderungen" (ER 2001: L 335/ 17). Aber auch die Gründung der *Aktion Sorgenkind* 1964, die Ausstrahlung der Serie *Unser Walter* 1974 oder die Umbenennung der „Aktion Sorgenkind" in „Aktion Mensch" im Jahr 2000 haben für Radtke (vgl. 2003, 2007) das Potenzial, medienpolitische Kurswechsel oder Korrekturen abzubilden oder nachvollziehbar zu machen.

Ebenfalls aus der Sicht der eigenen Betroffenheit nähert sich Ney (2007) dem Themenbereich „Menschen mit Behinderung im Film"; um einen emanzipatorischen Blick erweitert Wedel (1999) die Forschungslandschaft. In diesem Forschungsfeld treffen weiterhin behindertenpädagogisch geprägte Zugänge (u.a. Degenhardt 1998, Hilgers 1999, Bartmann 2001) auf klassisch medien-, film- und kulturwissenschaftliche (u.a. Heiner/ Gruber 2003).

In den meisten Abhandlungen nehmen Spielfilme mit blinden ProtagonistInnen eine zentrale Rolle ein. Dies spiegelt den (überdurchschnittlichen) Anteil dieser Teilpopulation im Gesamt der zu betrachtenden Spielfilme wider und lädt zugleich zu philosophischen, film- und kulturwissenschaftlichen und hermeneutischen Interpretationen ein. Ripplinger bringt diesen Zugang in prägnanten Sätzen wie „Die Blindheit fordert eine Kunst heraus, die glaubt, sehen zu können" (2008: 1), „Nicht das Schicksal des Blinden, nicht die Blindheit an sich, sondern ihr Verhältnis zum Sehen interessiert das Kino" (2008: 2) oder „Blindheit ist genau die Tragödie, die ein Film zeigen kann, denn es ist seine eigene" (2008: 65) zum Ausdruck. Reschke führt diesen Ansatz fort, indem er in blinden Rollen im Film „erkenntniskritische Reflexionsfiguren" (2010: 259) ausmacht und Blindheit als eine Möglichkeit ansieht, „die Selbstverständlichkeit des Visuellen und den Status der Bilder im Kino zu hinterfragen" (2010: 259).

3 Das Projekt DBMS

3.1 Anlage und Grundannahme des Projektes

Seit Mitte der 1990er Jahre werden an der Universität Hamburg im Rahmen des Projektes „Darstellung behinderter Menschen im Spielfilm (DBMS)" in Lehrveranstaltungen, Kolloquien und Forschungsarbeiten Spielfilme, in denen Menschen mit Behinderung dargestellt und eingebunden sind, gesammelt und analysiert. In den zurückliegenden 25 Jahren wurden auf diese Weise über 400 Spielfilme gesammelt, rezipiert, analysiert und die Ergebnisse in mehreren Veröffentlichungen, Qualifikationsarbeiten und Vorträgen der (Fach-)Öffentlichkeit vorgestellt (vgl. u.a. Degenhardt 1998, 2001, Hilgers 1999, Degenhardt 2007, Köhler 2010, Koschorke 2010). Das Projekt stellt seine Forschungsfragen in einem behindertenpädagogischen Kontext, ist aber darum bemüht, die o.g. vielfältigen theoretischen Bezugssysteme einzubinden.

Im Rahmen der DBMS-Projektarbeit ist über die Jahre hinweg folgender Zugang zum Thema „Darstellung von Behinderung im Allgemeinen und Blindheit und Sehbehinderung im Speziellen in Spielfilmen" entstanden: Spielfilme sind ein Produkt der Unterhaltungsindustrie. Sie müssen nicht nur die eingesetzten Produktionskosten einspielen, sondern sollen möglichst einen Gewinn generieren; an diesem Grundprinzip ändert auch eine immer weiter schrumpfende und verstärkt auf ZuschauerInnenzahlen fixierte Filmförderung nichts Grundsätzliches. Die fiktive Erzählung muss innerhalb eines relativ engen Zeitrahmens durch eine geeignete Besetzung, Dramaturgie und Regie, durch Kameraführung, Schnitt, Musik, Licht, Tricktechnik usw. so aufbereitet sein, dass ein möglichst breites oder ein ausreichend „kräftiges" Publikum unterhalten wird und sich dabei – in Abhängigkeit vom Genre – emotional angesprochen und/ oder berührt, im „richtigen" Maß intellektuell gefordert oder zum Diskutieren angeregt fühlt. Letztendlich: Hauptsache, das Publikum „empfiehlt diesen Film weiter". Die „Realität" oder die „Aufklärung über ein komplexes Phänomen" oder auch nur die lebensnahe Widerspiegelung eines Settings spielen daher in Spielfilmen kaum eine Rolle. Blindheit wird als Phänomen in diesem Zusammenhang zumeist „gebraucht". Dieses „Brauchen" kann das Zuspitzen eines gängigen Handlungskonflikts (Bedrohung, Emanzipation u.a.) oder das Variieren eines bekanntes Musters (einsamer Rächer) betreffen. Die Blindheit ist manchmal für einen besonderen Handlungsstrang oder -konflikt grundlegend (Begegnung zwischen zwei „AußenseiterInnen").

Nur sehr selten ist Blindheit im Sinne der Lebenswirklichkeit eines Menschen mit Blindheit ein tragendes Thema.

3.2 Datenbasis des Projektes

Die aktuelle Datenbasis des DBMS-Projektes kann wie folgt beschrieben werden: Es lagen zum Stichtag 01.11.2014 die Analysen von 116 Rollen mit Blindheit und Sehbehinderung[1] aus 97 Spielfilmen vor. Die Filme können den Genregruppen

- Kriminalfilm (15), Thriller (16), Action (6),
- Komödie (9), Slapstick (6), Groteske (3),
- Problemfilm (13), Reality (3), Melodram (7), Biographie (4)

zugeordnet werden. Weiterhin befinden sich Musikfilme, Kinder- und Jugendfilme, Erotikfilme, Märchen, historische Filme, Science-Fiction- und Martial-Arts-Filme in der Sammlung. Die Handlungen sind wie folgt zeitlich zu verorten: vor 1850 (6), 1850–1900 (1), 1900–1950 (13), 1950er (2), 1960er (8), 1970er (5), 1980er (12) und 1990er bis Gegenwart (45). In sieben der Spielfilme ist der Handlungszeitraum „fiktiv".

Produziert wurden die Filme der Stichprobe in den USA oder Kanada (50), in der BRD/ DDR (16), in europäischen Staaten (12), in asiatischen Staaten (4), in Australien (1) sowie als Koproduktionen mehrerer Staaten (13, davon 6 europäische und 7 transkontinentale Koproduktionen). Die Jahre der

---

1   Eine knappe Definition von Blindheit und Sehbehinderung ist angesichts unterschiedlicher Referenzsysteme (Recht, Medizin, Pädagogik ...) in unterschiedlichen Zeit- und Kulturkontexten kaum möglich (vgl. dazu u.a. Degenhardt 2007). Weit verbreitet ist eine aus der Medizin stammende Umschreibung der Kategorien unter Bezugnahme auf den Visus: „Der Visus ist der Quotient aus der Entfernung, in der ein Zeichen erkannt wird und der Entfernung, aus der dieses Zeichen erkannt werden müsste. Bei einer Sehbehinderung liegt der Visus bei optimaler Refraktionskorrektur zwischen 1/3 bis 1/20. Bei einer hochgradigen Sehbehinderung liegen die Werte zwischen 1/20 und 1/50; bei Blindheit muss auf dem besseren Auge 1/50 oder weniger messbar sein. In der klassischen Betrachtung werden den Daten zum Visus noch Angaben über das Gesichtsfeld beigefügt" (Degenhardt 2007: 41). Wesentlich für die folgenden Ausführungen erscheinen die „Grenzbereiche": „Blind" heißt nicht „nichts sehen" und eine Brechungskorrektur (Brille) erklärt keine Sehbehinderung. Im Folgenden werden Personen mit Beeinträchtigung des Sehens als solche gefasst, wenn diese Beeinträchtigung thematisiert wird bzw. aufgrund der Filmhandlungen und/ oder der darin von der Person eingesetzten Hilfsmittel als gegeben angenommen werden kann oder muss.

Produktion der Spielfilme verteilen sich auf den Zeitraum 1931 (*M – Eine Stadt sucht einen Mörder*) bis 2012 (*Imagine*). Dabei wurden jeweils 25 Prozent der Filme im Zeitraum 1931–1986, 1986–1992, 1992–1999 und nach 1999 produziert. Die mächtigsten Jahrgänge waren dabei mit jeweils sechs Filmen: 1991, 1995, 1996 und 2000. Zumindest auf der quantitativen Seite kann die Aussage Nordens zur positiven Wirkung der ADA auch auf den Bereich der Darstellung von Behinderung im Spielfilm in dieser Stichprobe nachvollzogen werden. Fast 17 Prozent der Stichprobe wurden in den 1980er Jahren produziert – eine erste Folge der Diskussionen um die Section 504 des Rehabilitation Act und das UN-Jahr der Behinderten?

Es mag nicht verlässlich und belastbar sein; dennoch sei der Vollständigkeit halber angemerkt, dass die Spielfilme von den RezipientInnen(-gruppen) wie folgt subjektiv – mit einer Schulnote von 1 bis 6 – bewertet wurden: „sehr gut" (4; *Blues Brothers, Ray* (vgl. auch den Beitrag von Hóková/ Čepáková in diesem Band), *Die Blindgänger, Der Name der Rose*), „gut" (29), „befriedigend" (26), „mangelhaft" (12) und „ungenügend" (3). Im Median also ein „befriedigend".

Die 116 Rollen verteilen sich auf Titelrolle (9)[2], Hauptrolle (68), bedeutende Nebenrolle (27) und Nebenrolle (12); der (präsente) Anteil an der Handlung schwankt daher von 3–5 % (Ray Charles in *Blues Brothers*; Klara in *Ungeduld des Herzens*, der Blinde Straßenverkäufer in *M – Eine Stadt sucht einen Mörder*, der Radiomacher und Plattenboss in *O Brother, Where Art Thou?* und der Schreiner Ali in *Die Farben des Paradieses*) bis 100 % und liegt im Mittel bei 66 %. Bei dem Blick auf diese Zahlen der Präsenz im Film stellt Radtke die Forderung, mehr Menschen mit einem sichtbaren Handicap wie „nebenbei" oder „am Rande der Handlung" zu platzieren:

> „Manchem wird dies zu wenig sein. Es ruft aber einerseits in Erinnerung, dass es in unserer Gesellschaft Menschen mit einem Handicap gibt, andererseits wird nicht jeder Film mit einem behinderten Darsteller zu einem Melodrama aufgewertet" (Radtke 2007: 3).

Diese „beiläufige" Darstellung wird in der vorliegenden Stichprobe nicht abgebildet; die blinde Frau mit der Telefonkarte in *Lola rennt* wäre ein Beispiel für die hier nicht erfassten „Neben-Nebenrollen".

---

2   Unter Titelrollen werden Hauptrollen gefasst, die bereits im Titel Erwähnung finden.

Eine andere Forderung Radtkes, die nach „‚echten' Protagonisten, das heißt, behinderte Schauspieler stellen behinderte Personen dar" (2003: 11), findet sich derweilen auch in Spielfilmen mit blinden ProtagonistInnen in (beginnender) Umsetzung: Ray Charles in *Blues Brothers* und Jeff Healey in *Road House* als blinde Musiker spielende blinde Musiker; Ricarda Ramünke und Maria Rother als Laienschauspielerinnen mit Beeinträchtigung des Sehens in *Die Blindgänger* und nunmehr auch Melchior Derouet in *Imagine* als ein „echter" professioneller Schauspieler.

Ein Eindruck, dass sich für erfolgreiche SchauspielerInnenkarrieren (und damit auch für den kommerziellen Erfolg eines Spielfilms) die gelungene Darstellung einer Rolle mit Behinderung „lohnt", wird bereits durch einen Blick auf die Oscar-Preisverleihung (Kategorien Hauptdarsteller und Hauptdarstellerin) gestärkt: u.a. 1949: Jane Wyman/ *Schweigende Lippen*; 1963: Anne Bancroft/ *Licht im Dunkel*; 1987: Marlee Matlin/ *Gottes vergessene Kinder*; 1989: Dustin Hoffman/ *Rain Man*; 1990: Daniel Day-Lewis/ *Mein linker Fuß*; 1993 Al Pacino/ *Der Duft der Frauen*; 1994: Holly Hunter/ *Das Piano*; 2005: Hilary Swank/ *Million Dollar Baby*; 2005: Jamie Foxx/ *Ray*; 2011: Colin Firth/ *The King's Speech*. Im Umkehrschluss ist die Besetzung einer Rolle mit aussichtsreichem Nachwuchs (1993: Leonardo DiCaprio/ *Gilbert Grape – Irgendwo in Iowa*), mit Serienstars zum „Wiedereinstieg" in das Geschäft nach dem „Aus" in der Serie (1989: Victoria Principal/ *Blinde Zeugin*) und selbstverständlich mit der „ersten Garde" beim minutiös geplanten Erfolg einer Produktion ein gewisser Verweis auf zu erwartende gute schauspielerische Leistungen bei der Darstellung eine Rolle mit Behinderung (1989: Rutger Hauer/ *Blinde Wut*; 1999: Val Kilmer/ *Auf den ersten Blick*; 1992: Uma Thurman/ *Jennifer 8*). Bei der subjektiven Bewertung durch die DBMS-KodiererInnen erhalten demnach auch die SchauspielerInnen im Schnitt bessere Bewertungen als die Filme selbst. Allein 16-mal ein „sehr gut", nur vier „ungenügend" und im Mittel eine 2,6 – die schauspielerischen Leistungen (oder vielleicht auch nur die Sympathie für die/ den DarstellerIn) haben mehr überzeugt als die Spielfilme im Ganzen.

4 Präsentation von Analyseergebnissen

4.1 Binnenstrukturanlage der Rollen

Betrachtet man die „Binnenstruktur" der Rollen, findet sich die Bestätigung für Altbekanntes: Ebenso wie Blindheit im Kanon der dargestellten Behinderungsarten überproportioniert vorkommt (Degenhardt/ Hilgers 2007: 34 % der bis dahin ausgewerteten 279 Rollen und damit „Platz 1"; Bartmann 2001: 20 % der Stichprobe und damit „Platz 2" hinter der Körperbehinderung), ist auch die Altersverteilung der hier ausgewerteten blinden Rollen weitab von der realen Verteilung in den dargestellten Gesellschaften: Schulalter (13), Jugendliche (6) und junge Erwachsene (24), Erwachsene (57) und mit lediglich 11 % werden Erwachsene höheren Alters (13) dargestellt. Für die Bundesrepublik Deutschland gilt die Faustregel: 65 % der blinden Menschen ist älter als 65 Jahre. Angesichts der Funktion von Spielfilmen ist jedoch nicht zu erwarten, dass das Thema Blindheit bei SeniorInnen quantitativ so tragfähig oder ausbaufähig ist wie das Jugend- und Erwachsenenalter.

Auch der Blick auf die Erblindungsursachen und die Gründe für das „Ende des Lebens mit Behinderung" stärkt die These, dass Blindheit als reales Konstrukt für Spielfilme zu komplex resp. zu wenig anschlussfähig ist. Blindheit als Behinderung, die sich im Sinne der Internationalen Klassifikation der Funktionsfähigkeit, Behinderung und Gesundheit (ICF; WHO 2001/ 2005) aus den Wechselwirkungen von Körperfunktionen und -strukturen, Aktivitäten, Partizipation und Teilhabe ergibt, wobei diese ferner vor dem Hintergrund relevanter Umweltfaktoren bewertet und gewichtet werden müssen, ist kein Diskurs, der sich in einer Filmhandlung sinnvoll abhandeln ließe. Zieht man die gespielten (6), auf Wahnvorstellungen oder Träume beruhenden oder fiktiven (*Daredevil*) Erblindungen ab, bleiben 103 „klassische" Erblindungen. Von allen Rollen wird lediglich in 55 % der Fälle (64) die Erblindungsursache in der Handlung erklärt; sei es auch nur in einem einzigen Nebensatz. Unfallfolgen (inklusive Kriegsverletzungen) stellen mit 40 Fällen den „Spitzenreiter", gefolgt von 19 medizinischen Ursachen (Krankheit, genetisch, OP). Die tatsächlichen Ursachen für Blindheit in Deutschland gibt Bertram wie folgt an: „Altersabhängige Makuladegeneration 50 %, Glaukom 18 %, Diabetische Retinopathie 17 %, Katarakt 5 %, Hornhauttrübungen 3 %" (2005: 268). Unter den anderen Ursachen mit dem Anteil von 4,6 % sind auch die unfallbedingten

Erblindungen gefasst (vgl. 2005: 268). Also auch hier: Realität ist nicht formend für die Einbindung von Blindheit im Spielfilm.

Spielfilmtauglicher ist die Darstellung des Endes des Lebens mit Blindheit: In 16 Fällen (davon zehnmal gezeigt) endet das Leben mit dem Tod innerhalb der Handlung. Eine medizinische Heilung wird zwölfmal eingebunden, davon siebenmal explizit gezeigt. Den besonderen „Ursachen" folgend wird viermal die Täuschung enttarnt und dreimal die „Erblindung" weggehext; in 78 Fällen erhält der/die RezipientIn keine Informationen. Das verwundert aber auch nicht, denn in der Mehrzahl der Filme ist weder Ursache noch potenzielles Ende oder weiterer Verlauf von irgendeinem handlungstragenden Interesse.

Diametral zur bisher in der Literatur vertretenen Auffassung verhält sich die DBMS-Stichprobe hinsichtlich der Geschlechterverteilung. Bartmann stellt fest: „Von Blindheit sind Frauen im Spielfilm fast doppelt so häufig betroffen wie Männer (2001: 229, hier ohne Hervorhebung). Zur Begründung führt Ney aus:

> „Da uneingeschränkte physische Attraktivität immer noch über-
> wiegend ein weibliches Merkmal darstellt, liegt es auf der Hand, dass
> im Spielfilm zumeist Frauen von einer unsichtbaren Behinderung [zu
> der Ney auch Blindheit zählt] betroffen sind" (Ney 2007: 82 f.).

Die DBMS-Stichprobe bestätigt (mit Signifikanz; Chi-Quadrat nach Pearson; $p < 0.05$) die Aussage, dass die dargestellten Frauen mit Behinderung jünger als die männlichen Rollen sind. 55 % der weiblichen und 24 % der männlichen Rollen sind im Kindes- und Jugendalter sowie im jungen Erwachsenenalter. Kriegshelden und Voyeure treiben hier wohl das Durchschnittsalter der Männer in die Höhe. Die Gender-Rollenzuweisung „blinder Kämpfer" vs. „blindes (weibliches) Opfer/ blinde Zeugin" bildet sich in dem Unterschied in der Eigen-schaft „sicher" vs. „unsicher" ab. Es wurden signifikant ($p < 0.05$) mehr Frauenrollen als „unsicher" wahrgenommen als die Gleichverteilung innerhalb der Kreuztabelle hätte erwarten lassen (13 vs. 8). Wie auch bei der Auswertung der DBMS-Daten 1998 (vgl. Degenhardt 1998: 969 ff.) unterscheiden sich die Struktur der weiblichen und männlichen Rollen in vielen weiteren Parametern jedoch nicht: Einbindung in Arbeit, Darstellung des Sexuallebens, verfügbares Vermögen, Informationen über die Erblindungsursache.

4.2 Sozialisation und Selbstständigkeit der Figuren

Zumindest seit dem Wechsel von den 1980er in die 1990er Jahre werden Rollen mit Blindheit verstärkt „gut gespielt" und haben weniger „Fehler" in der Darstellung z.b. bei der Benutzung des Langstocks oder bei der Nutzung von anderen Hilfsmitteln. Wie sieht es aber mit der Darstellung der Kategorien „Teilhabe" und „Partizipation" aus? Können in Spielfilmen „Indikatoren" für eine gelungene Teilhabe am gesellschaftlichen Leben aufgefunden werden? In diesem Sinne sollen folgend drei Aspekte beleuchtet werden: der Schulbesuch, die Teilhabe an (Erwerbs-)Arbeit und die dargestellte Zugänglichkeit der Umwelt, insbesondere unter dem Aspekt des Hilfsmitteleinsatzes.

Von allen 116 Rollen gibt es bei 88 Rollen keinerlei verlässliche Angaben zur Schulbildung; sie machen (so scheint es) keinen Sinn für die Handlung oder das Verstehen der Handlungsmotivation der Rolle. Von den 12 Rollen, die eine Sonderschule besucht haben, ist dies in sechs Fällen „verbal thematisiert", also nicht gezeigter Teil der Handlung (z.b. *Ray, Zwei halbe Helden, Die blinde Zeugin* u.a.). In zwei Fällen, in denen die ProtagonistInnen noch selbst im Schulalter sind, wird es dennoch nur erwähnt, weil die Handlung selbst nicht mit der Schule in Verbindung steht (*Maske, Langoliers*). Die SchülerInnen, deren Sonderschulbesuch zentraler Handlungsstrang des Films ist, sind Marie und Inga (*Die Blindgänger*), Mohammad (*Die Farben des Paradieses*), Martha (*Die unvollständige Finsternis*), Hap (*What Love Sees – Die mit dem Herzen sehen*) und Serrano (*Imagine*). Helen Keller bringt zweimal die private Hausbeschulung in die Statistik ein (*The Miracle worker – Licht im Dunkel* aus dem Jahre 1961 und das Remake *The Miracle Worker – Wunder geschehen* aus dem Jahre 2000). Aus beiden Filmen folgen auch zwei Nennungen unter der Kategorie „Regelschulbesuch": Anne Sullivan besuchte, noch sehend, die Regelschule. Gleiches gilt für die Rollen aus *Happy Times* und *Auf den ersten Blick*. Lediglich Don aus *Schmetterlinge sind frei* thematisiert seinen Regel- schulbesuch als Schüler unter Beeinträchtigung des Sehens. Mehr aber auch nicht. Inklusive Beschulung i.e.S. wird in keinem Fall thematisiert, proble- matisiert, abgebildet. Im Gegenteil: Die wunderbar anrührende Welt der Marie und Inga in der Internatsblindenschule bildet im Produktionsjahr 2003 nur einen Teil der „Wirklichkeit" der Beschulung blinder Kinder in Deutschland ab. So waren zwar beide Laiendarstellerinnen zur Drehzeit Schülerinnen in den Internatsblindenschulen Marburg und Königs Wusterhausen, aber ein ebenso großer Teil der blinden und sehbehinderten SchülerInnen legte zu dieser Zeit sein Abitur an Regelgymnasien ab. Allein, in so einem inklusiven Setting hätte

die Geschichte von zwei blinden Freundinnen und dem Verstecken des jungen
Herbert nicht so, oder nicht „so schön" stattfinden können. Wo hätten die
beiden Mädchen ihren Freund verstecken, vergleichsweise unkompliziert
versorgen, gleichzeitig ihrer Schulpflicht nachkommen und gemeinsam das
Geld für die Rückreise von Herbert auftreiben können? Und wie hätten der
Erzieher Karl und der Hausmeister Onkel Leo in die Handlung gefunden? Am
(mangelnden) Wissen des Regisseurs um die Beschulung blinder und seh-
behinderter Kinder und Jugendlicher kann die Entscheidung „pro Sonderschule" nicht gelegen haben, denn Bernd Sahling hatte vor dem Spielfilm *Die
Blindgänger* Erfahrungen mit Kinder- und Dokumentarfilmen über blinde
Kinder und Jugendliche, so z.b. zum 25. Jubiläum der Integration von blinden
und sehbehinderten SchülerInnen am Fichtenberggymnasium in Berlin. Auch
der Film über Martha (*Die unvollständige Finsternis*) spielt an einer Blindenschule – 1982 in der ČSSR –, einfühlsam und thematisch auf die besonderen
Bedürfnisse Marthas abzielend. Diese Bemühungen um die besonderen
Bedürfnisse begleitet auch Mohammad in *Die Farben des Paradieses*, der sein
Wissen, z.B. über die Blindenpunktschrift, auf der iranischen Blindenschule
erlernt und damit bei seinem „Probeunterricht" an der örtlichen Regelschule
mehr verwirrt als für eine langfristige Beschulung an ebendieser motiviert. Und
letztlich ist es auch der Besuch an einer Blindenschule, der die blinden Eltern
überzeugt, dass ihr ebenfalls erblindeter Sohn Hap (*What Love Sees – Die mit
dem Herzen sehen*) eine solche besuchen sollte. Der beste Platz für blinde
Kinder ist (im Film) die Blindenschule. Damit liegt die Spielfilmwelt gar nicht
so weit weg von der Gedankenwelt der ZuschauerInnen. Befürworten zwar
64 % der für den „Deutsche-Post-Glücksatlas"-Befragten den gemeinsamen
Unterricht von Kindern mit und ohne Behinderung (http://www.gluecksatlas.
de/cms/2014/inklusion.html), so sieht es beim konkret Nachfragen doch anders
aus: 71 % der befragten BundesbürgerInnen finden, dass die spezielle Förder-
schule für Kinder mit geistiger Behinderung der bessere Lernort wäre (vgl.
Lebenshilfe 2014: 13). Spielfilme, die eine gelungene schulische Integration
oder zumindest ein gemeinsames Lernen und Leben zeigen und zum Thema
machen, sind rar: *Sunnys Ohren* (1997), die *Vorstadtkrokodil*-Verfilmungen
(1977, 2009) und *Bibi Blocksberg und das Geheimnis der blauen Eulen* (2004).
Blinde Kinder sind (bisher) in diesem Kontext nicht Gegenstand von Spielfilmhandlungen. Interessant in diesem Zusammenhang: In der ersten Verfilmung
Vorstadtkrokodile (1977) verbringt Kurt zwar jede freie Minute mit den
nichtbehinderten Mitgliedern seiner Bande, besucht aber ganz im Sinne der Zeit
„selbstverständlich" eine schulische Sondereinrichtung (so auch in der

Literaturvorlage). In der Neuverfilmung von 2009 wird Kurt (der in dieser Fassung Kai heißt) inklusiv beschult, durch die Rolle der Mutter wird jedoch die klassische Diskussion, „ob eine Sondereinrichtung nicht vielleicht doch besser für ihn wäre", mehrfach Gegenstand der Handlung.

Wenn schon nicht inklusive Bildungssettings, kann dann vielleicht die Darstellung beruflicher Teilhabe innerhalb der Spielfilme erwartet werden? Schaut man auf die frühen „Klassiker", wird die Erwartung bestätigt: die blinde Blumenfrau in *City Lights* und der blinde Straßenverkäufer in *M – eine Stadt sucht einen Mörder* werden in ihrer beruflichen Tätigkeit und durch diese in die Handlung eingebunden. Diesen Trend bestätigt auch die Auswertung der DBMS-Filme. 27 Rollen werden „oft" in ihrer beruflichen Tätigkeit dargestellt: Sei es der blinde Butler in *Eine Leiche zum Dessert*, die blinde Stellvertreterin des britischen Geheimdienstes „Vater" in *Mit Schirm, Charme und Melone* oder auch die sich als Auftragsmörderin verdingende „Hühnerfeder" in *The White Dragon*. Selbstverständlich werden die blinden Musiker in ihrer Tätigkeit in der Filmhandlung gezeigt (*Ray*, *Blues Brothers*, *Road House*). Aber auch akademisch gebildete blinde Berufstätige finden sich in der Liste: der blinde Rechtsanwalt (*Daredevil*), die Informatiker (*Sneakers*, *Contact*) und der Hauslehrer Will (*Beastly*) sowie die Lehrerin Anne (beide *The-Miracle-Worker*-Verfilmungen). Dass Berufsausübung jedoch auch mehr der Fiktion denn der Abbildung einer realen beruflichen Rehabilitation folgen kann, belegt z.B. das berufliche Tun des geblendeten FBI-Agenten Sands in *Irgendwann in Mexiko*. Das „Blinder-Superheld"-Finale hat mit einer realen Berufsausübung nichts mehr gemein.

Auch die durch Vorspielen falscher Tatsachen ermöglichte Berufsausübung hat in Spielfilmen einen festen Platz; sei es in *Tuvalu* oder in *Happy Times* – nur durch die „Simulation von Kundschaft" durch Freunde oder Familie können die beiden ProtagonistInnen in ihren Berufen als Bademeister oder Masseurin tätig sein. Eine Besonderheit sind die beiden blinden Orientierungs- und MobilitätslehrerInnen (Lilly in *Erbsen auf halb 6* und Ian in *Imagine*). Selbstverständlich bieten Betroffene z.B. über die Blindenselbsthilfe Beratung und Unterstützung bei der Rehabilitation an – auch in Bereichen der Orientierung und Mobilität sowie in lebenspraktischen Fähigkeiten – und ebenso bekannt ist der blinde Klicksonartrainer Daniel Kish. Dennoch sind im Bereich der Orientierung und Mobilität die blinden TrainerInnen die absolute Ausnahme – aber eben schön und auch notwendig für derart emotional aufgeladene bzw. skurrile Geschichten.

Die Spielfilmquote von 12 Arbeitslosen vs. 59 Berufstätige schlägt sich im Verhältnis zur gesellschaftlichen Realität ganz tapfer. Betrachtet man noch die Rentner (9), die Hausfrauen/ -männer (6) sowie die Gender-Gleichverteilung beim Kriterium „berufstätig", ist durch die Zahlen eine formal angemessene Abbildung der beruflichen Tätigkeit blinder Menschen gegeben. Die wandernden Gelehrten und Weisen (4) und die Berufsverbrecher (3) verweisen dann schon eher auf historische, kulturelle sowie auf filmtypische Verschiebungen.

Zugänglichkeit für blinde Menschen entsteht einerseits durch die barrierefreie Gestaltung des Raums, des Lebensraums, des öffentlichen Raums, des Lernraums. Andererseits sind auch die nach dem Prinzip des „universal design" gestalteten Settings durch spezifische Hilfsmittel zu ergänzen. Für die sichere und selbstständige Fortbewegung ist der weiße Langstock unersetzlich – nicht ohne Grund ist dies auch das internationale Erkennungszeichen blinder Menschen. Aber auch der Blindenführhund prägt zumindest in Europa und Nordamerika das „Bild" des blinden Menschen. Die 1825 von Louis Braille entwickelte Blindenpunktschrift ist in ihrer Grundidee (zumindest auf Fahrstuhltasten und Medikamentverpackungen) weltweit präsent und mittlerweile auch Nicht-NutzerInnen bekannt. Weitere – auch wesentliche – Hilfsmittel für den täglichen Gebrauch sind da schon weniger bekannt: Braille-Dymo-Beschrifter, Füllstandsmelder, elektronische Echolote und sprechende Armbanduhren. Die von den Rollen genutzten Hilfsmittel erstaunen in Breite und Häufigkeit: Lediglich neun Rollen nutzten keinerlei Hilfsmittel (z.B. der frisch erblindete Regisseur Jakob in *Erbsen auf halb 6* und die blinde junge Frau Diana in *Die Maske*). Während Jakob in seiner Situation mit der blinden Reha-Trainerin Lilly (die mit fünf Hilfsmitteln ihren „Ausbildungsstand" und das Annehmen der eigenen Blindheit belegt) kontrastiert wird, erklärt sich die Darstellung von Diana nur mit dem Spielfilm-Trick, die hohe Mobilität und Selbstständigkeit von Diana durch das Nicht-Nutzen der Hilfsmittel zu unterstreichen, wenn nicht zu überhöhen. Das fast lehrbuchreife Vorführen von Hilfsmitteln wird darüber hinaus in Spielfilmen genutzt, um einer Rolle Selbstständigkeit nach einer Erblindung zuzuschreiben: Die junge Polizeianwärterin Soo-ah aus *Blind* führt die Liste mit sieben Hilfsmitteln an, aber auch der erblindete Gernot und seine Lehrerin Anna in *Auskünfte in Blindenschrift* und Matt in *Daredevil* sowie Gloria in *Die Blinde und der Mörder* zeigen, was sie hilfsmitteltechnisch können. All diesen positiven Belegen zum Trotz: Das meistgenutzte Hilfsmittel ist mit 58 von 116 Rollen die Sonnenbrille. Mehr als die 45 Langstöcke, die 23 Blindenschriftbücher, die 14 Blindenführhunde und Blindenuhren. Und genaugenommen ist die Sonnenbrille für viele Rollen gar kein Schutz vor Blendung. Die Sonnenbrille erleichtert das Spiel (das „In-den-leeren-Raum-blicken" kann auch für professionelle SchauspielerInnen anstrengend werden), vereinfacht die Arbeit der Maske (die sachgerechte Umsetzung eines verätzten Auges erfordert viel Können und ein hohes Budget) und führt beim Publikum zu einem schnellen Zuordnen der Rolle als blinde Rolle. Die Sonnenbrille ist darüber hinaus dank der medialen Präsenz z.b. bei blinden MusikerInnen ein „Erkennungszeichen", welches Spielfilme gerne für sich nutzen.

So positiv die bisher genannten Zahlen wirken können; es ist letztendlich bei einem Großteil des Hilfsmitteleinsatzes die schnelle Erkennbarkeit der Rolle als blinde Rolle: die Sonnenbrille, der Langstock, der Blindenstock oder auch der (mit 14 Nutzungen überproportional vertretene) Blindenführhund – sie dienen über weite Strecken der Sichtbarkeit.

5 Fazit

Die Zahlen allein führen jedoch zu keinem abgeschlossenen Bild hinsichtlich einer Schlüsselfrage: Wenn Spielfilme Menschen mit Blindheit dem Zweck der UN-BRK entsprechend darstellen sollen, wie sieht es mit den Kategorien „Identifikationsangebot" (vgl. Bosse 2006: 197) und „Darstellung des Alltags" (vgl. Radtke 2007: 4) aus?

Man könnte sich die Beantwortung leicht machen: Spielfilme bilden nie Alltag ab – welcher Kriminalkommissar hat im Laufe einer Arbeitswoche schon derart viele Morde mit Schusswaffe aufzuklären? Oder mit welcher Kunstfigur kann man sich schon wirklich identifizieren, ohne sich eingestehen zu müssen, dass man ein Stück vorgefertigten und idealisierten Mustern auf den „medialen" Leim geht? Dennoch sind Beispiele zu finden, in denen (zum Teil ansatzweise oder angedeutet) derartige Prozesse der Identifikation oder des Alltags umgesetzt sind. Es sind durchweg Biografien oder Spielfilmhandlungen nach wahren Begebenheiten, die den ZuschauerInnen mehr geben als Klischees und Variationen zum Thema „RächerIn", „Opfer" oder „HeldIn". Exponiert sind in dieser Reihe die Verfilmungen des Lebens von Helen Keller und damit auch die Rolle Anne Sullivan sowie die autobiografische Verfilmung des Lebens von Ray Charles. Aber auch weniger bekannte Originalbiografien haben zu einfühlsamen, empathischen Spielfilmen angeregt. Die Geschichte der Anerkennung des Blindenführhundes als Hilfsmittel in *Wie ein Faustschlag* schafft es mit allen kleinen und großen Erschwernissen und Erfolgen, ein

Leben mit Blindheit zu zeichnen, das trotz der Regeln und Zwänge einer Disney-Produktion in sich schlüssig wirkt. Auch Familiengeschichten, wie *What love sees* oder *Blinde Sehnsucht*, bleiben dramatisch fokussiert, erzeugen aber auch ein Reflektieren über die eigene Geschichte: Hat es das wirklich einmal gegeben, dass ein blindes Ehepaar keine Kinder adoptieren konnte? Oder: Meine Güte, was für eine Kraft hat das blinde Ehepaar, selbstständig eine Farm in der nordamerikanischen Einsamkeit zu führen! Auch die Tatsache, dass die erneute Erblindung nach dem „Sehend-Operieren" bei Virgil in *Auf den ersten Blick* als ein etwas schwülstiges aber dennoch akzeptables Happyend erscheint, kann auf die grundlegend wahre Geschichte des Shirl Jennings zurückgeführt werden.

Gleichzeitig kann gefragt werden: Ist nicht auch Nick Parker in *Blinde Wut* eine Identifikationsfigur? Er ist cool, mutig, witzig, verschlagen, mobil, geschickt im Umgang mit seinem Langstock und mit seiner Waffe – dennoch mag eine derart geschnittene Rolle auf den ersten Blick nicht als eine Identifikationsfigur herhalten. Jedenfalls nicht aus blindenpädagogischer, soziologischer und Betroffenensicht. Aber die Rolle des Nick Parker hat einer Gruppe von RezipientInnen von Actionfilmen eine blinde Person „nahegebracht", er ist Gesprächsanlass und bewegt so – auf seine besondere Art und Weise – auch das Publikum. Auch Zatoichi und Ichi hinterlassen im Martial-Arts-Genre Spuren. Einerseits, weil sie auf eine lange literarische Tradition der blinden SchwertkämpferInnen zurückgreifen und andererseits, weil die Filme für sich genommen eine gewisse Qualität umsetzen. Dann gelingt es auch Filmen dieser Genregruppen – allen Irrealitäten in der Darstellung einer blinden Rolle zum Trotz –, positiv zu wirken.

Positiver vielleicht als vordergründige Blinden-Problem-Filme wie *Erbsen auf halb 6* oder *Imagine*. Beide breiten eher die filmanalytisch traktierte Stellvertreterdiskussion um „Was ist Wahrheit – was ist Lüge?" (*Imagine*) oder „Umgang mit Schicksalsschlägen" (*Erbsen auf halb 6*) aus, denn einen Einblick in das Leben eines blinden Menschen zu gewähren. Mehr noch, in der Nachlässigkeit im Umgang mit dem „Bild der Blindheit" werden z.B. in *Imagine* blinde Kinder als hilflos, abhängig, ziemlich dämlich und vollkommen unselbstständig gezeichnet; ein hoch gefeierter Film hart an der Grenze der Diskriminierung – wenn es nicht ein Spielfilm wäre, der eben genau solche Freiräume für sich reklamieren darf und dementsprechend nutzt.

Spielfilm ist Kommerz, Spielfilm ist Kunst, Spielfilm ist Fiktion und letztendlich haben sich schon Generationen von WissenschaftlerInnen daran versucht nachzuweisen, welche Wirkungen Spielfilme auf ihre RezipientInnen haben. Eines wird deutlich: In Bezug auf die Darstellung von Menschen mit Behinderung im Allgemeinen und Blindheit im Besonderen wächst die Sensibilität und das Wissen um die Verantwortung bei den Beteiligten. Der Weg zu einer inklusiven Gesellschaft ist ein langer – Spielfilme werden diesen Weg begleiten, dabei jedoch stets ihre (eigenen) Geschichten schreiben und erzählen.

Literatur

Autorengruppe Bildungsberichterstattung (Hrsg.) (2014). *Bildung in Deutschland 2014: Ein indikatorengestützter Bericht mit einer Analyse zur Bildung von Menschen mit Behinderungen.* Bielefeld: Bertelsmann [http://www.bildungs bericht.de/daten2014/bb_2014.pdf, 25.11.2014].

Bartmann, Silke (2002). *Der behinderte Mensch im Spielfilm: Eine kritische Auseinandersetzung mit Mustern, Legitimationen, Auswirkungen von und dem Umgang mit Darstellungsweisen von behinderten Menschen in Spielfilmen.* Münster, Hamburg, London: Lit Verlag.

Bertram, Bernd (2005). Blindheit und Sehbehinderung in Deutschland: Ursachen und Häufigkeit. *Der Augenarzt,* 39 (6), 267–268 [http://cms.augeninfo.de/ fileadmin/PDF/0512aa_267.pdf, 25.11.2014].

Bosse, Ingo (2006). *Behinderung im Fernsehen: Gleichberechtigte Teilhabe als Leitziel der Berichterstattung.* Wiesbaden: Deutscher Universitäts-Verlag.

Degenhardt, Sven (1998). Darstellung von Lebensperspektiven: Rollenmuster sehgeschädigter Menschen in Spielfilmen. In Verband der Blinden- und Sehbehindertenpädagogen e.V. (VBS) (Hrsg.), *Lebensperspektiven: 32. Kongress der Blinden- und Sehbehindertenpädagogen.* Nürnberg: VBS, 959–978.

Degenhardt, Sven (2001). Die blinde „Augen"-Zeugin – oder warum Spielfilme ohne blinde Protagonisten nicht auskommen! In Deutscher Blinden- und Sehbehindertenverband e.V. (Hrsg.), *Jahrbuch 2001.* Bonn, Berlin, 73–76.

Degenhardt, Sven (2007) Blindheit und Sehbehinderung. In Johann Borchert (Hrsg.), *Einführung in die Sonderpädagogik.* München, Wien: Oldenbourg Wissenschaftsverlag, 39–75.

Degenhardt, Sven; Hilgers, Florian Peter (2007). „Klara versus Elea". Die Darstellung behinderter Menschen im Kinder- und Jugendfilm. In Helene Decke-Cornill & Renate Luca (Hrsg.), *Jugendliche im Film – Filme für Jugendliche: Medienpädagogische, bildungstheoretische und didaktische Perspektiven.* München: kopaed, 135–148.

ER – Europäischer Rat (Hrsg.) (2001). *Beschluss des Rates vom 3. Dezember 2001 über das Europäische Jahr der Menschen mit Behinderungen 2003*

(2001/903/EG) [http://eur-lex.europa.eu/legal-content/DE/TXT/PDF/?uri=CEL EX:32001D0903&from=DE, 27.11.2014].

Heiner, Stefan; Gruber, Enzo (Hrsg.) (2003). *Bildstörungen: Kranke und Behinderte im Spielfilm*. Frankfurt a.M.: Mabuse-Verlag.

Hilgers, Florian Peter (1999). Warum Gehörlose immer erschossen werden! In Birgit Warzecha (Hrsg.), *Medien und gesellschaftliche Stigmatisierungsprozesse*. Hamburg: LIT Verlag, 89–111.

Köhler, Andrea (2010). *Sonderschule als Institution im Spielfilm* (unveröffentlichter Manuskriptdruck). Bachelorarbeit Lehramt an Sonderschulen. Institut für Behindertenpädagogik. Universität Hamburg.

Koschorke, Vera (2010). *Die Darstellung von behinderten Menschen im asiatischen Martial Arts Film* (unveröffentlichter Manuskriptdruck). Bachelorarbeit Lehramt an Sonderschulen. Institut für Behindertenpädagogik. Universität Hamburg.

Lebenshilfe (Hrsg.) (2014). *Gesellschaftliche Teilhabesituation von Menschen mit Behinderung: Ergebnisse einer repräsentativen Bevölkerungsumfrage des Instituts für Demoskopie Allensbach im Auftrag der Bundesvereinigung Lebenshilfe e.V.* Marburg: Bundesvereinigung Lebenshilfe e.V. [http://www. lebenshilfe.de/ de/presse/2014/artikel/Allensbach-Studie-Internet.pdf, 27.11.2014].

Ney, Julia (2007). *Die keine Rolle spielen: Menschen mit Behinderung im Film – eine Untersuchung über die Funktion behinderter Darsteller und die ‚dargestellter' Behinderter in den Unterhaltungsmedien*. Kühbach-Unterbernbach: EWK-Verlag.

Norden, Martin F. (1994). *The Cinema of Isolation: A History of Physical Disability in the Movies*. New Brunswick, New Jersey: Rutgers University Press.

Radtke, Peter (2003). Zum Bild behinderter Menschen in den Medien. In Bundeszentrale für politische Bildung (Hrsg.), *Aus Politik und Zeitgeschichte*. Beilage zur Wochenzeitschrift *Das Parlament*. 17.02.2003, 7–12.

Radtke, Peter (2007). *Menschen mit Behinderung und Medien: Ringvorlesung „Disability Studies" am Institut für Behindertenpädagogik*. 24.01.2007 (Manuskriptdruck). Universität Hamburg.

Reschke, Nils (2010). Blick-Störungen: Sehen, Blindheit, Kino. In Kenneth C. Calhoon, Eva Geulen, Claude Haas & Nils Reschke (Hrsg.), *„Es trübt mein Auge sich in Glück und Licht". Über den Blick in der Literatur*. Berlin: Erich Schmidt Verlag, 257–269.

Ripplinger, Stefan (2008). *I can see now: Blindheit im Kino*. Berlin: Verbrecher Verlag.

Scholz, Markus (2010). *Presse und Behinderung: Eine qualitative und quantitative Untersuchung*. Wiesbaden: VS Verlag für Sozialwissenschaften.

UN – United Nations (2006/ 2008). *Übereinkommen über die Rechte von Menschen mit Behinderungen* (dreisprachige Fassung im Bundesgesetzblatt Teil II Nr. 35 vom 31.12.2008) (Manuskriptdruck). [http://www2.bgbl.de/Xaver/start.xav?

startbk=Bundesanzeiger_BGBl&bk=Bundesanzeiger_BGBl&start=//*%5B@att r_id=%27bgbl208s1419.pdf%27%5D, 07.03.2010].

UNICEF – United Nations Children's Fund (2013). *The State of the World's Children 2013: Children with Disabilities* [http://www.unicef.org/sowc2013/ files/SWCR2013_ENG_Lo_res_24_Apr_2013.pdf, 17.08.2014].

Wedel, Ute (1999). Mädchen und Frauen mit geistigen Behinderungen im Film. In Birgit Warzecha (Hrsg.), *Medien und gesellschaftliche Stigmatisierungsprozesse*. Hamburg: LIT Verlag, 113–139.

WHO – World Health Organisation (Hrsg.) (2001/ 2005). *Internationale Klassifikation der Funktionsfähigkeit, Behinderung und Gesundheit (ICF)*; Endfassung der deutschsprachigen Übersetzung der ICF, Stand Oktober 2005 [http://www.dimdi.de/static/de/klassi/icf/, 29.12.2006].

Tímea Hóková & Paulína Čepáková

Visual Impairment Portrayal in the Moving Picture

A pilot study on how films influence the attitudes of special education students

1 Introduction

Within the context of the digitalization of media communication as well as the presentation of the media content, it is often debated to what extent the media take part in controlling human society by providing only specific types of content constructing social reality. A film is one of the most visible and publicly acclaimed products of modern human culture. It is crucial to take into account that films not only reflect various attitudes, but they also strongly contribute to their formation. Therefore, being exposed to different media content may produce both constructive and also destructive changes in consumer behavior. Moreover, in accordance with the values of the given culture, films can influence lives of millions of people with and also without disabilities.

The main purpose of this chapter is to provide some theoretical insights into the portrayal of visual impairment in films, enriched by preliminary results from a pilot study aimed at analyzing the attitudes of Slovak students of special education towards persons with visual impairment. The topics presented will be discussed from a rather multi-disciplinary point of view, including psychological, semiotic, social, and cultural approaches.

2 Myths about visual impairment portrayed in films

There are several films with a central theme related to disability. Certain tension building factors of a disability have led to the occurence of either psychiatric disorders or intellectual disabilities in many horror movies. Byrd and Elliott (1988) discovered that 11 % of all films released between 1976 and 1986 comprise disability roles, including psychiatric disorders (44 %), sensory impairments (13 %), neuromuscular disorders (10 %), and drug addicts (12 %). With regard to visual impairment it has been found that 234 films released from 1913 to 1985 contain this type of impairment (Erickson/ Wolfe 1985, also Degenhardt/ Hilgers in this volume).

A problem concerning this phenomenon is, however, that consumers (or also the producers) may become convinced that a disability itself improves the quality of a film or even makes the film a good one, at least with regard to the degree of sensationalism, and viewer levels. In addition, many of these films were either nominated by the American Academy of Motion Picture Arts and Science or received an award (e.g. *Ray*, *Scent of a Woman*, *The Miracle Worker*, *The Dancer in the Dark*).

It is quite obvious that for many people it is much easier to acquire information about some disability by watching a film or a theatre play than having a real-life experience. Hence, films presenting various perspectives of a disability provide a unique insight into the attitudes and opinions on disability of mainstream society. What is more, with the biggest probability such films reflect the ways society perceives specific types of disabilities (Connor/ Bejoian 2006). Generally speaking, the film, irrespective of its accuracy, serves as the main information source and creates the social construct of a disability (Rizzo/ Sirotnik 1992, Snyder/ Mitchell 2006). Understanding the particularities of how disability is depicted within films can serve as a certain barometer of social awareness for professionals from the field of special education.

3   Attitude formation

As the issue of forming attitudes is more multidisciplinary, several approaches resp. aspects should be taken into consideration, i.e. psychological theories (related to the construct of attitude), film semiotics (defining the influence of a film on the spectator), social and cultural issues.

In the following three sections each approach is discussed and then also illustrated by preliminary results of a pilot study conducted with students of special education at the Comenius University in Bratislava (Slovakia).

3.1   Psychological aspect

Broadly speaking, attitudes are very complex and usually represent a tendency toward certain behaviour based on cognitions and emotions. More specifically, the construct of attitudes is mostly described by means of three components: cognitive, emotional, and behavioural. The cognitive component is related to knowledge and opinions; the emotional component reflects emotions related to diversity; and behaviour reflects the tendency towards specific performance (Marini et al. 2012, Atkinson 2003, Hayesová/ Štěpaníková 1998).

According to Hartl/ Hartlová (2000), attitudes are a part of the personality and are connected with interests and preferences of a person; they predestinate knowledge, understanding and feeling. Attitudes are shaped during the whole life, but mainly through education, social learning and various other influences, such as interpersonal contacts and public opinion. According to Oravcová (2004), the main sources of attitude formation are specific personal experiences acquired through social interaction, social communication, and the influence of models. The most crucial fact here is that attitudes are acquired and shaped during the whole life. In addition to that, it is assumed that attitudes are also strongly influenced by diversified media technologies. Thus, the question arising at this point is whether the strong and complex influence of the media leads towards an attitude of society reflecting true abilities or restraints of people with disabilities.

3.2   Media aspect

Palúch (2010) explains the power of a film as a source of information. The illusion of a reality and an emotional belief of a spectator are two aspects connected to one of the biggest problems within the history of human culture: The possibility to record motion strengthened the thrust towards the documentary aspect of a film. Such „thrust" caused that a film has become really informative and attractive to the audience.

Ramonet in his "La tyranie de la communication" (2003) claims that the way information is presented creates an apparent corridor between the distant event and the internal feeling in each of us. The demonstrativeness of films is based on a premise that if the emotion appearing while watching the film is true, then the content seems to be very true, too.

According to Mihálik (1980), film is more anthropological because it is much more concerned with the reflection of the human being in the world. Film is understood as an opportunity for alternative experiences connected with other functions, i.e. entertaining, informating, and opinion-making.

In general, such seemingly real experience with its strong influence over the affective component of attitudes is one of the factors causing either a formation or change of attitudes. Therefore, if there is also an authentic emotion experienced while processing certain mass media contents; a virtually presented content also seems to be very true to the observer regardless of its objectivity (Ramonet 2003). Or as Lotman puts it:

> "Everything that is being observed during the exposure of a film; things that excite us; influences us and has its sense." (1984: 38, own translation)

Any film narration is based on a fact of trueness, i.e. avoiding thoughts related to possible fictivisation. Owing to this, the spectator always gets more plunged into the film, which might be compared to the emerging interest provoked by accidents or catastrophes. Furthermore, film evokes such feelings of trueness that are comparable to a real-life encounter and are not common for any other artistic genre (Renwick/ Schormans/ Shore 2014).

The spectator actually stops perceiving art presented through the mass media as a new model situation (possibly even unreal); it is rather understood only subconsciously as a depiction of reality (similarly as in the news or documentary genre). This is only strengthened by the preference of the mass media to apply documentary and scientific style targeted at current issues. In this way they are close to news service that creates the main frame (Mistrík 1994: 10).

The film provides an opportunity for alternative experiences, related to several other functions – entertaining, informating, and educating. Complicated human structure depicted through films affects the spectator both intellectually and emotionally. Herein lies the power and also the responsibility of cinematic art.

3.3   Cultural and social aspect

As already discussed in previous chapters, the media has indeed a strong influence over every human being. In relation to this, Jirák/ Kopplová (2007) elaborate on these issues and distinguish various human reactions.

Many of these reactions happen, first of all, on a cognitive level, whereas the media provide stimuli for building new knowledge or also strengthen the already existing mental scheme. In this case, attitudes towards diversities, opinions and prejudices play a very important role.

The emotional state of the audience is mostly controlled by media elements that appeal to their affection. What is more, these elements can provoke physiological reactions of the human body, such as narrowing eye pupils, quickened pulse, or shiver. The renewal effect is strongly linked to the state of catharsis, which is perfectly achieved either through comedies or tragedies (i.e. extreme poles).

According to Connor/ Bejoian (2006) negative associations with disability are so deeply ingrained in human culture that many people are even not aware of them. Despite that, it is crucial to call attention to social and cultural implications of any kind of disability or diversity as a phenomenon existing in a particular time, place, and context (Connor/ Bejoian 2006).

4   Pilot study

4.1   The data material

In the past years there has been a strong tendency towards integrative and inclusive education, including approaches that foster the general social inclusion of people with disabilities. Even though attitudes towards people with disabilities are currently undergoing positive changes, the process of self-identification with the philosophy of inclusion is still a long and clumsy one.

Since special pedagogics are central to this process, our particular attention was paid to students of special education as future professionals in the area of improving the quality of people's lives with disabilities and the potential to influence social awareness.

In this context, the main purpose of our pilot study was therefore to find out how realistic the attitudes are towards a special group of people with visual impairment. Simultaneously, we have taken into account another robust factor – explicitly or implicitly merging into these complex processes: the influence of the media and information and communication technologies (ICT) with their virtual realities.[1] More precisely, the goal was to find out the potential influence of a film that presents false information concerning people with visual impairment and to identify critical thinking related to the picturing of a person with visual impairment. Furthermore, it was taken into account if the mental scheme of a special education student was based on unrealistic skills depicted by the film.

Two films were chosen for the purpose of this study, both of which depict lives of people with visual impairment, albeit in a rather divergent way in certain areas. One of the two films was a Slovak poetic documentary film *Blind Loves* (*Slepé lásky*, directed by Juraj Lehotský 2008) also known internationally. It tells the story of four blind couples and their everyday life. One of the main aims of this film is to provide an insight into various types of love that can occur among human beings. The spectator can discover a love among husband and wife, a love among lovers, a love of a mother to her child and finally also a virtual love. One particularity of this film is that the actors are authentic people with visual impairment (mostly blind ones). All the stories are presented from the perspective of disability, whereas the main focus is put on blindness as such (blind eyes and dark gloomy settings).

The second film called *Ray* (directed by Taylor Harkford 2004) is concerned with the life story of the famous American singer Ray Charles who lost his sight when he was seven years old. The film follows the career of this singer, including positive and negative sides of his life (e.g. problems related to his disability, drug addiction, promiscuity etc.).

The two films touch upon several topics related to the life of a person with visual impairment. Tab. 1 shows some of these themes including comparisons of the depiction of visual impairment.

---

1   And although films do not have to be real, they have to be realistic in some way, especially with regard to their opinion-forming impact and how they present virtual realities (see also chapter 2.2). According to that, the question arises of how disability in general and how visual impairment in particular are depicted. For example, blind women are often presented in films as a symbol of purity, naivety and innocence, or as victims and easy-to-reach targets for criminals. Blind men, on the other hand, tend to be presented as wise saints, representing brainpower within the chaotic world (cf. Safran 1998 a, Safran 1998 b).

Film title	*Blind Loves*	*Ray*
character constellation	isolated stories of blind people	story of a blind man integrated into mainstream society
chronology/ plot	static plot	dynamic plot
perspective	average or under-average life circumstances	successful life
constellation for the partnership	life partner with a disability	life partner without a disability
aim	focusing on disability; to provide an insight into various types of love that can occur among human beings	presenting the life story of a blind person

Tab. 1: Portrayal of visual impairment within the films *Blind Loves* and *Ray* (adapted from Čepáková 2010: 42).

To illustrate the differences concerning the presentation of visual impairment within the two films, we asked three experts active in the field of psychology and pedagogy of people with visual impairment for their estimation and reflection. The psychological domain is represented by Ladislav Požár, professor at the University in Trnava and the author of more than 100 scientific studies (e.g. Požár 2012, Požár 2003, Požár 2000). Jana Lopúchová is the coordinator for students with visual impairment at the Faculty of Education (Comenius University in Bratislava); she also teaches several subjects related to special education and is author of several titles in the area of pedagogy and reeducation of people with visual impairment (e.g. Lopúchová 2010, Lopúchová 2008). Branislav Mamojka is president of the Slovak Blind and Partially Sighted Union, a well-known advocate of blind and partially sighted people and active within national and European disability structures (e.g. European Blind Union, Slovak Disability Council). These three professionals have been addressed directly and asked for their opinion on both films and to provide their written manuscripts within the scope of the pilot study. Overall, the answers show that *Blind Loves* is exclusively disability oriented, whereas *Ray* also depicts common life situations not only related to the visual impairment. However, all three professionals agree on the fact that both films have a sensitizing effect on the regular spectator, as they show, for instance, special aids helping blind people (see appendix for the complete transcripts of the manuscripts).

4.2   Research design

In the following section, the method and procedure of the pilot study are presented. It should be noted that the sample as well as the findings presented here are just preliminary. In this research phase the sample comprised 76 participants. With our research goal in mind, students in the field of special education have been chosen. This is a specific group, which supposedly could be more critical and could have more realistic concepts of a person with visual impairment. Their real experience or personal encounter with a visually impaired person was controlled, regardless of his or her age.

After watching the film, the students were asked to write their answers to five questions in form of an essay. The following questions were used even though they were non-obligatory:[2]

1. What knowledge did you acquire after watching the film?
2. What feelings did you experience during the film?
3. How could you describe the main protagonists' intimate relationship with significant others and their relationships with the broader social environment?
4. What was the most surprising aspect you learnt about the life of people with visual impairment?
5. What do you think about the quality of life of the main protagonists?

At the present stage of research, a total of 76 student texts (essays) have been gathered and analysed using a qualitative approach (cf. Miovský 2006). Furthermore, the qualitative analysis has been contrasted and triangulated by three unrelated evaluators. As a crucial factor, one's personal experience was taken into account – either directly (experiencing visual impairment by having a visual impairment) or indirectly (experiencing visual impairment through a close relationship with a visually impaired person). Since this study is only a pilot

---

2   The questions as well as the answers of the students were originally written in Slovak and translated here only for the reason of publication.

with preliminary results, the data have neither been quantified so far nor processed by a specific software for qualitative data analysis.

4.3　Preliminary results

After a detailed analysis of the written narratives, several conceptual domains have been consensually defined. First of all, it has to be mentioned that not every domain appeared in both films; what is more, a noticeable difference in the prevalence of specific domains occurred in the given films. Finally, careful analysis of all qualitative data resulted in topics which were clustered around the construct of attitude, already described from a more theoretical point of view in chapter 3.

The cognitive component was reflected in a domain related to knowledge (either existing or newly acquired). One of the most frequently "criticized" components of attitudes by the media is the emotional component, which was in this case depicted within the domain of affections. A particularity of this domain was an observed psychological shift which was in most cases changing from sorrow to admiration of the blind protagonist. It can be claimed that the most vaguely represented attitude component within all identified domains was the behavioral component, which could have been affected by the lack of a real encounter with a blind or partially sighted person. Through further analysis and comparisons some extra domains have been defined as well. However, these are not directly linked with the psychological construct of attitudes anymore. Two of such supplementary domains include outward moralizing directed to all people in general and inward moralizing by means of which a person was evaluating his or her own inner values. Analysis of narratives also showed some shifts away from the issue of visual impairment, which most frequently appeared within a specific domain related to social inclusion. The blind protagonist was described as an equal member of mainstream society.

The content of these domains slightly differed in each film and mirrored the different perspectives of certain media content. Whereas the film *Blind Loves* emphasized mainly the blindness itself, the film *Ray* was focused on the whole life situation of a person with visual impairment, which also determined some shift in the spectator's attention. Moreover, such approaches might be well compared to models of a disability currently intensively discussed among various experts. In this sense, there is a disability perspective taking into consideration more various restrictions and the disability (occurring in the medical models) or an approach placing attention over the potential and abilities of a person with certain disability (this is more the case of the bio-psycho-social model, for further discussion also see Bosse in this volume).

In the next section a more precise description of each domain will be shortly summarized, including selected extracts of narratives which compare the two films (i.e. the two perspectives of a disability).

4.3.1 The domain of knowledge and related concepts

The domain of knowledge is most closely related to the cognitive component of attitudes. Generally speaking, it covers information that a person possesses about a certain subject or diversity. In the light of this pilot study, this domain included, on the one hand, newly acquired knowledge and, on the other hand, already existing knowledge that was strengthened by the given media content. Preliminary study results show that in both films the domain of knowledge is mostly represented by means of questioning. Whereas the abilities of the protagonists from the film *Blind Loves* were questioned mainly from the perspective of their visual impairment, the film *Ray* provoked several thoughts and questions not necessarily related exclusively to the visual impairment, but also to the behavior and whole life situation of the main protagonist. It is supposed that such difference can be influenced by the perspective from which certain media content is presented, i.e. either emphasizing the disability itself or the person with a disability living in his or her natural environment and having his or her own relationships.

More specifically, the newly acquired knowledge included concepts that research participants did not possess before watching the film ("I was surprised that instead of using the white cane, he was relying only on the sound of his shoes", student about *Ray*). On the other hand, participants already had certain existing knowledge related to visual impairment, which was just strengthened by the film.

One of the most contradictive factors of this dimension is a possibility to acquire and also retain relatively false virtual concepts ("It doesn't matter for a person with visual impairment if the wall is 1 or 10 meters away, especially when he is just sitting or lying. He is actually getting lost in larger spaces", student about *Blind Loves*).

As it has already been explained in the theoretical part of this chapter, film is a medium that contributes to the creation and circulation of knowledge as well as promotes ideas that form human experience – thus, it has a huge responsibility.

4.3.2   The domain of affections and related concepts

The domain of affections mostly represents the emotion-related component of attitudes. In this context, two important psychological processes were observed, i.e. emotional dynamics and emotional ambivalence. The emotional dynamics had a character of change that evoked emotions of sorrow or admiration. The emotional ambivalence could mainly be observed in the film *Ray* where other provoking life circumstances (e.g. drug addiction, promiscuity) also developed emotions of anger ("I was surprised that other people didn't feel any sorrow; he also didn't feel any sorrow for himself", student about *Ray*). The film *Blind Loves* associated in most cases admiration of unreal skills of a blind protagonist ("how is it possible that these people are self-sufficient to such extent ...", student about *Blind Loves*).

Similarly to the domain of knowledge, differences in the two films were related to the perspectives from which the visual impairment itself was presented.

Concerning this domain it can be concluded that the mass media do have influence over the emotions of a human being. Although this is not always negative in the sense of a disability, it can lead to bipolar extremes where the person with a disability is either pitied or admired and is still not fully accepted.

4.3.3   The domain of general and personal moralizing

Although the domain of moralizing is not directly linked with any component of an attitude, it forms an important part within all narratives. Results of analysis and comparison show that both films managed to provoke inner personal philosophies which finally turned to a more generalized or a rather personal moral message. All these messages reflected more general and socially expected representations of the behavior towards people with disabilities. For instance, one student wrote about *Blind Loves*: "We can only be envious of their perception of the reality. In fact, people nowadays are more concerned with very low values".

In contrast to that, research participants rather avoided moralization and altruism in their narratives related to the film *Ray*. We are rarely acquainted with inward insights; their moral messages are constructed with respect to ethics rather than to morality. In addition, protagonists without visual impairment are criticized, too.

4.3.4   The domain of general image of a blind person

Further analysis of narratives, their comparison and triangulation showed several general images of the blind individual as a person. Narratives stimulated by both films comprised the perception of a person with visual impairment as victim (lonely and suffering blind person), alien (a person living in his or her own world), beautiful mind (a good-natured blind person), mole (a blind person living in absolute darkness), simple minded (a person with lower mental abilities), and hero (an extra-ordinary person).

Dark and gloomy settings caused protagonists from both films to be mainly associated with the life in the dark ("The image of an endless darkness induces a feeling of danger and scare", student about *Ray*). Such pictures overlap to a certain extent with the dimension of knowledge and emotion where the spectator can compare the media content with existing knowledge.

4.3.5   The domain of social inclusion

Social inclusion is ideally referred to as a mutual co-existence of all diversities including people with disabilities. The policy of social inclusion is a part of a general postmodern philosophy and should be understood by all future social and health care professionals (but not exclusively).

Concerning our pilot study, preliminary results also show some reflections related to social inclusion of a person with visual impairment. Yet it is necessary to underline that inclusive thoughts and tendencies are present to a much higher extent within narrations associated with the film *Ray*. The explanation in this case can be related to the fact that the blind protagonist was in fact placed into mainstream society and regular life. Moreover, the film even raised other debatable issues, such as drug addiction, life of celebrities, and racism. Thus, turning away from focusing exclusively on the disability concept lead the spectator to think of a person with visual impairment in a wider social context ("In spite of several difficulties he had due to his disability, he was able to exist among sighted people, had a family and became one of the biggest celebrities", student about *Ray*). Since the film *Blind Loves* focused mainly on the disability itself, there are no reflections concerning social inclusion or relations of a blind person with sighted people.

5   Conclusion

The preliminary results of this pilot study have shown that the mass media do influence the shaping of attitudes towards diversity (either the specific individual characteristics or life circumstances which are regarded by people to be very different to their own). Virtual realities provided by films (and/ or ICT) can foster the formation of prejudices and/or false, unrealistic attitudes towards diversity in people, especially when strong and/or personally significant emotions are involved. Those emotionally laden experiences could be rather different in comparison to those that arise when directly encountering a real person with a visual impairment.

Surprisingly, even among students of special education, regardless of the year of their studies and training, rather strong emotional ambivalences (e.g. changing from sorrow to admiration) and a certain weakening of their critical judgement was observed when they had to evaluate the skills depicted by the blind protagonists in the film. The only exception were participants with the experience of a real encounter with a blind or partially sighted person. Therefore, on the basis of these findings, a stronger emphasis on practice in their studies is necessary.

Since the mass media have a strong formative and socializing effect, they take over considerable responsibility in the process of acquiring values and behaviors. The media do only not represent simple reflections of social reality, but also take an important role in its construction. It is crucial to point out that the media contribute to the socialization of children and adults to a very large extent (Šramová 2013).

Based on the theory presented and the preliminary results of the study it is also essential to regard media as a potential tool used for shaping attitudes in a constructive way. In this respect, the media can be very well utilized to improve social awareness related to disability and to help fighting prejudices.

Thus, teachers of special education (or of any other related subjects) can improve their teaching through careful selection of relevant films in order to educate students about the individual adjustment in different areas of life or the barriers faced by people with disabilities. Moreover, these films can contribute to an understanding of negative media imagery that can consequently provoke fruitful discussions and useful attitude formation.

References

Atkinson, Ritou L. (2003). *Psychologie.* Praha: Portál.

Byrd, E. Keith; Elliott, Timothy R. (1988). Disability in fulllength films: Frequency and quality of films over an 11 year span. *International Journal of Rehabilitation Research,* 11, 143–148.

Connors, Davis J.; Bejoian, Lynne M. (2006). Pigs, pirates, and pills: Using film to teach the social context of disability. *Teaching Exceptional Children,* 39(2), 52–60.

Čepáková, Paulína (2010). *Formatívna sila filmu na postoje intaktnej populácie k nevidiacim.* Diplomová práca. Bratislava: Pedagogická fakulta UK.

Erikson, Wendy; Wolfe, Diane (1985). *Images of blind and visually impaired people in the movies, 1913–1985: An annotated filmography with notes.* New York: American Foundation for the Blind.

Hayesová, Nicky; Štěpaníková, Irena (1998). *Základy sociální psychologie.* Praha: Portál.

Hartl, Pavel; Hartlová , Helena (2000). *Psychologický slovník.* Praha: Portál.

Jirák, Jan; Kopplová, Barbara (2007). *Média a společnost.* Praha: Portál.

Lopúchová, Jana (2010). *O filme „Ray".* E-mail communication [05/05/2010].

Lopúchová, Jana (2010). *Reedukácia a komplexná rehabilitácia zraku u jednotlivcov so zrakovým postihnutím.* Bratislava: Iris.

Lopúchová, Jana (2008). *Pedagogika zrakovo postihnutých: vybrané kapitoly.* Bratislava: Mabag.

Lotman, Jurija Michajloviča (1984). *Semiotika filmu a problémy filmovej estetiky.* Bratislava: Ústredná knižnica a SiŠ VŠMU.

Mamojka, Branislav (2009). *O filme „Slepé lásky".* E-mail communication [26/06/2009].

Mihálik, Peter (1980). *Antológia súčasnej filmovej teórie.* Bratislava: Slovenský filmový ústav.

Marini, Irmo; Glover-Graf, Noreen M.; Millington, Michael (2012). *Psychological aspects of disability: Insider perspectives and counseling strategies.* New York: Springer publishing company.

Miovský, Michal (2006). *Kvalitativní přístup a metody v psychologickém výzkumu.* Praha: Grada Publishing.

Mistrík, Erich (1994). *Vstup do umenia.* Nitra: Enigma Jr.

Oravcová, Jitka (2004). *Sociálna psychológia.* Banská Bystrica: Univerzita Mateja Bella.

Palúch, Martin (2010). *Vnem v zrkadle fotografie a filmu.* Bratislava: O.Z. Vlna.

Požár, Ladislav (2012). *Základy psychológie ľudí so zrakovým postihnutím.* Bratislava: Lingua.

Požár, Ladislav (2009). *K filmu „Slepé lásky".* E-mail communication [13/05/ 2009].

Požár, Ladislav (2003). *Patopsychológia: Psychológia jedincov s rôznym druhom postihnutia.* Bratislava: Mabag.

Požár, Ladislav (2000). *Psychológia detí a mládeže s poruchami zraku.* Trnava: Trnavská univerzita.

Ramonet, Ignacio (2003). *Tyranie médií.* Praha: Mladá fronta.

Renwick, Rebecca; Schormans, Ann Fudge; Shore, Deborah (2014). Hollywood takes on Intellectual/Developmental disability: Cinematic representations of occupational participation. *OTJR*, 34(1), 20–31.

Rizzo, Terry L.; Sirotnik, Barbara W. (1992). Attributes related to attitudes toward people with disabilities. *International Journal of Rehabilitation Research*, 15, 53–56.

Safran, Stephen P. (1998 a). The first century of disability portrayal in film: An analysis of the literature. *The Journal of Special Education*, 31(4), 467–479.

Safran, Stephen P. (1998 b). Disability portrayal in film: Reflecting the past, directing the future. *Exceptional Children*, 64(2), 227–238.

Snyder, Sharon L.; Mitchell, David T. (2006). *Cultural locations of disability.* Chicago: University of Chicago Press.

Šramová, Blandína (2013). Genderová stereotypizácia v médiách. *Psychológia (v) škole, zborník príspevkov z medzinárodnej vedeckej konferencie*, 242–247.

Appendix

See below the transcription (our own translation) of the statements from L. Požár, J. Lopúchová, and B. Mamojka concerning the evaluation of the representation of the topic „visual impairment" within the two films *Blind Loves* and *Ray*.

"If the film [Blind Loves] is aimed to provide insight for people without visual impairment into the lives of people with visual impairment, I don't think that it is showing this in the most complex way. Of course there are also some positives about this film, for instance the ways people with visual impairment are getting adjusted to the consequences of their disability (using talking watches, Skype, white cane, computer with the screen-reader or estimating the length of a sky jump by counting). I also liked how a small girl was describing to her blind mother what is going on the screen when visiting the cinema. On the other hand I think that the life of a blind person is depicted in a rather boring way; I am not sure if this is attractive for a regular spectator. Moreover there are also some situations which are not corresponding to reality (e.g. mobility among crowds of people without using the white cane)" (L. Požár).

"I have the impression that this film [Blind Loves] is like an attempt to show lives of blind people to the mainstream spectator in a really investigative manner ... If this was the true purpose of the authors, then lives of blind people are not depicted in a fully realistic way – definitely not taking into account their real problems. I suspect that the authors did not consult the film itself with experienced blind people and professionals, though there are authentic blind people with their real life-stories involved. Except for my objections, which are mainly related to my professional career and a personal experience of having a visual impairment myself, I consider this film to be useful in the area of sharing information about blind people and to evoke interest, though not everything presented in the film is real" (B. Mamojka).

"Ray achieved success; I presume that also thanks to his mother who teaches him to follow his goals regardless of his handicap. The spectator could develop different feelings (related to) – success versus drugs; happiness versus envy; love versus hate" (J. Lopúchová).

"The film shows his [Ray's] life in real environment, the influence of the mother, overcoming problems, difficulty of finding solutions, the need for a strong will and help from others. Everything seems to be a natural part of the whole plot. Particularities related to the life of a person with visual impairment are fully incorporated into the story and the spectator is absorbing this information without paying specific attention to these issues. My purpose was not to compare two so different films, but to express expectancy towards higher realism related to the depiction of lives of people with visual impairment in an investigative manner and the need for the preference of the portrayal of their lives within the story not dominantly oriented only on visual impairment" (B. Mamojka).

Ingo Bosse

Bewusstseinsbildung durch Fernsehen?
Die Darstellung von Behinderung in Boulevardmagazinen und Krimiserien

1   Einleitung

Behinderung fasziniert in audiovisuellen Medien: Bei der kurzen, nur 25-minütigen Eröffnungsfeier der Fußballweltmeisterschaft 2014 in Brasilien sollten die ZuschauerInnen Zeuge werden, wie der querschnittsgelähmte Juliano Pintos selbstständig zum Anstoßpunkt läuft und mit einem Schuss des neuen WM-Balls die Weltmeisterschaft eröffnet. Wenngleich es bei einem Schuss vom Spielfeldrand blieb: Die Möglichkeiten des dabei eingesetzten Exoskeletts, einem Anzug, dessen elektromechanische Antriebe die Funktion der Beine übernehmen sollen, wurden in den folgenden Tagen intensiv in den Medien diskutiert.

Dass Menschen mit Behinderungen im Fernsehen allgemein rein quantitativ häufig präsent sind, ist im historischen Rückblick bemerkenswert, löst aber in einer Zeit, in der Inklusion stark im Fokus gesellschaftspolitischer Diskurse steht, kein Erstaunen mehr aus. Dieser Beitrag versucht zu beantworten, welchen Stellenwert Menschen mit Behinderungen in audiovisuellen Medien haben: Wie kommen sie auf den Marktplätzen der MeinungsmacherInnen vor? Wie spiegelt das Leitmedium Fernsehen diese Dimension von Vielfalt und Diversität wider?

Von einer Bewusstseinsbildung auch durch das Fernsehen hängt u.a. ab, ob das Ziel der Inklusion, verstanden als Möglichkeiten gleichberechtigter Teilhabe aller BürgerInnen in allen gesellschaftlichen Bereichen, gelingt. So bilden massenmediale Informationen neben persönlichen Begegnungen die Grundlage für das Bild und die Bewertung von Menschen mit Behinderungen.

Dieser Beitrag stellt zwei Studien vor, die die Darstellung von Behinderungen in Boulevardmagazinen sowie in populären Kriminalserien untersucht haben. Übergreifend findet dazu zunächst eine theoriegeleitete Auseinandersetzung mit dem spezifischen Auftrag des Fernsehens an der Bewusstseinsbildung zu den Rechten von Menschen mit Behinderungen statt. Dieser geht aus der UN-Behindertenrechtskonvention hervor. Im Anschluss an die Darstellung der Ergebnisse der beiden Studien werden diese vergleichend diskutiert. Im Fazit wird deutlich, inwiefern es gelingen kann, dass Menschen mit Behinderungen im Fernsehen faszinieren bzw. unterhalten und dabei zugleich ein positives Bild von Menschen mit Behinderung befördert wird.

2   Theoretische Grundlagen

2.1   Bewusstseinsbildung mit Blick auf Behinderung als Aufgabe audiovisueller Medien

Ebenso wie ethnische und religiöse Minderheiten, Frauen, ältere oder homosexuelle BürgerInnen gehören auch behinderte Menschen zu den Personen, die besonders häufig von Marginalisierung, Entrechtung, Benachteiligung und Ausschluss betroffen sind. „Es sind vor allem solche Erfahrungen, die zu der Forderung nach uneingeschränkter Inklusion geführt haben." (Dederich 2013: 1) Die Idee der Inklusion ist das Prinzip der egalitären Differenz. Ihr inhärent ist eine uneingeschränkte Wertschätzung und Akzeptanz von Unterschiedlichkeit (vgl. Prengel 1995). In Deutschland wurden Gleichstellung und Antidiskriminierung als Grundlage hierfür im Allgemeinen Gleichstellungsgesetz (AGG) sozialrechtlich verankert. Im Kern geht es darum, „Benachteiligungen aus Gründen der Rasse oder wegen der ethnischen Herkunft, des Geschlechts, der Religion oder Weltanschauung, einer Behinderung, des Alters oder der sexuellen Identität zu verhindern oder zu beseitigen" (§1 AGG). Der sich darin widerspiegelnde Inklusionsdiskurs wurde in Bezug auf Menschen mit Behinderungen wesentlich durch die Konvention der Vereinten Nationen über die Rechte dieser Personengruppe befördert. In dem als UN-Behindertenrechtskonvention bekannt gewordenen völkerrechtlichen Vertrag, von Deutschland 2009 ratifiziert, wird Medien eine Schlüsselrolle zugewiesen. Artikel 8 zur Bewusstseinsbildung enthält „die Aufforderung an alle Medienorgane, Menschen mit Behinderungen in einer dem Zweck dieses Übereinkommens entsprechenden Weise darzustellen" (UN 2008: 1428, vgl. auch Degenhardt/ Hilgers in diesem Band). Der Zweck dieses Artikels wird darin gesehen, das Bewusstsein für die Fähigkeiten von Menschen mit Behinderungen, für ihren gesellschaftlichen Beitrag und ihre Würde zu stärken, aber vor allem Unkenntnisse, Fehlvorstellungen, Vorurteile und Klischees abzubauen. Diese werden als einstellungsbezogene Barrieren betrachtet, die Behinderung überhaupt erst entstehen lassen (vgl. Palleit 2012: 120). Bewusstseinsbildung wird darüber hinaus an zahlreichen weiteren Stellen der UN-Behindertenrechtskonvention (wie Art. 9 Abs. 2, Art. 16 Abs. 1 sowie Art. 24 Abs. 4, vgl. UN 2008, auch Palleit 2012: 128) angesprochen. Alle staatlichen Organe sind damit aufgefordert, dem Zweck des Übereinkommens entsprechende bewusstseinsbildende Maßnahmen einzuleiten.

Im Nationalen Aktionsplan der Bundesregierung zur Umsetzung der UN-Behindertenrechtskonvention wird im Handlungsfeld „Information und Kommunikation" deutlich, dass „das Bewusstsein in der breiten Öffentlichkeit vor allem für die Lebenssituation, die alltäglichen Herausforderungen und die vielfältigen Fähigkeiten von Menschen mit Behinderungen kaum vorhanden [ist]. Viele Menschen beziehen ihr Wissen und ihre Erfahrungen zum Thema Behinderung aus den Medien." (BMAS 2011: 100) Zudem werden Menschen mit Behinderung weiterhin häufig als defizitäre Individuen und damit als Sorgenkinder angesehen.

Aus politischer wie auch aus rehabilitationswissenschaftlicher Sicht wird Behinderung seit Beginn des 21. Jahrhunderts „nicht länger als individuelles Defizit, als Eigenschaft von Personen betrachtet." (Wansing/ Westphal 2014: 19) Bereits in der 2001 veröffentlichten „Internationalen Klassifikation der Funktionsfähigkeit, Behinderung und Gesundheit" (ICF) der Weltgesundheitsorganisation, mit der Behinderung auf internationaler Ebene definiert wird, drückt sich ein verändertes Verständnis des Begriffs aus. Behinderung wird nicht mehr an Personen, sondern vielmehr in Situationen deutlich. Behinderung wird demnach als Interaktionsergebnis zwischen Individuum und Umwelt definiert. Das bio-psycho-soziale Modell (vgl. Abb. 1) veranschaulicht, dass Behinderung nicht mehr als individuelle Problemlage in Folge einer Krankheit gesehen wird, sondern ein Interaktionsergebnis zwischen Individuum und Gesellschaft darstellt. Damit liegt ein relationales Verständnis von Behinderung vor.

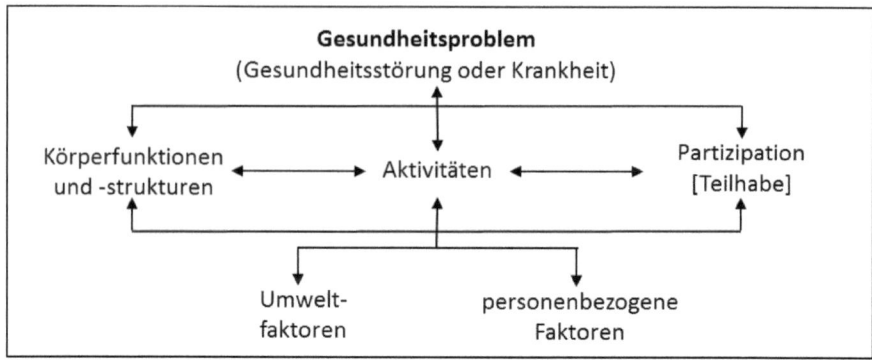

Abb. 1: Wechselwirkungen zwischen den Komponenten der ICF
(aus DIMDI 2005: 23).

Im Weltbericht „Behinderung" aus dem Jahre 2011 hebt die WHO die
Bedeutung der Bewusstseinsbildung in diesem Kontext deutlich hervor: „So
bestehen auch die ersten Schritte bei der Schaffung von zugänglicheren
Umgebungen für Menschen mit Behinderungen häufig darin, das Bewusstsein
zu vergrößern und negative Einstellungen abzubauen." (WHO 2011: 22) Ebenso betonen führende SozialwissenschaftlerInnen, dass Differenzkategorien im
selbstreferentiellen Vollzug von Politik und Recht durch Beobachtung, Be-
schreibung und Bearbeitung (re-)produziert werden. Sie stellen „nicht nur
Gegenstände, sondern auch Erzeugnisse politisch-rechtlicher Strukturen und
Praktiken dar." (Wansing/ Westphal 2014: 17) In funktional differenzierten
Gesellschaften wird die Beobachtungs- und Beschreibungsfunktion dabei vor
allem durch die Massenmedien wahrgenommen. Sie haben einen erheblichen
Einfluss auf die soziale Inszenierung von Differenz und damit verbundene
Exklusions- oder Inklusionstendenzen.

2.2 Bewusstseinsbildung über Unterhaltungsangebote

Medien gehören bereits von frühester Kindheit an zur Lebenswelt; Kinder und
Jugendliche wachsen heute in mediatisierten Welten auf. Der Begriff der
Mediatisierung beschreibt dabei Handlungsfelder und Sozialwelten, in denen
sich die relevanten Formen gesellschaftlicher Praktiken und kultureller Sinn-
gebung untrennbar mit Medien verschränkt haben. Mediatisierung ist ein
ähnlich übergreifender Entwicklungsprozess wie Globalisierung oder Indi-
vidualisierung. Es geht um die zunehmende Prägung von Kultur und Gesell-

schaft durch Medienkommunikation (Krotz/ Hepp 2012). „Medien werden daher nicht nur in ihrer Funktion betrachtet, den Alltag zu repräsentieren, sondern auch selbst Alltag zu sein." (Renggli 2006: 99) Die Vermittlung von Wissen über die Welt erfolgt heute stark über Massenmedien. Das Fernsehen kann trotz der steigenden Bedeutung des Internets aufgrund seiner täglichen Nutzungsdauer weiterhin als Leitmedium bezeichnet werden. Die ARD-/ ZDF-Onlinestudie macht in diesem Zusammenhang deutlich, dass das wachsende Zeitbudget für die Internetnutzung nicht zu Lasten der Fernsehnutzung geht. Dies hängt sowohl mit einem wachsenden Anteil des täglichen Zeitbudgets für Mediennutzung insgesamt zusammen als auch mit der Tendenz zur konvergenten Mediennutzung, z.B. bei der Erschließung von Fernsehinhalten über das Internet (vgl. Eimeren/ Frees 2013).

Zu den Aufgaben der Massenmedien gehören klassischerweise Information, Mitwirkung an der Meinungsbildung, Kontrolle und Kritik sowie Unterhaltung und Bildung (vgl. Meyn 2004). Der Unterhaltung kommt dabei in der Wahrnehmung der Rezipierenden ein hoher Stellenwert zu. Insbesondere fiktionale Unterhaltungsformate sprechen Mediennutzende an, die über traditionelle Informationsformate nur schwer zu erreichen sind und die sich oftmals nicht bewusst über das Thema Behinderung informieren würden (vgl. Bosse 2011: 30):

> „Fiktionale Formate zeichnen sich nicht durch den Anspruch aus, Ereignisse möglichst realitätsnah zu schildern, vielmehr geht es um das Erzählen spannender Geschichten. Dies muss allerdings keinen Verlust an Glaubwürdigkeit nach sich ziehen (vgl. Rothmund u.a. 2001). Gegenüber nicht-fiktionalen Formaten haben sie folgende Vorteile: Die Auswahl der darzustellenden Ereignisse muss sich nicht an Nachrichtenwertfaktoren orientieren, und oftmals steht wesentlich mehr Zeit zur Verfügung, um Geschichten zu entwickeln. Damit ist eine differenzierte Figurenzeichnung möglich und die Zuschauer sind aufgrund des unterhaltenden Charakters eher bereit, sich mit Themen zu beschäftigen, zu denen sie sonst nur wenig Zugang haben (vgl. Ortner 2007: 7 f.)."

3   Bewusstseinsbildung: Ergebnisse zweier Analysen

Zu der Frage, wie Behinderung in fiktionalen, aber auch in nichtfiktionalen Fernsehformaten repräsentiert wird, lagen und liegen bislang nur wenige empirische Daten vor. Im Folgenden werden zwei Studien vorgestellt, die sich diesem Thema widmen.[1] Diese beantworten, ob und wie diese Narrationen den gegenwärtigen Diskurs um Inklusion und gleichberechtige Teilhabe aufnehmen und transportieren.

Im Fokus beider Analysen standen folgende Forschungsfragen: In welchem Umfang und mit welcher Intention wird das Thema Behinderung aufgegriffen? Welchen Beitrag leisten Massenmedien zur vollständigen und wirksamen Partizipation und Teilhabe an der Gesellschaft? Welche inhaltlichen Diskussionen werden angestoßen oder aufgenommen? Wie werden Menschen mit Behinderung charakterisiert?

Als Grundlage für die Definition des Personenkreises diente für beide Studien die bereits beschriebene International Classification of Functioning Disability and Health (ICF) der WHO (WHO 2001). Für die Rezeption der Zuschauenden ist darüber hinaus von Bedeutung, anhand welcher Merkmale eine Person als behindert bezeichnet wird. Daher wurde für beide Untersuchungen ergänzend folgende Definition zu Grunde gelegt.

> „Eine Behinderung ist eine dauerhafte und sichtbare Abweichung im
> körperlichen, geistigen oder seelischen Bereich [...]. ‚Dauerhaftigkeit'
> unterscheidet Behinderung von Krankheit. ‚Sichtbarkeit' ist im
> weitesten Sinne das ‚Wissen' anderer Menschen um die Abweichung."
> (Cloerkes 2007: 8)

Entscheidend für die Auswahl war demnach, dass den Zuschauenden die Behinderung von Figuren oder Behinderung als Thema deutlich wurde. Als Methode wurde die Fernsehanalyse nach Mikos (2003) gewählt: Der Fernsehwissenschaftler versteht Fernsehen als Kommunikationsprozess, dessen Angebote nach einer Vervollständigung durch den Zuschauer/ die Zuschauerin verlangen. Fernsehtexte und ihre Bedeutungen entstehen demnach erst mit der Rezeption und Aneignung durch den Zuschauer/ die Zuschauerin. Beide

---

1   Der Beitrag greift in Teilen auf Bosse (2011) und Bosse (2006) zurück und stellt
     eine Zusammenfassung der in diesen beiden Publikationen präsentierten Studien
     dar. Für weitere Arbeiten in diesem Bereich sei an dieser Stelle insbesondere auf
     das DBMS-Projekt verwiesen, vgl. auch den Beitrag von Degenhardt/ Hilgers in
     diesem Band.

Studien versuchen aber nicht Aussagen über ihre mögliche Rezeption zu treffen. Der Forschungsansatz ist die quantitative und qualitative Inhaltsanalyse. Mikos unterscheidet hierfür vierzehn Arbeitsschritte, die von der Entwicklung eines allgemeinen Erkenntnisinteresses bis zur Präsentation der Ergebnisse reichen (vgl. Mikos 2003). Aus Platzgründen soll an dieser Stelle der Hinweis genügen, dass dieser Systematik gefolgt wird.

3.1 Behinderung im Boulevardfernsehen

Um repräsentative Daten zur Darstellung von Behinderung zu generieren, wurden für die erste der hier vorzustellenden Studien (vgl. Bosse 2006) Boulevardmagazine ausgewählt. Mit dieser Form der Vermischung von Unterhaltung und Information, oftmals als „Infotainment" bezeichnet, können auch ZuschauerInnen erreicht werden, die sich von klassischen Informationssendungen abwenden. Insbesondere Jugendliche bevorzugen Infotainmentsendungen, wenngleich sich deutliche Nutzungsunterschiede abhängig z.B. von Alter und Bildungsgrad zeigen (vgl. Hanjok 2004).

Die Grundgesamtheit besteht aus allen Sendungen der Boulevardmagazine *Brisant* (ARD), *Taff* (ProSieben) und *Explosiv* (RTL) eines Jahres (Juli 2001 bis Juli 2002). Damit werden die drei großen Senderfamilien und die Magazine mit den höchsten Einschaltquoten einbezogen. Für die Analyse wurden zwölf künstliche Wochen aus dem Untersuchungszeitraum gewählt. Für eine künstliche Woche wird in der ersten Woche der Montag ausgewählt, in der zweiten Woche der Dienstag, usw. Damit sind letztlich alle Wochen eines Jahres abgebildet. Insgesamt wurden 175 Sendungen mit 1133 Beiträgen und 1165 Kurzmeldungen einer quantitativen und qualitativen Inhaltsanalyse unterzogen, die damit repräsentativ für das Gesamtjahr sind.

Für die Analyse wurde ein detailliertes Kategoriensystem in Form von Codierbögen (Codeplan) mit dazugehörigem Codebuch entwickelt (Bosse 2006: Anhang). Die grundlegende Struktur des Kategoriensystems, die zugleich die Gliederung für die folgende Ergebnispräsentation darstellt, orientiert sich dabei an den Untersuchungsdimensionen „Quantität", „Themen", „Sprache", „Ästhetik und Gestaltung" sowie „Charakterisierung". Die Reliabilität des Untersuchungsinstruments zeugt mit 0,89 von einer hohen Zuverlässigkeit.[2]

---

2   Nach dem Test-Retest-Prinzip wurde hierfür eine zehnprozentige Stichprobe nach dem Zufallsprinzip gezogen und nach sechs Monaten von derselben Person

„Quantität": In 68 % aller Sendungen kommt das Thema „Behinderung" vor. Bezogen auf die Beiträge ergibt sich eine Quote von 10,5 %. Dabei sind Personen mit körperlich-motorischen Beeinträchtigungen am häufigsten präsent (vgl. auch Abb. 2). Sie bilden die größte Gruppe der dominanten Aussage- und HandlungsträgerInnen, was bedeutet, dass sie in der Regel selbst zu Wort kommen, wenn über sie berichtet wird. Die folgenden Darstellungen beziehen sich lediglich auf jene gut 10 % aller Beiträge bzw. auf jene knapp 70 % der Sendungen, in denen Behinderungen ein Thema ist.

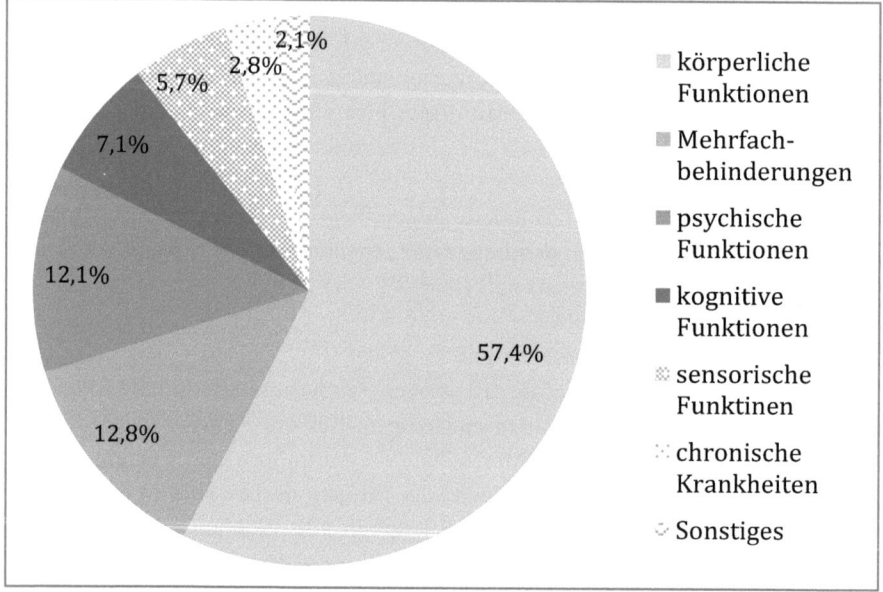

Abb. 2: In Boulevardmagazinen vorkommende Arten von Funktionsstörungen (nach Bosse 2006: 137).

„Themen": Der Nachrichtenfaktor „Sensationalismus" ist in den analysierten Beiträgen dominant. Nahezu 50 % der Themen sind als boulevardesk einzustufen. 30 % der Beiträge sind hingegen dem Themenbereich „Soziales und Umwelt/ Gesundheit" zuzuordnen. 75 % der Beiträge richten ihren kommunikativen Fokus auf die Behinderung. Damit steht diese Eigenschaft der ProtagonistInnen stark im Vordergrund.

---

nochmals codiert. Der Wert von 0,89 bezieht sich damit auf die temporale Zuverlässigkeit und wurde über Cohens Kappa bestimmt.

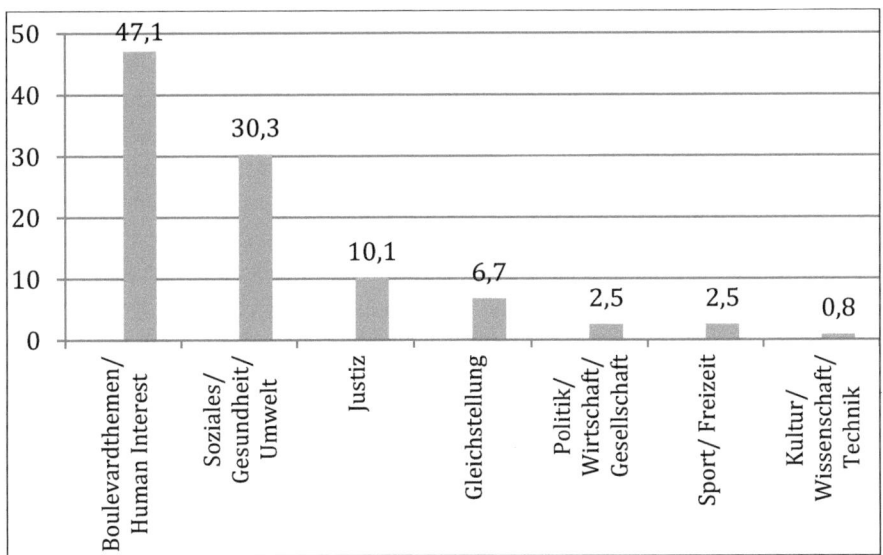

Abb. 3: In den Boulevardmagazinen vorkommende Hauptthemen (nach Bosse 2006: 150).

„Sprache": Von ModeratorInnen sowie in Off-Tönen wird zu 80 % eine Sprache verwendet, die als würdigend oder neutral zu bezeichnen ist. Implizit herabwürdigende Ausdrucksformen sind aber keine Ausnahme. Typische Beispiele hierfür sind „Obwohl Norman behindert ist, lernt er jeden Tag etwas hinzu." (*taff*, 29.08.01) oder „Sie werden trotzdem alles versuchen, um glücklich zu sein." (*Explosiv*, 11.06.02) Doch ist ein derartiger Sprachgebrauch ein Phänomen, das in Boulevardmagazinen nicht ausschließlich bei Menschen mit Behinderung auftritt. „Unterhaltung arbeitet häufig mit stereotypen Formulierungen, die sprachliche Verkürzungen und Zuspitzungen mit sich bringen" (Bosse 2007: 58). In dieser Dimension zeigen sich große Unterschiede zwischen den Sendungen. Die *Brisant*-Redaktion hat ein deutlich höheres Bewusstsein für angemessene Sprache als die anderen beiden Magazine.

„Bildästhetik und -gestaltung": In 75 % der Beiträge wird der Behindertenstatus schnell und eindeutig transportiert. Die Wahl der Darstellungsorte zeichnet dennoch ein Bild behinderter Menschen, welches überwiegend Selbstbestimmung und Inklusion vermittelt. Sie werden in ihrem privaten Wohnumfeld oder am Arbeitsplatz gezeigt. Dennoch sind die Bildbotschaften insgesamt negativer zu bewerten als die verbalen. Für 85 % der Beiträge lässt sich daher eine Text-Bild-Schere konstatieren. Ein positiver Sprecherkommentar wird durch immer wiederkehrende Nahaufnahmen einer körperlichen Auffällig-keit begleitet. Diese Bildsprache wird oftmals im Zusammenhang mit Berichten über Personen aus dem Ausland transportiert, die Beeinträchtigungen auf-weisen, die in Deutschland nur noch sehr selten anzutreffen sind. Die Bild-sprache transportiert hier in zweifacher Hinsicht eine Exotik. In ihrer extremen Form zeigt sich eine voyeuristische Bildsprache in einzelnen Beiträgen aller untersuchten Magazine.

„Charakterisierung": In rund 85 % der Beiträge werden die sozialen Folgen angesprochen, aufgrund derer, dem Verständnis von Behinderung der WHO entsprechend, eine Beeinträchtigung zu einer Behinderung wird (vgl. auch Abb. 4). Die dominierende soziale Reaktion auf Menschen mit Behinderung ist Akzeptanz. Dennoch stellen die in fast jedem Beitrag transportierten Stereotype den Behindertenstatus in den Vordergrund. Damit wird deutlich: Menschen mit Behinderung werden nicht als selbstverständlich integriert dargestellt.

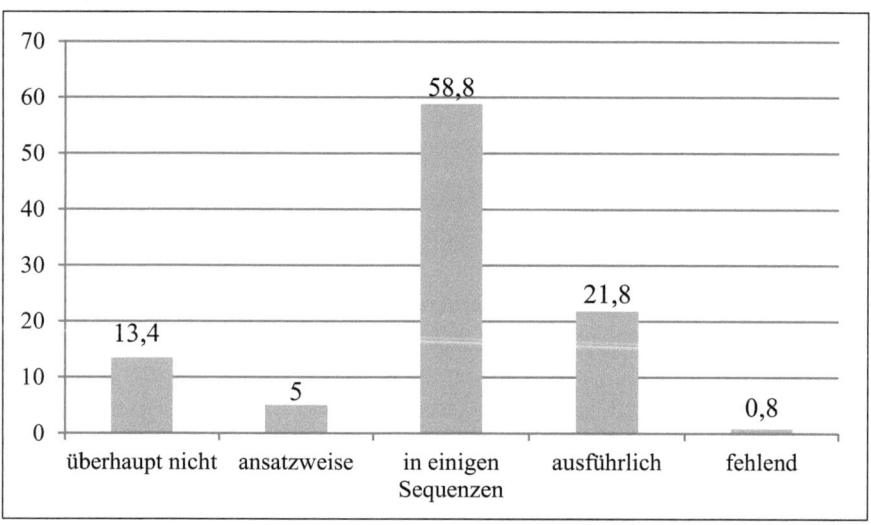

Abb. 4: Thematisierung sozialer Folgen einer Beeinträchtigung.

Insgesamt konnte die Studie verdeutlichen, dass die untersuchten Boulevard-magazine vor allem Berichte mit traditioneller Ausrichtung zeigen. In der überwiegenden Zahl der Beiträge wird Behinderung als individuelles Problem dargestellt, das mit einer Anpassung an die Gesellschaft verbunden ist. Beiträge von Menschen mit Behinderung, die selbstbestimmt und gleichberechtigt an der Gesellschaft teilhaben, werden seltener ausgestrahlt. Überwiegend wird kein gelassenes Miteinander im Sinne gleichberechtigter Teilhabe postuliert, sondern Menschen mit Behinderung sind Teil der Medienagenda, da die Sensation ihrer Besonderheit Nachrichtenwert besitzt.

3.2 Behinderung in *Tatort* und *Polizeiruf 110*

Ebenso wie die bei den Zuschauenden beliebten Boulevardmagazine erzielen die seit Jahrzehnten etablierten Krimiserien *Tatort* und *Polizeiruf 110* hohe Einschaltquoten. Dass der Anspruch dieser Formate nicht vordergründig in der Dokumentation der Partizipationsmöglichkeiten von Menschen mit Behinderung liegt, muss nicht weiter erläutert werden. Da es sich bei dem Genre „Krimi" um ein fiktionales Format handelt, steht die Konstruktion möglichst spannender Geschichten im Fokus. Gleichzeitig gehört zum Anspruch dieser Formate, dass Themen aufgegriffen werden, die die Öffentlichkeit aktuell bewegen oder die gesellschaftliche Diskussionen wesentlich befördern. Dazu gehört auch die Frage, wie die Gesellschaft mit ihren behinderten Mitgliedern umgeht. Zwischen 1999 und 2009 waren 354 Erstausstrahlungen des *Tatorts* zu sehen. In 45 von ihnen kamen Menschen mit Behinderung vor. Dies entspricht 12,7% aller Sendungen. In 39 *Tatort*-Folgen steht das Thema „Behinderung" im Zentrum der Handlung oder bildet einen Hauptaspekt. Von den dreizehn beteiligten Fernsehanstalten haben acht mindestens eine Folge mit dem Thema Behinderung produziert; der größte Anteil der Folgen entfällt auf den WDR. Einen erheblichen Anteil daran hat der Münsteraner *Tatort* mit der Figur der Silke „Alberich" Haller. Ihre Rolle als kleinwüchsige Assistentin des Gerichtsmediziners, die von ChrisTine Urspruch verkörpert wird, gehört zur festen Besetzung. Aber auch weitere Ermittlerteams des WDR setzen sich mit der Thematik auseinander. Vier Folgen der Kölner Kommissare Ballauf und Schenk haben hier ihren Schwerpunkt. Andere Sender setzen ebenfalls auf Behinderung als Aufmerksamkeitsgarant. ProtagonistInnen mit körperlichen Beeinträchtigungen stellen im *Tatort* 56 % aller AkteurInnen mit Behinderung, gefolgt von Menschen mit sogenannter geistiger Behinderung, vor allem mit Down-Syndrom.

Im Rahmen der Reihe *Polizeiruf 110* sind in den zehn Jahren des Untersuchungszeitraums 102 Erstausstrahlungen zu verzeichnen. An der Produktion des *Polizeirufs* waren zwischen 1999 und 2009 zehn ARD-Anstalten beteiligt.[3] 19,6 % aller Folgen haben das Thema „Behinderung" im kommunikativen Fokus. Dieser hohe Anteil liegt dabei in der festen Verankerung einer Figur mit

---

3   Dabei wurden SFB, ORB und RBB jeweils als eigenständige Sender gezählt.

Behinderung in einem Ermittlerteam begründet. Im *Polizeiruf* des Bayerischen Rundfunks spielte Edgar Selge, selbst nicht behindert, von 1998 bis 2009 den einarmigen Kommissar Jürgen Tauber. Seit einem Dienstunfall bei einer Schießerei wurde Taubers Arm so schwer verletzt, dass er amputiert werden musste. Aufgrund des hohen Anteils dieser Produktionen stehen körperbehinderte Charaktere rein statistisch stark im Vordergrund. Somit überwiegen körperbehinderte Figuren im *Polizeiruf* mit 80 % noch stärker als im *Tatort*. Zwei Produktionen (*Rosis Baby*, 2008 und *Tod im Atelier*, 2009) spielen in der Lebenswelt von Menschen mit geistiger bzw. mehrfacher Behinderung. Überwiegend gehören die dargestellten Menschen mit Behinderung zum Kreis der Ermittler. Sie sind aber auch als Opfer und in einem Fall (*Polizeiruf*-Folge *Tod im Atelier*, 2009) auch als Täter zu sehen.

Aus den beiden Krimiserien wurden fünf für eine Analyse ausgewählt: die *Polizeiruf*-Folgen *Rosis Baby* (BR 2008), *Tod im Atelier* (MDR 2009) und die *Tatort*-Folgen *3 x schwarzer Kater* (WDR 2003), *Freischwimmer* (MDR 2005) sowie *Blinder Glaube* (RBB 2008). Vergleichbar zu der bereits präsentierten Analyse der Boulevardmagazine erfolgte auch die Analyse dieser fünf unter Bezugnahme auf die Methode der Fernsehanalyse nach Mikos (2003), auf deren Grundlage diese einer qualitativen Inhaltsanalyse unterzogen wurden, um folgende Hypothesen zu überprüfen:

„ 1.   Es wird ein breites thematisches Spektrum präsentiert.
   2.   Es werden filmhistorisch und gesellschaftlich verankerte Stereotype dargestellt.
   3.   Bei der Charakterisierung werden behinderte Figuren auf ihren Behindertenstatus reduziert.
   4.   Es werden Vorstellungen von gesellschaftlicher Zugehörigkeit transportiert." (Bosse 2011: 32)

Im Folgenden werden die vier Thesen an den ausgewählten fünf Filmen diskutiert. Im Anschluss wird jeweils eine Folge der beiden Krimireihen einer Detailanalyse unterzogen.

3.2.1 Qualitative Inhaltsanalyse von fünf ausgewählten Krimifolgen

Die erste These kann für die ausgewählten Folgen bestätigt werden. Die analysierten Folgen weisen ein breites thematisches Spektrum auf: Partnerschaft und Sexualität, der Verarbeitungsprozess bei spät erworbenen Beeinträchtigungen, Selbstbestimmung und Autonomie, Gewalt und Diskriminierung, Überwindung einer Beeinträchtigung. Auch wenn durch das fiktionale Format nicht die Darstellung authentischer Lebenswelten im Fokus steht, wird deutlich, wie vielfältig Menschen mit Behinderung leben und welches Bewusstsein in der Gesellschaft für diese Vielfalt herrscht.

Gleichermaßen hat sich durch die Analyse auch die zweite These bestätigt. Häufig folgen die Inszenierungen Stereotypen und Vorurteilen. Ob bewusst oder unbewusst aufgegriffen, zeigen sich filmgeschichtlich tradierte Stereotype in allen Folgen. So steht zum Beispiel die Heilung von Blindheit, also die Überwindung einer Behinderung, in *Blinder Glaube* im Mittelpunkt. In Anlehnung an Spyris *Heidi* wird dieses Stereotyp auch häufig als „Clara-Syndrom" bezeichnet. Es finden sich aber auch Formen des Aufgreifens von Stereotypen, die zur kritischen Reflexion derselben anregen. Die *Tatort*-Folge *3 x schwarzer Kater* und die *Polizeiruf*-Folge *Rosis Baby* spielen explizit mit ihnen und entlarven diese zugleich. So wird Rosi, Zeugin eines brutalen Überfalls, über einen Großteil des Films als Opfer charakterisiert, bis sich herausstellt, dass die junge Frau mit Down-Syndrom es mit der Wahrheit nicht so genau nimmt. Der *Tatort 3 x schwarzer Kater* nimmt eine überraschende Wendung, als deutlich wird, dass die Rollstuhlfahrerin Katharina Stoll sich an Erpressung beteiligt. Die Charakterisierung der Figuren ist überwiegend ambivalent. Daher lässt sich die dritte These nicht bestätigen. Die Figuren werden in der Regel facettenreich dargestellt und nicht auf ihre Behinderung reduziert. Zugleich ergab die Analyse, dass eine Veränderung der Zuschreibung positiver und negativer Eigenschaften häufig als dramatisches Element des Films benutzt wird.

Die Analyse des Grades der Selbstbestimmtheit behinderter Charaktere zeigt ein sehr vielfältiges Bild: absolute Autonomie in *3 x schwarzer Kater*, absolute Fremdbestimmtheit in *Tod im Atelier*, sehr emanzipiert lebende Menschen mit Behinderung in *Rosis Baby* und Menschen mit Behinderung als Fürsorgempfänger in *Tod im Atelier*. Das gesellschaftliche Miteinander ist zumeist von großem Respekt gekennzeichnet, im Umgang zwischen behinderten und nicht behinderten AkteurInnen werden aber auch oftmals Unsicherheiten deutlich. Nicht eindeutig lässt sich daher die Frage nach der gesellschaftlichen Zugehörigkeit beantworten. Die Darstellung sozialer Separation ist ebenso zu finden wie gleichberechtigte soziale Teilhabe. Eindeutig zeigte die Analyse hingegen, dass die AkteurInnen mit Behinderung in allen untersuchten Folgen einen Sonderstatus einnehmen: Die Behinderung bildet ein besonderes Moment der Erzählung und wird als zentrale Eigenschaft der jeweiligen Personen dargestellt. In vier der fünf untersuchten Filme werden Menschen mit und ohne Behinderung darüber hinaus als zwei getrennte Gruppen dargestellt. Einzig in *3 x schwarzer Kater* wird diese Abgrenzung durchbrochen: Die Rollstuhlfahrerin Stoll und der Fußgänger Prof. Boerne verlieben sich (Bosse 2011: 41 ff.).

3.2.2   *3 x schwarzer Kater* und *Rosis Baby* – Detailanalyse zweier Krimifolgen

Der *Tatort* ist ein Fernsehformat, welches bereits mit zahlreichen Preisen ausgezeichnet wurde. 2014 erhielt die ORF-Folge *Angezählt* den renommierten Grimme-Preis. Wachsende Aufmerksamkeit erhält auch der Bobby-Medienpreis der Bundesvereinigung Lebenshilfe. Den „Bobby", benannt nach Bobby Brederlow, einem Schauspieler mit Down-Syndrom, vergibt die Lebenshilfe jedes Jahr für vorbildliches Engagement für Menschen mit Behinderung, das geeignet ist, aufzuklären und Vorurteile abzubauen (Bundesvereinigung Lebenshilfe 2013). 2009 gewann der Münchner *Polizeiruf* mit der Folge *Rosis Baby* diesen Preis; 2013 wurde der Preis an das Team des Münsteraner *Tatorts* und ChrisTine Urspruch vergeben. Aus beiden Reihen wurde jeweils eine prämierte Folge in den qualitativen Teil der Studie einbezogen und einer differenzierten Filmanalyse unterzogen, die im Folgenden dargestellt wird. Fokussiert wurden *3 x schwarzer Kater* (Buddy Giovinazzo, 2003) und *Rosis Baby* (Andreas Kleinert, 2008).

Durch die schlagfertigen Auseinandersetzungen zwischen der Assistentin des Gerichtsmediziners „Alberich" und den weiteren Figuren, allen voran ihrem Chef, Prof. Karl Friedrich Boerne, ist das Thema „Behinderung" im *Tatort* aus Münster immer präsent. Stereotype über Menschen mit Behinderung werden in allen Folgen ironisch aufs Korn genommen und damit entlarvt. Die qualitative Analyse bezog sich auf die Folge *3 x schwarzer Kater* (WDR 2003). Prof. Boerne ermittelt gemeinsam mit Kommissar Thiel in einem Wohnheim für Menschen mit Behinderung. Eine der Bewohnerinnen ist vergiftet worden. Existiert ein Zusammenhang mit der Spendensammlung für die Einrichtung? Sammelte die Heimleiterin Katharina Stoll Spenden auf nicht ganz legale

Weise ein? Prof. Boerne fühlt sich hingezogen zu der attraktiven und wortgewandten Rollstuhlfahrerin.

Behinderung steht in diesem Tatort eindeutig im Mittelpunkt der Erzählung. Dies betrifft sowohl Haupt- als auch Nebenfiguren, das Opfer, Mitglieder des Ermittlerteams und Verdächtige. Dass das Opfer, vom zweiten Nackenwirbel abwärts gelähmt, sich den tödlichen Medikamentencocktail nicht selbst verabreichen konnte, gibt der Erzählung eine besondere Dramatik. Die feinste Charakterisierung einer Figur mit Behinderung erfolgt bei Katharina Stoll, verkörpert von der nicht behinderten Schauspielerin Caroline Peters. Eingeführt in die Handlung wird sie als attraktive, selbstbewusste und intelligente Verfechterin der Rechte von Menschen mit Behinderung. In vielen Szenen wird ihre Autonomie deutlich. Dazu tragen Szenen beim Autofahren [00:37:39–00:37:47] oder bei der Leitung einer Kulturveranstaltung bei [00:10:32–00:10:41]. Es treten aber nicht nur positive Eigenschaften zu Tage. Dies macht Stoll selbst mit der folgenden Aussage deutlich: „Also nur weil ich im Rollstuhl sitze, bin ich noch keine Heilige und zwar in jeder Hinsicht" [01:02:21–01:02:28]. Diese Eigencharakterisierung verfestigt sich im Verlauf der Handlung, stellt sich doch heraus, dass Katharina Stoll beim Einwerben von Spenden nicht ausschließlich legale Methoden angewandt hat. Die Zeichnung ihrer Figur ist also durchaus ambivalent. Neben der Frage nach dem Respekt von Autonomie und Identität werden zahlreiche weitere Themen angesprochen, die für Menschen mit Behinderung besonders relevant sind: uneingeschränktes Lebensrecht, Sterbehilfe, die Finanzierbarkeit von Unterstützungsangeboten, Exklusionsmechanismen im Alltag. Die Figuren, die neben der Rolle der Gerichtsmedizinerin „Alberich" von SchauspielerInnen mit Behinderung verkörpert werden, sind Nebenakteure. Sie sind über große Teile des Films aber immer wieder präsent. Dabei werden auch die feste Gruppenbildung und die Solidarität der HeimbewohnerInnen untereinander deutlich. Trotz dieser Gruppenbildung findet keine klare Abgrenzung von Menschen mit und ohne Behinderung statt, im Gegenteil, auch mit diesen Vorstellungen wird gespielt. Als Prof. Boerne im Auto der Rollstuhlbenutzerin Stoll sitzt, fragt ein Polizist: „Könnte ich mal bitte Ihren Behindertenausweis sehen?" Boerne: „Ich bin nicht behindert. Die Dame, die kommt gleich wieder, die holt nur schnell was." [00:37:39–00:37:47] Die uneingeschränkte gesellschaftliche Zugehörigkeit von Menschen mit Körperbehinderung ist in dieser *Tatort*-Folge eine Selbstverständlichkeit. Die Aussagen regen zur weiteren Auseinandersetzung mit eigenen Positionen im Umgang mit Menschen mit Behinderung an. Ein typisches Merkmal des Münsteraner *Tatorts* ist es, dass ernsthafte Problemlagen dabei in humorvolle Dialoge verpackt werden. Rollstuhlfahrerin Stoll nach dem Tod der Heimbewohnerin: „Ich steh' völlig neben mir – die deutsche Sprache ist nicht unbedingt behindertengerecht." Prof. Boerne antwortet süffisant lächelnd: „Ja, wo man geht und steht." [00:10:32–00:10:41]

Vier Jahre vor dem *Tatort* aus Münster erhielt 2009 eine *Polizeiruf*-Folge den Preis der Bundesvereinigung Lebenshilfe: *Rosis Baby*. In dem Film wird eine Frau an einer Raststätte brutal niedergeschlagen. Die einzige Zeugin: Rosi Drechsler, die Tochter der Frau. Die 19-jährige mit Down-Syndrom weiß offensichtlich mehr als sie den Kommissaren Tauber und Obermaier zunächst verraten will. Klar ist hingegen, dass die junge Frau schwanger ist. Die Schwangerschaft scheint zudem der Schlüssel zur Tat zu sein. Daher bewegen sich die Kommissare vor allem im persönlichen Umfeld der vermeintlichen Zeugin. Die Polizei ermittelt in der *Polizeiruf*-Folge *Rosis Baby* in der Lebenswelt sogenannter geistig Behinderter, in der Arbeiten in der Werkstatt, Tanzen im Rollstuhl und Sexualität mit Handicap zur Lebenswelt gehört. Ihnen stellt sich dabei die Frage nach den eigenen Vorurteilen und Vorstellungen von Normalität. Im Mittelpunkt stehen demnach auch in dieser Folge Themen, die für Menschen mit sogenannter geistiger Behinderung hochrelevant sind: Selbstbestimmung, gleichberechtigte Teilhabe, Partnerschaft und Elternschaft. Dabei werden Tabuthemen nicht ausgespart; auch rechtliche Aspekte einer möglichen Spätabtreibung werden angesprochen. Neben Rosi Drechsler sind weitere Nebenfiguren mit Behinderung zentral für die Handlung. Zu nennen sind die MitarbeiterInnen der Werkstatt für behinderte Menschen und die Teil-nehmenden des inklusiven Tanzkurses. Ein zentrales Thema ist die Unsicher-heit der KommissarInnen im Umgang mit Menschen mit sogenannter geistiger Behinderung. Diese Unsicherheit wird bereits bei der ersten Begegnung mit Rosi Drechsler offensichtlich. Obermaier: „Sie waren grob zu dem Mädchen." Tauber: „Und sie sprechen mit ihr als wären sie selber ein bisschen … [Geste: kognitiv beeinträchtigt]." [00:06:24–00:06:28] Diese ständig auftretende Un-sicherheit reflektiert eine der zentralen Fragen des Films (Was ist Normalität?) und wird im Folgenden immer wieder aufgegriffen: „Man könnte sich doch auch fragen, ob der Mensch nicht eigentlich so gedacht war wie die Rosi und wir sind der Fehler." (Obermaier [00:20:46–00:20:51]) Der Film spielt wieder-holt mit Stereotypen und Vorurteilen. Nachdem Rosi und Kommissar Tauber sich näher kennengelernt haben, kommt der Kommissar am nächsten Morgen beschwingt ins Büro. „Die Rosi ist so ein lieber, grundehrlicher Mensch. […] Ich bin total meinen Vorurteilen aufgesessen." [01:03:42–01:03:51] Im nächs-ten Moment wird auf dem inzwischen aufgefundenen Überwachungsvideo deutlich, dass Rosi den Täter gesehen und somit die ganze Zeit gelogen hat. Bei seiner Einschätzung der jungen Frau mit Down-Syndrom handelt es sich also ebenso um ein Vorurteil – wenn auch um ein positiv besetztes. Selbstbestimmung und gleichberechtigte Teilhabe ziehen sich neben der Frage von Normalität als zentrale Themen durch den Film.

Die Intention eines fiktionalen Formats wie einem Krimi liegt nicht in der Dokumentation von Realität. Dennoch liegt eine Stärke von *Rosis Baby* in der Darstellung von Konflikten, die sich im wahren Leben so zumindest abspielen könnten. Die Lebenswelt von Menschen mit Behinderung wird wirklichkeitsgetreu dargestellt.

3.3 Vergleichende Analyse der beiden Sendeformate

Der Untersuchung beider Sendeformate (Boulevardmagazine gleichermaßen wie Krimiserien) lagen fünf identische Untersuchungsdimensionen zu Grunde: „Quantität", „Themen", „sprachliche und ästhetische Repräsentation" und „Stereotypisierung". Daraus kann geschlussfolgert werden, welche gesellschaftlichen Leitbilder im Umgang mit Menschen mit Behinderung jeweils transportiert werden.

Auf rein quantitativer Ebene konnten beide Studien deutlich machen, dass Menschen mit Behinderung eine Rolle spielen. Sie sind in 12,9 % der *Tatort*-Folgen und in 19,6 % der *Polizeiruf*-Folgen präsent. Auch in 10,5 % aller Beiträge der Boulevardmagazine sind sie zu sehen. Dies entspricht in etwa dem Anteil von Menschen mit Behinderung in der Bevölkerung (BMAS 2013: 40 ff.). Wenn man dabei auf die amtliche Schwerbehindertenstatistik zurückgreift, bilden Menschen mit körperlichen Beeinträchtigungen mit rund 60 % die weitaus größte Gruppe; dies trifft mit 57,4 % auch für die untersuchten Boulevardmagazine zu. In den Krimiserien ist ihr Anteil weitaus höher. In 80 % der untersuchten *Polizeiruf*-Folgen waren Figuren mit körperlichen Beeinträchtigungen zu sehen, beim *Tatort* liegt dieser Anteil immerhin bei 56 %, gefolgt von Figuren mit kognitiven Beeinträchtigungen mit 22 %. Dieser Anteil ist deutlich höher als in den Boulevardmagazinen (7,1 %). Allein durch die quantitative Präsenz des Themas „Behinderung" tragen audiovisuelle Medien demnach wesentlich zur Bewusstseinsbildung zu diesem Thema bei.

Ein empirisch belastbarer Vergleich bzgl. der Inhalte ist insofern nicht möglich, als sich die Themenanalyse für die Krimiserien lediglich auf fünf untersuchte Folgen beschränkt. Dennoch macht die Analyse deutlich, dass beide Formate ein breites thematisches Spektrum bieten. Während in Boulevardmagazinen aufgrund des Formats voyeuristische Themen in 50 % der Beiträge von Bedeutung sind, werden in den Krimiserien auch Themen wie Partnerschaft und Sexualität oder Gewalterfahrungen aufgegriffen, die eher selten medial präsent sind, obwohl sie große Bedeutung für Menschen mit Behinderung haben.

Die Untersuchung von Stereotypen hat für beide Studien analoge Ergebnisse zu Tage gefördert. Sie ließen sich in allen analysierten Krimifolgen nachweisen. Am häufigsten wurde dabei die Überwindung einer Beeinträchtigung in Form einer „Heilung" wie auch das Stereotyp der besonderen Leistungsfähigkeit z.B. durch ungewöhnliche Fähigkeiten inszeniert. Lediglich in neun der 119 analysierten Beiträge der Boulevardmagazine konnte kein Stereotyp aufgedeckt werden.

Beim Vergleich der Dimension „Charakterisierung" wird deutlich, dass sowohl in den untersuchten Boulevardmagazinen als auch in den analysierten Krimiserien ein facettenreiches Bild von Menschen mit Behinderung gezeichnet wird. Figuren, die ein hohes Maß an Selbstbestimmung zeigen, sind ebenso von Bedeutung wie solche, die als vollkommen abhängig dargestellt werden. Auffällig ist, dass der überwiegende Teil der dargestellten AkteurInnen einer Berufstätigkeit nachgeht. In der Realität ist die Arbeitslosenquote von Menschen mit Behinderung deutlich höher als im Durchschnitt der Bevölkerung (BMAS 2013: 130 ff.). Aufgrund der Länge des Formats ist die Figurenzeichnung in den Krimiserien wesentlich vielschichtiger als in den Magazinen. So werden häufig Erwartungshaltungen an den Charakter einer Figur mit Behinderung aufgebaut, die sich letztendlich nicht erfüllen und die so für einen spannenden Wendepunkt sorgen.

4   Fazit: Bewusstseinsbildung zu Behinderung über Film und Fernsehen

Beide Studien konnten deutlich machen, dass es im Fernsehen zugleich möglich ist zu unterhalten und Zuschauende für das Thema Behinderung zu sensibilisieren. Es werden traditionelle Leitbilder im Umgang mit Menschen mit Behinderung wie Fürsorge, Versorgung und Abhängigkeit, aber auch zeitgemäße Leitbilder wie Selbstbestimmung, Teilhabe und Inklusion transportiert. Dadurch, dass Vorurteile und Problemfelder deutlich angesprochen, aber auch entkräftet werden, regen einige der Produktionen zugleich zur kritischen Auseinandersetzung sowie zur Unterhaltung an. Das Publikum hat über solche Sendungen die Möglichkeit, neue Einblicke darin zu gewinnen, welche Themen Menschen mit Behinderungen bewegen. Dabei stellen sie häufig vorherrschende Normalitätsvorstellungen in Frage.

Wie die vorgestellten Studien auch zeigen, sind Menschen mit Behinderung jedoch nie zufällig zu sehen; sie sind selten auf selbstverständliche oder alltägliche Weise eingebunden. Häufig folgt die Darstellung stereotypen Mustern:

> „Menschen mit Behinderung nehmen in Spielfilmen und vor allem in den Boulevardmagazinen, in denen sie häufig zum Thema gemacht werden, weiterhin eine Sonderstellung ein – sie sind ‚das Exotische, das Ungewöhnliche‘, das die Zuschauer anziehen soll" (Bosse 2014: 10 f.).

Krimiserien wie auch Boulevardmagazine sind in der Lage, den Informationsstand und das Bewusstsein der ZuschauerInnen zu Themen, zu denen der persönliche Erfahrungshorizont fehlt, nachhaltig zu beeinflussen. Auch der Diskurs zu Möglichkeiten und Grenzen der gesellschaftlichen Teilhabe von Menschen mit Behinderung wird in starkem Maße über die Massenmedien geführt. Auf diese Weise werden Trennlinien zwischen Inklusion und Exklusion markiert; auch wird deutlich gemacht, dass Menschen mit Behinderung und ohne Behinderung *keine* zwei Gruppen darstellen. In unterhaltenden Formaten steht die Darstellung exakter Tatsachen weniger im Fokus als das Erzählen spannender Geschichten. In den Boulevardmagazinen kann dies zu Lasten der differenzierten Darstellung der Lebenswelten behinderter Menschen gehen. Die in Spielfilmlänge produzierten Krimiserien bieten ZuschauerInnen ebenfalls Orientierungswissen in unterhaltsamer Form und ermöglichen es, sich über einen längeren Zeitraum mit einem Thema zu beschäftigen. Ferner machen Beispiele wie die Krimiserien *Tatort* und *Polizeiruf 110* deutlich, dass auch in populären Unterhaltungsformaten eine differenzierte Auseinandersetzung möglich ist. Stereotype werden in einzelnen Folgen gezeigt und zugleich entlarvt. Trotz positiver Beispiele wie dem *Tatort* aus Münster oder dem Münchner *Polizeiruf 110* dient dennoch in vielen Folgen der Unterschied vor allem als Aufmerksamkeitsgarant. Für beide Arten der Fernsehformate gilt:

„Massenmedien haben die Möglichkeit, Behinderung als gesellschaftliche Normalität zu präsentieren. Dennoch sollte man, sobald jemand mit Behinderung in audiovisuellen Medien auftritt, sehr genau darauf achten, welche Funktion dieser in der Geschichte hat." (Bosse 2014: 10)

Inklusion und Barrierefreiheit sind keine Sonderthemen, sondern von großer Relevanz für den Mainstream, z.b. interessiert auch Eltern mit Kinderwagen, ob ein Aufzug funktioniert. Es stärker als Mainstream-Thema zu behandeln, bedeutet auch, es in allen gesellschaftlichen Bereichen aufzugreifen, z.b. in Kultur-, Politik- und Sportsendungen. Inklusion im Fernsehen bedeutet, Menschen mit Behinderungen auch zu anderen Themen als zu ihrer Behinderung zu interviewen und sie auch Magazine moderieren zu lassen, die nicht Behinderung zum Thema machen (vgl. Bundesbeauftragte für die Belange von Menschen mit Behinderungen 2015: 5 f.).

Literatur

AGG – Allgemeines Gleichbehandlungsgesetz vom 14. August 2006 (BGBl. I S. 1897), das zuletzt durch Artikel 8 des Gesetzes vom 3. April 2013 (BGBl. I S. 610) geändert worden ist.

Bundesbeauftragte für die Belange von Menschen mit Behinderungen (2015). *Auf Augenhöhe. Leitfaden zur Darstellung von Menschen mit Behinderung für Medienschaffende* [www.behindertenbeauftragte.de/leitfaden_medien, 24.06. 2015].

BMAS – Bundesministerium für Arbeit und Soziales, Referat Öffentlichkeitsarbeit, Internet (2011). *Unser Weg in eine inklusive Gesellschaft. Der Nationale Aktionsplan der Bundesregierung zur Umsetzung der UN-Behindertenrechtskonvention* [http://www.bmas.de/SharedDocs/Downloads/DE/PDF-Publikatio nen/a740-nationaler-aktionsplan-barrierefrei.pdf;jsessionid=8954DA2097EEE8 59 A5F33326BB2294F6?__blob=publicationFile, 20.07.2014].

BMAS – Bundesministerium für Arbeit und Soziales (2013). *Teilhabebericht der Bundesregierung über die Lebenslagen von Menschen mit Beeinträchtigungen. Teilhabe – Beeinträchtigung – Behinderung* [http://www.bmas.de/SharedDocs/ Downloads/DE/PDF-Meldungen/2013-07-31-teilhabebericht.pdf?__blob=publi cationFile, 29.11.2014].

Bosse, Ingo (2006). *Behinderung im Fernsehen. Gleichberechtigte Teilhabe als Leitziel der Berichterstattung.* Wiesbaden: DUV.

Bosse, Ingo (2011). Der Unterschied als Aufmerksamkeitsgarant. Behinderung in den Krimiserien Tatort und Polizeiruf 110. *VHN – Vierteljahresschrift für Heilpädagogik und ihre Nebengebiete*, 1, 29–44.

Bosse, Ingo (2014). Ethische Aspekte inklusiver Medienbildung. *Communicatio Socialis*, 1, 6–16.

Bundesvereinigung Lebenshilfe (2013). *Bobby 2013 geht an den Tatort Münster und ChrisTine Urspruch* [http://www.lebenshilfe.de/de/presse/2013/artikel/PM_Bobby_Tatort.php, 20.07.2014].

Cloerkes, Günther (2007). *Soziologie der Behinderten. Eine Einführung.* 3. überarb. und erweiterte Aufl., Edition „S". Heidelberg: Universitätsverlag.

Dederich, Markus (2013). *Ethische Aspekte der Inklusion* [http://www.inklusion-lexikon.de/ethik_dederich.php, 09.02.2014].

DIMDI – Deutsches Institut für medizinische Dokumentation und Information (2005). *Internationale Klassifikation der Funktionsfähigkeit, Behinderung und Gesundheit (ICF)* [http://www.dimdi.de/static/de/klassi/icf/index.htm, 09.02.2014].

Eimeren, Birgit van; Frees, Beate (2013). Ergebnisse der ARD/ZDF-Onlinestudie 2013. Rasanter Anstieg des Internetkonsums – Onliner fast drei Stunden täglich im Netz. *Media Perspektiven*, 7/8, 358–372.

Hanjok, Daniel (2004). *Jugend und Fernsehinformation. Eine explorativ-deskriptive Studie.* Berlin: Digitale Dissertation [http://www.diss.fu-berlin.de/2004/126/index.html, 01.08.2014].

Krotz, Friedrich; Hepp, Andreas (2012). *Mediatisierte Welten. Forschungsfelder und Beschreibungsansätze.* Wiesbaden: Springer.

Meyn, Hermann (2004). *Massenmedien in der Bundesrepublik Deutschland.* Konstanz: UVK Verlagsgesellschaft.

Mikos, Lothar (2003). *Film- und Fernsehanalyse*: Konstanz: UVK Verlagsgesellschaft.

Mürner, Christian (2003). *Kultur- und Mediengeschichte behinderter Menschen.* Weinheim: Beltz.

Norden, Martin F. (1994). *The cinema of isolation. A history of physical disability in the movies.* New Brunswick, New Jersey: Rutgers University Press.

Palleit, Leander (2012). Artikel 8: Bewusstseinsbildung. In Antje Welke (Hrsg.), *UN-Behindertenrechtskonvention. Mit rechtlichen Erläuterungen.* Berlin, Freiburg i.Br.: Lambertus, 119–126.

Prengel, Annedore (1995). *Pädagogik der Vielfalt.* 2. Aufl. Opladen: VS Verlag.

Renggli, Cornelia (2006). Nur Mitleid oder Bewunderung? Behinderung und Medien. In Gisela Hermes & Eckhard Rohrmann (Hrsg.), *Nichts über uns – ohne uns! Disability Studies als neuer Ansatz emanzipatorischer und interdisziplinärer Forschung über Behinderung.* Neu-Ulm: AG SPAK, 97–109.

UN – United Nations (2008). *Übereinkommen über die Rechte von Menschen mit Behinderungen.* Zwischen Deutschland, Liechtenstein, Österreich und der Schweiz abgestimmte Übersetzung. Bundesgesetzblatt, Jahrgang 2008, Teil II, Nr. 35, ausgegeben zu Bonn am 31. Dezember 2008 [http://www.un.org/Depts/german/uebereinkommen/ar61106-dbgbl.pdf, 20.07.2014].

Wansing, Gudrun; Westphal, Manuela (2014). *Behinderung und Migration. Inklusion, Diversität, Intersektionalität.* Wiesbaden: Springer.

WHO – World Health Organisation (2001). *International Classification of Functioning. Disability and Health.* Geneva.

WHO – World Health Organization (2011). *Weltbericht Behinderung 2011.* Genf [http://www.iljaseifert.de/wp-content/uploads/weltbericht-behinderung-2011.pdf, 12.10.2013].

II: Kultur und Migration in Film und Fernsehen

Maik Friedrichsen

Ein türkischer Germanistikprofessor – das passt doch irgendwie?
Über die Figur des „Anti-Türken" in Fatih Akins
Auf der anderen Seite

1   Einleitung

Die deutsche Filmlandschaft hat in den letzten Jahren vermehrt Produktionen hervorgebracht, die sich explizit des Themas „kultureller Diversität" annehmen. Dies kommt nicht von ungefähr, da die Bundesrepublik Deutschland mittlerweile auf eine lange Migrationsgeschichte zurückblickt, sei es die Migration durch sog. GastarbeiterInnen oder die verstärkte Zuwanderung durch SpätaussiedlerInnen aus der ehemaligen Sowjetunion. Je weiter die Geschichte fortrückt, umso stärker geraten jedoch insbesondere solche Figuren in den Fokus der Erzählungen, die nicht mehr selbst gewandert, sondern als Teil der zweiten oder dritten Generation mittlerweile in Deutschland geboren sind und deren Leben durch die Diversität der elterlichen Herkunftskultur auf der einen Seite und dem Sozialisationsumfeld in Deutschland auf der anderen Seite geprägt ist (vgl. z.B. *Almanya*, 2011). Nicht selten finden sich diese Figuren durch die gegensätzlichen Strömungen des Traditionsbewusstseins auf der einen Seite und des Mitlaufens in dynamischen Gesellschaftsprozessen auf der anderen Seite in Konflikten mit sich selbst und mit ihrer Umwelt wieder (vgl. Neubauer 2011: 62). Vor ebendiesem Hintergrund ist auch die Figur des „Anti-Türken" zu sehen.[1]

Seinen Ursprung hat der Begriff „Anti-Türke" in einer Auseinandersetzung von Blumenrath et. al (2007: 115) mit der Figur Cahit aus Fatih Akins Film *Gegen die Wand* (2004). Neubauer formulierte diese Bezeichnung erstmals als

---

1   Mit „Anti-Türke" ist in der folgenden Darstellung ein Figurentypus gemeint, der männliche wie weibliche Charaktere gleichermaßen beschreibt.

Leitgedanken für eine Analyse des Verhaltens der Figur Cahit in diesem Film (Neubauer 2011: 238–248). Cahit ist somit der Urtyp der Figurenbezeichnung „Anti-Türke". Jüngstes Beispiel für diese neue Art von Filmfigur wäre Hatice, gespielt von İdil Üner, aus der Romanverfilmung *Einmal Hans mit scharfer Soße* (2014), die sich wegen ihres „untürkischen" Verhaltens vor ihrem traditionsbewussten Vater und ihrem türkischen Gewissen in Form des „anatolischen Dorfes" rechtfertigen oder verstecken muss. Die Protagonistin wirkt zeitweise wie eine Rebellin gegen die Elternhauskultur und stilisiert sich so als Figur des „Anti-Türken".

Dieser Beitrag hat zum Ziel, die Definition des Begriffes „Anti-Türke" nach Neubauers Figurenanalyse von Cahit auszuweiten. Dafür wird zunächst ein definitorischer Einblick geboten, was bislang unter einem „Anti-Türken" verstanden wird. Anschließend soll durch Hinzuziehung der ebenfalls durch Akin generierten Figur Nejat aus *Auf der anderen Seite* (2007) die Regelhaftigkeit mit Blick auf den figurentypischen Werdegang, aber auch die Vielseitigkeit in der Ausgestaltung dieses Figurentyps hervorgehoben werden.

2   Cahit als prototypische Figur eines „Anti-Türken"

Wie die Vorsilbe „Anti" bereits deutlich macht, handelt es sich bei einem „Anti-Türken" um eine Rebellionsfigur, deren Protest sich in einem Widerstand gegenüber der eigenen, türkischen Kultur ausdrückt und der wie im Falle Cahits durchaus aggressive Züge annehmen kann. Seine Antipathie äußert er durch Bemerkungen wie „Scheiß Kanaken!" (Neubauer 2011: 243) ganz offen. Der Konflikt und damit die Rebellion entwickelt sich beim „Anti-Türken" häufig aus einem Generationenkonflikt. Im Prozess der Identitätsfindung sind Jugendliche bzw. junge Erwachsene mit dem Begriff der kollektiven Identität konfrontiert, also dem Zugehörigkeitsgefühl zu nahestehenden Personen mit gleichen Interessen, Werten oder familiären Wurzeln und der gleichzeitigen Abgrenzung zu anderen (vgl. Berg 1999: 233 f.). Jugendliche mit Migrationshintergrund müssen dabei laut Bozay „neben der Bewältigung der ‚normalen' Entwicklungskrisen auch die durch die Migration und den Migrantenstatus verbundenen kulturellen Probleme verarbeiten, was den Prozess der Identitätsfindung eher ungünstig beeinflusst" (Bozay 2005: 89). Doch auch junge Erwachsene können durch Veränderungen oder Konflikte in der Familie in einen erneuten Identitätsfindungsprozess gedrängt werden.

Identitätsbildungsprozesse in mehrkulturellen Kontexten sind eng mit den Begriffen „Transkulturalität" bzw. „Interkulturalität" verbunden. Als transkulturell wird dabei ein Individuum bezeichnet, bei dem eine „Vernetzung und Verflechtung vieler Kulturen" (Lüsebrink 2012: 19) vorliegt. Es findet also – anders als im Falle von Interkulturalität, die ein abgrenzendes Verständnis beinhaltet – eine Grenzüberschreitung statt (vgl. Welsch 2009: 3). Zur Erläuterung des Begriffs „Transkulturalität" lassen sich Kulturen mit Farben vergleichen, wobei der Farbgebrauch dem eines Webstoffs mit verschiedenen Farbbahnen gleicht. Die verwendeten Farben fügen sich im Textil zusammen und sind somit untrennbar miteinander verbunden, allerdings lassen sich die einzelnen Farbverläufe immer noch verfolgen, so wie einzelne Besonderheiten unterschiedlicher Kulturen in der hier verstandenen Form von Transkulturalität noch zum Ausdruck kämen. Der „Anti-Türke" ist somit als Sinnbild für einen interkulturellen, jedoch nicht für den transkulturellen Charakter zu verstehen, da beide Kulturen nebeneinander in der Figur existieren, jedoch separaten Alltagsbereichen wie Freunde, Familie und Arbeitsstelle zugeordnet sind.

Eine essenzielle Rolle bei der Ausgestaltung einer antitürkischen Figur nimmt des Weiteren die Sprache ein. Sprache gilt als universeller Zugang zu einer Kultur und deren Mentalität und somit auch als zentrales Kriterium für die Zugehörigkeit zu einer bestimmten Kultur (vgl. Deutscher 2012: 9). Der Nichtgebrauch oder auch das Nichtbeherrschen des Türkischen sowie die Aussage Cahits, er habe diese Sprache einfach „weggeworfen", sind somit symptomatisch für dessen Abwendung von der türkischen Herkunfts- bzw. Familienkultur. Doch ist eine vollständige Negation für eine antitürkische Figur insofern unmöglich, als Berührungspunkte mit dem Türkischen nicht gänzlich aufgehoben werden können. So verschmäht auch Cahit das Essen seiner Frau nach dem Rezept ihrer türkischen Mutter beispielsweise nicht (vgl. Neubauer 2011: 245 f.).

3 Die Figur Nejat Aksu als „Anti-Türke"?

Zieht man mit Nejat Aksu, dem Protagonisten aus *Auf der anderen Seite* (2007), einen weiteren Charakter aus Akins Filmuniversum hinzu, so gewinnt der Figurentypus „Anti-Türke" weitere Facetten. Um Bezüge zwischen Figurentyp und Handlungsverlauf zu verdeutlichen, erfolgt die Analyse filmchronologisch.

3.1   Nejat als interkultureller „Anti-Türke" in Deutschland

Für die Betrachtung der Figur Nejat ist zunächst festzuhalten, dass er an mehreren Orten im Filmgeschehen auftritt, die unterschiedlichen Einfluss auf seine kulturelle Identität haben. Die „Reise" stellt somit ein wichtiges Motiv für die Handlungen von Nejat dar und steht gleichermaßen für seinen kulturellen Transformationsprozess. Die Assoziation zwischen „Reisen" und einem „Zwischen-den-Kulturen-Stehen" wird bereits durch die im Prolog gezeigte Autofahrt hergestellt: Nejat fährt in dieser Szene [00:01:50–00:02:05] mit dem Auto in der Türkei durchgehend zweispurig auf einer durchgezogenen Fahrstreifenbegrenzung. Die voneinander getrennten und sogar gegenläufigen Fahrspuren stehen hier für Kulturen, zwischen denen Nejat „die Spur halten" muss; ein gefährlicher Balanceakt. Mit dieser Szene wird bereits auf den Titel des Films „Auf der anderen Seite" angespielt und so das Konzept der Grenzüberschreitung symbolisiert.

Nejats Lebenswelt ist zu Filmbeginn in die Städte Bremen und Hamburg aufgespalten, die für ihn jeweils entweder die türkische oder die deutsche Kultur repräsentieren. In Bremen wohnt sein Vater Ali, den er regelmäßig besucht, wenn er nicht sogar bei ihm lebt. Mit ihm spricht er oft Türkisch und empfiehlt ihm den türkischen Roman *Demircinin Kızı* von Selim Özdoğan in der Originalsprache [00:05:38–00:06:45]. In Hamburg wiederum geht Nejat seinem Beruf als Professor für deutsche Literaturgeschichte nach und hält Vorlesungen, in denen er zum Beispiel über Goethes Haltung zu Revolutionen referiert [00:08:53–00:09:17].

Das Leben in zwei Welten wirkt zu Beginn noch recht harmonisch, da Nejat es schafft, seine verschiedenen kulturellen Fähigkeiten situationsadäquat abzurufen, auch wenn eine stärkere Tendenz zur deutschen Kultur festzustellen ist, beispielsweise weil er in Bremen mit seinem Vater nicht ausschließlich Türkisch spricht. Nejats Alltagsleben kann getrost als multi-, möglicherweise sogar als interkulturell bezeichnet werden, da er viele („multi") verschiedene kulturelle Situationen vorfindet, zwischen („inter") denen er pendelt (vgl. Welsch 2009: 7). Jedoch sind sie durch die unterschiedlichen Standorte klar voneinander getrennt und bilden folglich keine transkulturelle Einheit, sondern reißen sein Leben in zwei Extreme. Zwar ist bekannt, dass jede Person für unterschiedliche Situationen auch verschiedene Identitäten besitzt (vgl. Descombes 2013: 35), doch stehen sich diese im Falle Nejats geradezu diametral gegenüber und scheinen daher unvereinbar: Berufsbedingt könnte er seinen StudentInnen keinen Vortrag über den türkischen Roman halten und sein

Vater erweckt nicht den Eindruck, als könne Nejat ihm Goethes Poesie nahebringen. Auch wenn die Literatur ein verbindendes Moment zwischen den beiden Lebenswelten darstellt, da Nejat sich kulturunabhängig für Bücher interessiert, kann er dies nicht als Verbindung nutzen. Diese interkulturell (und eben nicht transkulturell) anmutende Konstellation, das räumlich getrennte Nebeneinander der beiden Kulturen, ist für Nejats Typisierung als „Anti-Türke" von zentraler Bedeutung. Beruflich befasst er sich – durchaus erfolgreich (wie akademische Titel zeigen) – mit einem der typischsten Kulturgüter. Es ist ein kultureller Fluchtpunkt, ein „selbstgewählte[r] Identitätsentwurf" (Hall 2008: 22), mit dessen Hilfe er sich zu einer Art „Vorzeigedeutscher" stilisiert und den er selbst im Beisein seines Vaters nicht aufgeben kann, obwohl er Türke ist.

Die Bedeutung seines Namens gibt Aufschluss über einen weiteren Aspekt von Nejats kultureller Identität, denn „Nejat" bedeutet übersetzt „Vorfahre" (vgl. Varnhorn 2008: 268). Was ihn demzufolge zu einem Türken macht, ist zunächst lediglich die Abstammung von seinem türkischen Vater Ali.[2] Dabei ist die Rolle des Vaters in Nejats Leben nicht zu unterschätzen, da dieser zunächst als einzige türkische Person in Nejats Umfeld dargestellt wird und damit für seinen Sohn als einziger Repräsentant der türkischen Kultur fungiert,[3] wodurch die Beziehung zur türkischen Kultur mit der zum Vater gleichgesetzt wird (vgl. Neubauer 2011: 62). Abgesehen vom Familienkreis, d.h. im alltäglichen (Berufs-)Leben, weist Nejat stattdessen eine deutlichere Tendenz zum Deutschen auf. Seine Rolle als „Anti-Türke" erfüllt Nejat daher nicht wie Cahit durch eine strikte Ablehnung der türkischen Kultur, sondern vielmehr durch ein gesteigertes Interesse und eine verstärkte Zuwendung zur deutschen Kultur. Das Dominanzverhältnis zwischen angeborener und selbstgewählter Kulturzugehörigkeit wird an jener Szene deutlich, in der Nejat, Ali und Yeter (Alis neue Lebensgefährtin) im Garten gemeinsam zu Abend essen:

---

2   Der Vater hat in seiner Rolle als Repräsentant der türkischen Kultur für seinen Sohn einen – aus deutscher Sicht – typischen Vornamen. Die Generalisierung des Namens „Ali" mit „den bzw. dem Türken" zeigt sich zum Beispiel bei Fassbinders Film *Angst essen Seele auf*, dessen Arbeitstitel vorher noch *Alle Türken heißen Ali* lautete (vgl. Blumenrath et al. 2007: 85).

3   Auf die Beziehung zwischen Nejat und seiner Mutter wird im Film nicht explizit eingegangen. Von Ali wird lediglich erwähnt, dass er ihn allein aufgezogen habe, weil dessen Mutter starb, als Nejat noch ein Säugling war [00:15:03–00:15:47]. Näheres zu Nejat und seiner Beziehung zu Mutter- bzw. Frauenfiguren s. auch Kap. 3.2.

Yeter: „*Wo hast du kochen gelernt?*"[4]

Ali: „*Das habe ich mir selbst beigebracht. Ich war Mutter und Vater für den Jungen. Ich habe ihn großgezogen.*" (Will mit Tellern aufstehen)

Nejat: „Das mache ich."

Yeter: „*Gut erzogen.*"

Ali: „*Wie ein Mädchen!*" (Lacht)

Nejat: „*Bitte schön.*"

Ali: „*Meine Fischfrikadellen werden euch schmecken. Los geht's!*"

[…]

Yeter: „*Und du bist wirklich Professor?*"

Nejat: „Ja (Pause) Ich hole den Nachtisch."

Yeter: „*Den hol ich jetzt aber.*"

Ali: „*Nein, du bist zu Gast.*"

Yeter: „*Wenn ich hier wohnen soll, muss ich das doch lernen.*" (Steht auf)

Nejat: (Pause) „Trink nicht so viel, Baba!"

Ali: „Ich trinke gar nicht so viel!" [00:14:57–00:16:53]

Nejat tritt in diesem Gespräch zum ersten Mal als ein Protestler auf. Das Gespräch findet hauptsächlich zwischen Ali und Yeter statt, die das Türkische als Normsprache am Tisch verwenden, während Nejat sein Essen eher still-schweigend zu sich nimmt. Nur auf Nachfragen von Yeter antwortet er bewusst auf Deutsch, obwohl er durch seine Sprachkompetenz eigentlich in der Lage wäre, sich an dem Gespräch ebenfalls auf Türkisch zu beteiligen. Dies tut er allerdings lediglich ein einziges Mal beim Aufdecken. Es stellt sich die Frage nach dem Grund für dieses Verhalten. Der türkische Sprachgebrauch ist, wie die Bedeutung seines Namens schließen lässt, direkt an den Vater gebunden. Yeter wirkt auf Nejat in der Familienkonstellation zwischen Vater und Sohn wie ein Eindringling, wodurch die Situation für ihn einen öffentlicheren Charakter bekommt und er deshalb auf seine – wahrscheinlich sogar stärker ausge-prägte – Sprache Deutsch zurückgreift. Allerdings bleibt Nejat auch dann bei seiner Sprachwahl, als er seinen Vater wegen dessen Trinkverhaltens tadelt, während Yeter im Haus ist. Um seinem Vater in dieser Situation einen Befehl

---

4   Zur besseren Lesbarkeit wurden im hier abgebildeten Gesprächsauszug lediglich die deutschen (dem Untertitel entnommenen) Umschriften notiert. Die Kursiv-schreibung kennzeichnet dabei jene Passagen, die im Originalton auf Türkisch gesprochen werden.

zu erteilen, muss Nejat das Erziehungsverhältnis zwischen Vater und Sohn außer Kraft setzen und eine Situation schaffen, in der er die dominantere Person ist. Dies gelingt ihm vor allem mithilfe der Sprache. Während Ali sich in anderen Situationen gegen Maßregelungen stets auf Türkisch „herausreden" konnte (vgl. z.B. die Szene beim Rauchen nach dem Krankenhausaufenthalt [00:23:14–00:23:55]), ist er im Deutschen sehr unsicher, bringt lediglich einen einfachen Widerspruch hervor und lächelt über die Situation wie ein ertapptes Kind.

Seine Rolle als „Anti-Türke" erfüllt Nejat jedoch nicht allein in der Verweigerung Türkisch zu sprechen: Auch bezüglich seiner Geschlechterrolle stilisiert sich der Protagonist durch ein mit Blick auf die türkische Kultur atypisches Verhalten als Mann. Das Relativieren von Geschlechterrollen und die damit einhergehende Verweigerung zugeschriebener Kollektivverhaltensweisen eines „typischen" Türken (vgl. Toprak 2007: 124 f.) setzt Nejat – ebenso wie die Wahl der Sprache – kontrastiv zum stereotypen Verhalten Alis ein. Dies äußert sich beispielsweise, indem er beim Essen das Geschirr abräumt. Während Yeter ein solches Benehmen als „gut erzogen" beurteilt, betitelt Ali, der zuvor noch prahlte, wie gut er sich selbst Kochen beigebracht und den Sohn alleine aufgezogen habe, dessen Verhalten als das eines Mädchens [00:15:01–00:15:29]. Die Vorfälle des Vaters, die dem Sohn missfallen, häufen sich zusehends: Ali fragt Nejat am Bahnhof, *wen er zur Zeit bumse* [00:08:13–00:08:17], er trinkt viel Alkohol, raucht direkt nach der Entlassung aus dem Krankenhaus, gibt sich prahlerisch männlich und bestätigt für Nejat auf diese Weise das Negativbild eines stereotypen Türken, was sich auf seine Beziehung zur türkischen Kultur auswirkt. Der Bruch zwischen ihm und seinem Vater wird in dieser Szene durch die Sätze Alis verdeutlicht: „*Misch dich nicht in mein Leben ein. Du hast deins und ich hab meins.*" [00:23:43–00:23:50]. Da Nejat also mit dem Verhalten seines Vaters derart unzufrieden ist, richtet sich seine Abneigung im gleichen Zug auch gegen andere Bezugspunkte, die ihn mit seinem Vater verbinden. Sein einziger Ausweg ist die Flucht vor dieser Kultur in eine andere und die Rollenübernahme eines „Anti-Türken".

Indem Ali in den Augen des Sohnes als Repräsentant der türkischen Kultur auftritt, zeigt sich Nejats eher geschlossene Vorstellung von Kulturen, die nicht ineinander fließen können (vgl. Ezli 2007: 289).[5] Für seine Selbstinszenierung führt dies zu der Schlussfolgerung, möglichst unrepräsentativ für „die türkische

---

5   Dieses Differenzdenken Nejats zeigt sich u.a. auch in der lokalen Trennung von Familien- und Berufswelt.

Kultur", d.h. ein „Anti-Türke" sein zu wollen. Umso mehr scheint es sogar Nejats Wunsch zu sein, durch seinen Beruf, seine Sprache und sein Benehmen als Repräsentant der „deutschen Kultur" aufzutreten.[6]

Verstärkt rückt in dieser Umbruchsituation Yeter als weitere familiäre Bezugsperson in den Fokus. Dies ist insofern bedeutsam, als Yeter für Nejat als ergänzende Spiegelfigur und damit auch als relativierende Repräsentantin der türkischen Kultur neben dem Vater in Erscheinung tritt. Dabei stellt insbesondere folgende „Krankenhausszene" einen Wendepunkt dar: Auch wenn Nejat beim Streit nach dem Krankenhausaufenthalt durch seine Mimik erkennbar über den Vater aufgebracht ist, gibt er Yeter zum Abschied einen Wangenkuss und sie überreicht ihm für den Weg das zuvor zubereitete Börek. Diese Geste stimmt Nejat wieder positiver und durch wechselnde „Over-the-shoulder-shots" wird die stärker werdende Verbindung der beiden filmisch unterstrichen [00:23:45–00:24:18].

Im Folgenden ist zunächst zu sehen, wie Nejat wieder mit dem Zug nach Hamburg fährt und anschließend in seinem Büro sitzt, welches voller Bücher steht, die in diesem Zusammenhang die deutsche Kultur repräsentieren. So sind zum Beispiel Autorentitel wie Rilke im linken Bildabschnitt sowie einige gelbe Bücher des Reclam-Verlages hinter Nejat zu erkennen, welche vornehmlich mit klassischer deutscher Literatur assoziiert werden. Bildlich eingerahmt durch die Regale mit diesen symbolträchtigen Kulturgütern greift Nejat nach seiner Tasche, zieht das eingepackte Börek heraus und beginnt zu essen [00:24:25–00:25:10]. An dieser Stelle relativiert der Protagonist sein Kulturverständnis und bricht die bislang von ihm gelebte Unvereinbarkeit beider Kulturen. Zum ersten Mal dringt etwas aus seiner zuvor isolierten türkischen Familienwelt in seine deutsch geprägte Berufswelt. Die Grenzen seiner interkulturellen Inselwelten werden aufgebrochen und Nejat bildet eine vereinende, transkulturelle Identität aus. Dies stellt den Beginn einer Identitäts(neu-)findung dar, in deren Kontext sich Nejat auch auf die Spuren seiner kulturellen Wurzeln in die Türkei begibt.

---

6   So achtet Nejat bei der Verabschiedung von seinem Vater am Bahnhof scheinbar sehr ordnungsbedacht und penibel darauf, keinen Müll liegen zu lassen und bestätigt damit das kulturelle Vorurteil eines deutschen Ordnungssinns [00:08:12–00:08:46].

3.2   Nejat als transkultureller Literat in der Türkei

Der weitere Handlungsverlauf führt uns nach Istanbul[7], wo Nejat hofft, Yeters Tochter Ayten zu finden, um ihr ein Studium zu finanzieren. Während er von seinem Cousin Ufuk durch die Straßen der Metropole geführt wird, fühlt Nejat sich von einer deutschen Buchhandlung angezogen, welche er sich dem Desinteresse seines Begleiters zum Trotz anschauen möchte:

> Nejat: „Wollen wir mal reinschauen?"
>
> Ufuk: „Cousin, ich versteh nichts von Büchern. Erst recht nicht, wenn sie auf Deutsch sind." [00:33:26–00:33:34]

Auch hier wird erneut die Außenseiterrolle zwischen dem belesenen Germanistikprofessor Nejat und seinen Familienmitgliedern deutlich, die mit Literatur und auch mit der deutschen Kultur nicht viel anfangen können.

Nejat betritt die gleichsam einer Oase anmutende Buchhandlung und schaut sich aufgeregt in allen Regalen um, in denen die ZuschauerInnen bekannte deutschsprachige Titel wie den Duden erkennen können. Im Gespräch mit dem Besitzer Markus Obermüller erfährt Nejat auch von dessen selbst diagnostizierter Störung des inneren, kulturellen Gleichgewichts, denn dieser spricht augenscheinlich zwar fließend Türkisch, jedoch überkommt ihn fernab der Heimat doch ein Gefühl des Verlustes:

> „Wissen Sie, ich bin seit zehn Jahren ungefähr hier, ja und auf einmal vermisse ich Deutschland. Und auch die Sprache, von der ich natürlich umgeben bin hier, die ganze Literatur, aber das ist wie ein Museum, ja ein bisschen tot so wie Latein. Und ich hab einfach Heimweh." [00:35:30–00:36:02]

Nejat übernimmt anschließend die deutsche Buchhandlung und gestaltet sie etwas um, worin sich auch ein Teil seiner Persönlichkeit abzeichnet. Wo zuvor bei Markus bezeichnenderweise noch ein Plakat von Oscar Wilde hing, sind nach der Geschäftsübernahme Plakate von Isabel Allende und Mario Vargas Llosa zu sehen – beides politisch aktive SchriftstellerInnen. Interessant für das Geschlechterbild von Nejat ist Allende, da diese neben ihrer literarischen Profession auch Frauenrechtlerin ist. Dies führt uns zu einer weiteren Seite von

---

7   Istanbul ist als Spielort für diesen Film insofern symbolträchtig, als die Grenzlage am Bosporus zwischen Europa und Asien und die damit verbundene geografische Grenzüberschreitung – wie zuvor bereits die Autofahrt auf zwei Fahrstreifen – den Titel „Auf der anderen Seite" symbolisieren.

Nejats Persönlichkeit, die ihn als „Anti-Türken" darstellt. Die anfängliche Tendenz, sich gegen das Konstrukt des patriarchalischen Geschlechterverhältnisses zu stellen, wird in der Türkei verstärkt fortgesetzt.

Nejat fühlt sich seit der Entwicklung Alis zum stereotypen Macho stärker zu weiblichen Bezugspersonen hingezogen. Seine Distanz zu männlichen Türken ist auch an seinem Verhalten in Istanbul zu erkennen. Zwar ist sein Cousin offensichtlich sehr hilfsbereit, hängt Plakate für ihn auf und gewährt ihm Obdach, doch passt er als rauchender, an Literatur nicht interessierter und eher praktisch veranlagter Mann nicht wirklich zu Nejat. Was die beiden lediglich verbindet, ist der familiäre Zusammenhalt. Entsprechend erklärt Nejat ihm nach dessen Angebot, bei ihm unterkommen zu können, dass er lieber alleine wohne. Stattdessen vermietet Nejat jedoch zuerst der deutschen Lotte ein Zimmer in seiner Wohnung und anschließend auch deren Mutter. Der Umgang mit Frauen – auf einer platonischen Ebene – scheint für Nejat angenehmer zu sein als derjenige mit Männern. Zwar mag dies als eine Sehnsucht nach einer Mutterfigur, die er niemals hatte, zu interpretieren sein, allerdings zeigt sein Verhalten auch, dass er mittlerweile kulturspezifische Vorurteile entwickelt hat, die sich in seiner Genderwahrnehmung äußern. Die negativen Assoziationen, die er mit seinem Vater verbindet, überträgt er auf türkische Männer im Allgemeinen, während er nach den Erfahrungen mit Yeter mehr Geborgenheit und Vertrauen im Umgang mit Frauen zu finden glaubt.

Frauen stellen in Nejats Leben jene Figuren dar, die in ihm kulturelle Entwicklungs- und Selbstfindungsprozesse anstoßen. Während das Auftreten von Yeter für den Bruch mit Ali und für die Reise nach Istanbul sorgte, bringt ihn Lottes Mutter seinem Vater wieder näher. Im Dialog mit ihr kann er den türkischen Teil seiner Identität abrufen und auch seine stereotype Sichtweise teilweise aufbrechen. Beim Ruf in die Moschee erklärt er Lottes Mutter, wo die Männer hingehen und was es mit dem Opferfest „Bayram" auf sich hat. Bei der Erzählung der Opfergeschichte wird die Beziehung zwischen Nejat und seinem Vater angesprochen [01:40:30–01:41:10]. In dieser Situation fungiert er mithilfe seiner eigenen kulturellen Pluralität erstmals als bewusster Vermittler zwischen den Kulturen.

Allgemein hat sich Nejats Leben in der Türkei entscheidend verändert: Sein Alltag ist nicht mehr durch ein multikulturelles Inselleben geteilt, sondern die beiden Kulturen durchdringen sämtliche Lebensbereiche. Beruflich beschäftigt er sich weiterhin mit der deutschen Kultur im Buchladen, der sicherlich eine überwiegend deutschsprachige Kundschaft anlockt. Mit seinem Mitarbeiter Çengiz muss er allerdings auf Türkisch kommunizieren. Sein Privatleben findet in Istanbul überwiegend auf Türkisch statt, allerdings wohnt er mit einer Deutschen zusammen. Sein Leben lässt sich nicht mehr in Kulturkategorien einteilen und findet ausbalanciert an einem Ort statt. Somit ist er nicht mehr gezwungen, zwischen kulturellen Welten hin- und herzureisen. Die Interkulturalität ist zur Transkulturalität geworden.

Durch diesen inneren wie äußeren Einklang seiner kulturellen Identitäten ist Nejat schließlich in der Lage, sich wieder seinem Vater zu stellen, den er zuvor aus seinem Leben ausgeschlossen hatte. Den Abschluss dieses Entwicklungsprozesses verdeutlicht der letzte hier beschriebene Filmausschnitt: Die zu Beginn des Films gezeigte Szene von Nejat im Auto wird zum Teil wieder vorgeführt, ergänzt und durch die zuvor verlaufene Filmgeschichte für die ZuschauerInnen (endlich) in einen narrativen Kontext gerückt, wodurch sie einen Erzählrahmen bildet. Nejat fährt nach seinen Erlebnissen in Istanbul nach Trabzon, um seinen Vater wiederzutreffen [01:44:36–01:45:45]. Die Reisemetapher stellt hierbei den finalen Entwicklungsschritt dar und zeichnet einen Wandel nach, denn Nejat fährt nicht mehr zweispurig, sondern bleibt auf seinem Fahrstreifen. Dies symbolisiert die Stabilisierung seines Ichs, da er nicht mehr auf einer gefährlichen Trennlinie zwischen zwei Streifen fährt, sondern seine Grenzen sowie seinen Platz gefunden zu haben scheint und nicht mehr in einem „Hin-und-her" lebt. Hinzu kommt die Art seiner Reise, die für seinen Entwicklungsprozess spricht. Durch seinen „Seitenwechsel" in die Türkei hat Nejat zu einer verstärkt selbstbestimmten Identität gefunden. Zuvor in Deutschland war sein Reisen insofern fremdgesteuert, als er auf öffentliche Verkehrsmittel wie Bus und Bahn angewiesen war. Das Auto hingegen kann er selbst steuern, die Richtung ändern sowie vorwärts oder rückwärts fahren. Diese metaphorische Verbindung von „Reisen" und „Identität" spiegelt wider, dass Nejat im Film von nun an nicht mehr durch äußere Umstände oder kollektive Zuschreibungen seine persönliche (kulturelle) Identität konstruiert, sondern die Wege seines Lebens selbst bestimmt. Das Beilegen des inneren Konfliktes geht mit einem Wunsch nach Auflösung des Generationenkonfliktes einher. Zwar bleibt das Ende offen, da der Film mit dem am Strand wartenden Nejat endet, allerdings wird zuvor der aus der Haft entlassene Ali gezeigt, wie er den Roman *Demircinin Kızı* durchgelesen in seinen Händen hält. Es ist zu vermuten, dass der Vater dadurch einen Schritt auf die Lebenswelt seines Sohnes zugeht und somit beide eine gemeinsame Basis für eine Annäherung und Vergebung finden können.

4   Cahit und Nejat: eine zusammenführende Betrachtung

Auf der anderen Seite deckt durch den Protagonisten Nejat Aksu die Problematik der kulturellen Identität auf, welche im Spannungsfeld von individuellen Wünschen und kollektiven Strömungen steht. Durch das Aufzeigen von kultureller Diversität und das Spielen mit (National-)Grenzen wird der Titel des Filmes gleichzeitig zu seinem Leitsatz.

Auch wenn die Hauptfigur anfangs gefestigt wirkt und den Spagat zwischen zwei gegensätzlichen Welten zu meistern scheint, zeichnen die filmgestalterischen Mittel doch ein anderes Bild und weisen auf mögliche Problematiken hin, die in erster Linie auf Nejats monokulturelles Denken zurückzuführen sind. Die Ausgestaltung der Hauptfigur folgt insofern dem Vorgänger aus *Gegen die Wand* (vgl. Ezli 2007: 295). Die dominantere Tendenz hin zur deutschen Kultur durch gleichzeitige Ablehnung des Türkischen lässt Nejat zu einem „Anti-Türken" werden. Als Nachfolger von Akins Figur Cahit ist mit der Gestaltung Nejats ein neuer, vielfältiger Figurentyp entstanden. Nach dem Versager, der vor aggressivem Selbsthass nur so überkocht, bringt der Regisseur einen gebildeten Kulturkritiker hervor, der seine Identitätsfindung eher im Stillen austrägt.

Durch die Analyse von Nejats Werdegang vom interkulturellen „Anti-Türken" zum transkulturellen Weltbürger lässt sich der Versuch unternehmen, ein hypothetisches Handlungsmuster für diesen neuen Figurentypus zu kreieren, welches direkt auf Nejat zutrifft, aber möglicherweise auch auf andere Beispiele dieser Figurenart übertragbar ist. Demnach durchliefe eine solche Figur drei Phasen, die das Handlungsgeschehen bestimmen und der Figur eine besondere Dynamik verleihen:

Die erste sei hier die *stille Akzeptanz* genannt. Der „Anti-Türke" lebt in einer mehr oder weniger stabilen Welt zwischen zwei Kulturen, deren Normen sein Handeln bestimmen. Dies ist jedoch nur die Ruhe vor dem Sturm. Bei Nejat ist diese Phase durch eine räumliche Trennung der beiden Kulturen sowie durch erste Unstimmigkeiten zwischen ihm und seinem Vater geprägt.

Die zweite Phase ist die *Rebellion*. Hierbei handelt es sich um die von Ezli benannten „Individuationsakte", die ein „problematisches Feld" erschaffen (Ezli 2007: 290). Diese Konfliktphase ist der Höhepunkt und der Kern in der Generierung eines „Anti-Türken". Die vorigen Lebensumstände sind nach einem Schlüsselerlebnis, welches einen Perspektivwechsel einleitet (im Falle Nejats die Tötung Yeters), für die Figur nicht mehr auszuhalten und werden problematisiert. Der Konflikt richtet sich entweder (wie bei Cahit) ganz offen gegen das Kulturkollektiv ohne die Benennung eines präzisen Ziels oder (wie bei Nejat) gegen dessen Stellvertreter. Auch die Mittel des Widerstandes werden dabei durch den kulturellen Streitcharakter bestimmt, anhand dessen eine solche Figur auf ein, nach Kollektivmerkmalen bemessenes, atypisches Kulturverhalten zurückgreift. Dies vollzieht sich entweder in der Übernahme der „Gegenkultur" oder im Verschließen gegenüber der problematisierten Kultur, beispielsweise durch eine Verweigerung der türkischen Sprache. Jenen Verhaltensweisen, das sei nochmals betont, geht ein monokulturelles Denken voraus, welches Kulturen in Abgrenzung zueinander definiert, nicht durch deren Vereinbarkeit.

Beim Akt des Ausbruchs geht es zwar augenscheinlich um eine Distanzgewinnung zur Kultur, jedoch handelt es sich eher um eine reine Problematisierung der Lebensumstände ohne konkreten Lösungsansatz (vgl. Ezli 2007: 291). Die Kultur bietet für die antitürkische Figur und die ZuschauerInnen dabei lediglich die Projektionsfläche ebendieses Dilemmas. Auch Schäffler stellt es als ein Charakteristikum für die Filme Akins heraus, dass kulturelle Differenzen nicht bewusst eingesetzt werden, sondern als Schauplatz für menschliche Interaktionen dienen (vgl. Schäffler 2007: 66).

Die dritte und letzte Phase, die ein „Anti-Türke" schließlich erreicht und mithilfe derer er den Rebellionscharakter überwindet, soll hier als *Wiederannäherung an die Kultur(-Repräsentanten)* betitelt werden. Es bestätigt Neubauers Aussage, dass „Anti-Türken" stets in einem Spannungsfeld zwischen Ablehnung und Anziehung der türkischen Kulturgüter und -praktiken stehen (vgl. Neubauer 2011: 239). Oder einfacher ausgedrückt: Ein „Anti-Türke" kann weder mit seiner elterlichen Kultur und deren Angehörigen noch ohne sie leben. Während der Individuation gelangt eine solche Figur schließlich von der Vorstellung ab, sich hundertprozentig der einen oder der anderen Kultur zugehörig fühlen zu müssen. Das Resultat ist eine Relativierung des Kategoriendenkens, womit seitens des „Anti-Türken" die Menschen in seiner Umgebung nicht mehr als Teil einer Kultur angesehen werden, sondern vielmehr die Kulturen als Teile der Menschen. Nejat zum Beispiel besinnt sich während seiner Identitätsfindung mithilfe von Lottes Mutter darauf, dass Ali für ihn weniger „ein Türke" als vielmehr noch ein Vater sei, als er ihr berichtet, wie Ali behauptete, sich sogar gegen Gott zu stellen, um seinen Sohn zu beschützen [01:42:19–01:42:25].

Treffender als ein „Entweder-oder" wäre daher für den „Anti-Türken" die Beschreibung, dass er sowohl die türkische als auch die deutsche Kultur braucht. Dies betont die transkulturelle Vereinigung in der letzten Phase. Zwar findet Nejat zurück zu seinen „Wurzeln", lebt bis zum Filmende in der Türkei und will sich mit seinem Vater aussöhnen, allerdings bleibt auch die deutsche Kultur, die bei unserem Protagonisten in der deutschen Buchhandlung ihren Platz findet, ein wichtiger Teil seiner Persönlichkeit. Für den „Anti-Türken" bleibt somit als bisher einzig erprobter Lösungsweg, den Einklang zwischen und mit beiden Strömungen zu finden.

Literatur

Berg, Wolfgang (1999). Kollektive Identität. Zugänge und erste Überlegungen. In Heinz Hahn (Hrsg.), *Kulturunterschiede – Interdisziplinäre Konzepte zu kollektiven Identitäten und Mentalitäten*. Frankfurt: IKO – Verlag für interkulturelle Kommunikation, 217–238.

Blumenrath, Hendrik; Bodenburg, Julia; Hillmann, Roger; Wagner-Egelhaaf, Martina (2007). *Transkulturalität. Türkisch-deutsche Konstellationen in Literatur und Film*. Münster: Aschendorff Verlag.

Bozay, Kemal (2005). „... ich bin stolz, Türke zu sein!" *Ethnisierung gesellschaftlicher Konflikte im Zeichen der Globalisierung*. Schwalbach/ Ts: Wochenschau Verlag.

Descombes, Vincent (2013). *Die Rätsel der Identität*. Berlin: Suhrkamp Verlag.

Deutscher, Guy (2012). *Im Spiegel der Sprache. Warum die Welt in anderen Sprachen anders aussieht*. 4. Aufl. München: C.H. Beck.

Ezli, Özkan (2007). Von der Identität zur Individuation – *Gegen die Wand* – eine Problematisierung kultureller Identitätszuschreibungen. In Monika Wohlrab-Sahr & Levent Tezcan (Hrsg.), *Konfliktfeld Islam in Europa. Soziale Welt*. Sonderband 17. Baden-Baden: Nomos-Verlagsgesellschaft, 283–304.

Hall, Anja (2008). *Paradies auf Erden? Mythenbildung als Form der Fremdwahrnehmung – der Südseemythos in Schlüsselphasen der deutschen Literatur*. Würzburg: Königshausen & Neumann.

Lüsebrink, Hans-Jürgen (2012). *Interkulturelle Kommunikation. Interaktion – Fremdwahrnehmung – Kulturtransfer*. 3., aktual. und erweiterte Aufl. Stuttgart/ Weimar: J.B. Metzler.

Neubauer, Jochen (2011). *Türkische Deutsche, Kanakster und Deutschländer. Identität und Fremdwahrnehmung in Film und Literatur: Fatih Akin, Thomas Arslan, Emine Sevgi Özdamar, Zafer Şenocak und Feridun Zaimoğlu*. Würzburg: Königshausen und Neumann.

Schäffler, Diana (2007). „*Deutscher Film mit türkischer Seele*" – *Entwicklungen und Tendenzen der deutsch-türkischen Filme von den 70er Jahren bis zur Gegenwart*. Saarbrücken: VDM-Verlag Dr. Müller.

Toprak, Ahmet (2007). Migration und Männlichkeit. Das Selbst- und Fremdbild der türkischen Männer in Deutschland. In Chantal Munsch, Marion Gemende & Steffi Weber-Unger-Rotino (Hrsg.), *Eva ist emanzipiert, Mehmet ist ein Macho. Zuschreibung, Ausgrenzung, Lebensbewältigung und Handlungsansätze im Kontext von Migration und Geschlecht.* Weinheim/ München: Juventa, 122–135.

Varnhorn, Beate (2008) (Hrsg.). *Bertelsmann. Das große Lexikon der Vornamen.* Gütersloh/München: Wissen Media Verlag.

Welsch, Wolfgang (2009). *Was ist eigentlich Transkulturalität?* [http://www2. uni-jena.de/welsch/tk-1.pdf, 04.02.2015].

Julia Ricart Brede

Born to be …?
Eine Analyse des „Dokumentarfilms" *Babys* von Thomas Balmès

1   Einleitung

Der kulturvergleichend angelegte Film *Babys* (Thomas Balmès, 2010, im Original *Bébés*) begleitet vier Babys mehr oder weniger chronologisch vom Heranwachsen im Mutterleib über ihre ersten Atemzüge bis hin zu ihren ersten eigenen Schritten auf der und in die Welt.[1]

Nach einem Intro und einer Vorstellung der vier jungen ProtogonistInnen Bajar (m), Hattie (w), Mari (w) und Ponijao (w) zeigt der Film die vier neuen Erdenbürger abwechselnd in ihrem jeweiligen Umfeld. Sie stammen aus vier verschiedenen Ländern: Bajar aus der Mongolei, Hattie aus den USA, Mari aus Japan und Ponijao aus Namibia. Während Bajar und Ponijao in stark ländlich geprägten Gebieten bzw. quasi „in der freien Natur" aufwachsen, leben die Familien von Hattie (San Francisco) und Mari (Tokio) in Großstädten bzw. Metropolen. Exemplifiziert an diesen vier Kindern bzw. Familien kontrastiert Balmès somit die frühkindliche Entwicklung auf den drei Kontinenten Afrika, Amerika und Asien und in tendenziell gegensätzlichen Lebensräumen.

Balmès selbst beschreibt den auf einer Idee von Alain Chabet basierenden Film in einem Interview als „beinahe experimentellen Dokumentarfilm ohne wirkliche Handlung […], in dem die Form fast schon wichtiger ist als der

---

1   Einen ähnlichen „Dokumentarfilm" hat Pascal Plisson (2013) mit *Auf dem Weg zur Schule* veröffentlicht, in dem er Kinder aus Argentinien, aus Kenia, aus Indien und aus Marokko auf ihrem Weg zur Schule begleitete. Aber auch Foto-Buchprojekte wie *Toy Stories* von Galimberti (2014) oder *classroom portraits* von Germain (2012), in denen Kinder und Jugendliche zahlreicher Länder an einem für sie typischen Ort und in ihrem sozialen Umfeld (im häuslichen Kinderzimmer bzw. im Klassenzimmer) gezeigt werden, stellen Lebenswelten im Kulturvergleich gegenüber.

Inhalt." (Chez Wam 2010: 26) Auch wenn der Plot demnach nicht im Zentrum steht (handlungstechnisch geht es um die ersten zwei Lebensjahre der Kinder, die mehr oder weniger chronologisch in Szenen gezeigt werden), sind es doch gerade die inhaltliche Auswahl der Szenen (aus dem gesamten dokumentarischen Filmmaterial) und deren Anordnung, die bei den Zuschauenden bestimmte Assoziationen wecken und die eine bestimmte Sicht auf die vier neuen Erdenbürger gewährt. Deutlich wird einerseits, dass sich Brabbeln, Glucksen, Lachen und Weinen in allen Teile der Erde nicht voneinander unterscheiden, dass aber andererseits die Lebens- und Erfahrungswelten der Kinder und damit die ersten Schritte „zum selbstbewussten kleinen Individuum" (Chez Wam 2010: 5) bereits in den ersten Lebensjahren überaus different sind. Entsprechend regt der Film mit Blick auf die Sozialisation von Babys und Kleinkindern auch dazu an, eigene Erfahrungen und die eigene Kultur zu reflektieren. Dabei kann allerdings nur bis zu einem gewissen Grad geklärt werden, inwiefern die sichtbar werdenden Gemeinsamkeiten und Unterschiede kulturell bedingt sind, auf Stadt-Land-Differenzen zurückzuführen sind, in familieninternen Strukturen begründet liegen oder individueller Natur sind.

Ziel des Beitrags ist es, anhand der Aspekte „Familienstrukturen" und „Verhältnis zur Natur" die von Balmès filmisch herausgearbeiteten bzw. (re)konstruierten, dank Schnitt und Montage auf Vergleich hin fokussierten Gemeinsamkeiten und Unterschiede in der frühkindlichen Sozialisation der vier ProtagonistInnen nachzuzeichnen. Indem die Auswahl der einzelnen Szenen des 75-minütigen Films (aus dem gesamten zur Verfügung stehenden dokumentarischen Filmmaterial), aber auch deren Anordnung im Film analysiert wird, soll gezeigt werden, wie hierdurch Vergleichsfolien entstehen, sodass ein Vergleich der Lebenswelten für die Zuschauenden geradezu zur Condicio sine qua non wird. In Verlängerung ergibt sich dadurch in einem zweiten Schritt auch die Frage nach den Ursachen der zu konstatierenden Unterschiede sowie nach den entwicklungsbedingten Folgen ebendieser für die Kinder selbst.

2 Von Gegensätzen und Gemeinsamkeiten: Lebenswelten zu Filmbeginn

Die das Baby jeweils umgebenden Lebensräume – weitgehend naturbelassene Landschaften hier und hochtechnisierte Kultur dort – werden bereits zu Beginn des Films dadurch in ihrer prägenden Bedeutung hervorgehoben, dass sie noch vor den vier Kindern als den ProtagonistInnen des Films zu sehen sind. So zeigt der kontrastreich strukturierte Vorspann des Films – jeweils aus einer Totalen mit feststehender Kamera – zunächst die unendliche, lediglich von einer Tierherde bevölkerte Weite der Mongolei [00:00:23–00:00:33], dann die stark befahrene Golden Gate Bridge in San Francisco [00:00:34–00:00:41], darauf folgend ein naturbelassenes, menschen- und autofreies Flussbett in Namibia [00:00:41–00:00:49] und danach ein nächtliches Straßen- und Lichtermeer mit Skyscraper-Kulisse in Tokio [00:00:49–00:00:57]. Schließlich richtet sich der Blick in einer Aufsicht auf einen breiten, geteerten Fußgängerüberweg, auf dem unzählige Menschen die Straße queren, die – da alle schwarzhaarig – eine kaum unterscheidbare, identitätslose Masse zu bilden scheinen [00:00:57–00:01:05]. Auf diesem Hintergrund erscheint nun in großen weißen Lettern der Filmtitel – Bébés (vgl. Abb. 1).

Abb. 1: Titelbild (Still [00:00:58] aus dem Film *Babys,* Original: *Bébés,* J.R.B.).

Mit diesem Vorspann situiert Balmès die vier Kinder jeweils in einer bestimmten Lebenswelt. Insbesondere aber zeigt er durch die ersten vier Einstellungen des Vorspanns, dass man wie ganz allgemein, so auch hinsichtlich der im Nachfolgenden sukzessive vorgestellten Kinder nicht vom Menschen an sich sprechen kann, sondern dass der einzelne Mensch immer auch als das von anderen unterschiedene Produkt seines jeweiligen, spezifischen Umfeldes (hier: geographisch-kultureller Lebensraum) zu begreifen ist. Es wird deutlich, dass der Film eben nicht nur die Kinder an sich zeigt, sondern dass deren jeweiliges, geographisch und kulturell spezifisch geprägtes, städtisches oder ländliches Umfeld ebenfalls von zentraler Bedeutung ist.

Gleichzeitig verdeutlicht Balmès mit der Schlusseinstellung, dass es sich bei einer beliebigen Vielzahl an Menschen nur dann um eine amorphe Ansammlung qualitätsloser und von daher gleicher Einheiten handelt, wenn man aufsichtig den Blick aus einer enthobenen Ferne wählt. Schaut man hingegen – wie es der Film im Folgenden tut – näher hin, dann ergibt sich ein markant verändertes, neben Gleichsein auch das Anderssein in den Blick rückendes Bild.

Makrostrukturell ist *Babys* durch eine Reihe von mehr oder weniger chronologisch angeordneten Themenblöcken (wie „Schwangerschaft und Geburt", „Gewaschen werden und Baden", „Der erste Geburtstag" oder „Die ersten Stehversuche und Schritte") gegliedert. Innerhalb dieser Themenblöcke bzw. Sequenzen verfährt der Film mesostrukturell u.a. so, dass einzelne Szenen an wechselnden Orten „abgearbeitet" werden. Auf diese Art und Weise gewährt der Film zugleich thematische Kohärenz und kulturelle Differenz.

Die erste, den Themenblock „Schwangerschaft und Geburt" eröffnende Szene des Films [00:01:12–00:02:30] handelt vom Spiel zweier sich scheinbar (eine Frauenstimme ist aus dem Off zu hören) selbst überlassener und lediglich mit Lendenschurzen bekleideter Kleinkinder in Namibia, die, nebeneinander sitzend, Steine bearbeiten, kleinhauen und mörsern. Über eine alte, herumliegende Plastikflasche geraten sie schließlich in einen Streit: Zunächst hatten sie beide die Flasche gar nicht beachtet, nun aber möchten sie beide die Flasche unbedingt haben.

Im Sinne eines Erzählkontinuums wird in der nachfolgenden Szene [00:02:36–00:03:11] an den ersten Teil dieses Geschehens angeknüpft: Zu sehen ist eine barbusige, lediglich mit Lendenschurz bekleidete schwarzafrikanische Frau, die auf dem Boden („down to earth") sitzt und mithilfe eines Mörsers Farbe zerkleinert. Mit dieser Farbe reibt sie schließlich ihren aufgrund einer Schwangerschaft – das Kind wird Ponijao heißen – hoch gewölbten Bauch ein.

Der mehrfach codierte Eindruck von nahezu unberührter Ursprünglichkeit, Natürlichkeit und „Nestwärme", der durch die spielenden und streitenden Kinder, durch den Zustand und die rituellen Tätigkeiten der Frau und durch die quasi gegebene Nacktheit dieser AkteurInnen entsteht, wird dadurch unterstrichen, dass diese sowie alle weiteren aus Namibia gezeigten Szenen des ersten Themenblocks ausschließlich im engen „häuslichen" Umfeld spielen und neben den genannten Familienmitgliedern keine weiteren, zumindest in westlichen bzw. westlich geprägten Ländern erwartbaren AkteurInnen wie Krankenschwestern, Hebammen oder Ärzte zeigen; einzig die Plastikflasche durchbricht das „ursprungskulturelle Idyll".[2]

Deutlich „technisierter" und „kollektiver" verlaufen die auf Schwangerschaft und Geburt bezogenen Szenen in der Mongolei ab: Die Geburtsvorbereitung wird hier gemeinschaftlich vor einem Fernsehapparat bzw. Computer absolviert, der entsprechende Gymnastikübungen präsentiert, die es von einer Turngruppe Schwangerer nachzuahmen gilt [00:04:21–00:04:53], und der Geburtsprozess selbst (Bayar wird das Licht der Welt erblicken) wird von zahlreichen medizinisch professionell agierenden Personen (sterilisiert jeweils durch Kittel, Haarhaube und teilweise sogar durch Mundschutz) begleitet.

In San Francisco wird die betreffende Szene schließlich eröffnet, indem zunächst zahlreiche Apparaturen und Schläuche gezeigt werden, die zu diversen Geräten gehören und an denen die Kamera langsam hinabgleitet (u.a. ist dabei im Hintergrund ein „Plan of Care" [00:08:29–00:08:33] zu sehen). Das regelmäßige Piepen der Geräte wird dann im Sinne einer Tonbrücke von Babylauten durchbrochen, bis die Kamera ein an zahlreiche Kabel und Schläuche angeschlossenes, alleingelassenes Neugeborenes erreicht – es handelt sich um Hattie.

Nachdem die einschlafende Hattie die erste Sequenz bzw. den ersten Themenblock beschlossen hat, lässt Balmès den zweiten mit dem aufwachenden Bayar beginnen: Neben seinem älteren Bruder in der Jurte liegend, erwacht Bayar in dieser Szene begleitet von Ziegenmeckern, das vom Hof in das Zeltinnere dringt. Immer wieder werden Bilder der weiten Steppenlandschaft eingeblendet.

---

2 Tatsächlich fand die Geburt von Ponijao laut den Informationen des Filmbegleitheftes (vgl. Chez Wam 2010: 7) aber im Krankenhaus statt. Daran schon lässt sich erkennen, dass der dokumentarische Anspruch des Films zu hinterfragen ist.

Es folgen Szenen mit Ponijao in Namibia. Auch hier sind neben Ponijao weitere Kinder und Tiere zu sehen bzw. zu hören. So wird die Szene zunächst dadurch eröffnet, dass die schlafende Ponijao einem älteren Kleinkind über dem Arm liegt, bevor eine Essenszene gezeigt wird, in der gleich zwei Mütter nebeneinander sitzen und ihre Kinder stillen, während im Hintergrund Ziegen und Vögel zu hören sind, Fliegen umherschwirren und ein Hund vertraut am Zeh von Ponijaos Mutter „nagt", bis er mit dem Fuß vertrieben wird [00:11:45–00:11:56].

Ein geradezu diametral entgegengesetztes Bild hierzu liefern die sich anschließenden Szenen aus den USA und aus Japan: Außer Mutter (bzw. Vater) und Kind sind keine weiteren Personen oder gar Tiere zu sehen. Hautnahes, vieldimensionales Gemeinschafts- und Naturerleben mit allen Sinnen werden, indem bspw. Hattie von der Mutter ein Bilderbuch gezeigt bekommt [00:12:36–00:12:45], durch „sterile" erste Kulturkontakte westlicher Provenienz ersetzt. Gezeigt wird aus San Francisco ferner eine Einkaufsszene, in der Hände jeweils abwechselnd von links und rechts in das Bild kommen und Warenartikel in den bereits mit Hattie „bemannten" Einkaufswagen legen [00:14:16–00:14:24] sowie eine Szene, die Hatties Mutter beim Abpumpen von Muttermilch zeigt [00:12:54–00:13:17], sodass selbst dem Füttern der Stempel der Technisierung und Entpersonalisierung anhaftet.

Die radikale Differenz zwischen einem naturnahen, ursprünglichen Leben auf der einen Seite und einem naturfernen, technoiden Leben auf der anderen Seite wird in diesen Szenen jedoch nicht nur visuell herausgearbeitet und er-fahrbar, sondern auch auditiv vermittelt: Statt natürlicher, intradiegetischer Tiergeräusche in Namibia hört der Betrachter/ die Betrachterin für die USA extradiegetische Instrumentalmusik, die die betreffenden Einstellungen beglei-tet und lediglich während des Absaugens der Muttermilch aussetzt; in denen die Absaugmaschine zu hören ist [00:12:54–00:13:17].

Zunächst (bis [00:12:54]) sind die Streichinstrumente im Legato gehalten; nach dem Erklingen der Absaugmaschine werden sie im Staccato verwendet; dazu mischen sich nun auch intradiegetische Geräusche aus der Umgebung. Bspw. hört man parallel zur Instrumentalmusik eine Rassel, die zuerst von Hatties Mutter in San Francisco [00:13:25–00:13:30] und dann von Maris Vater in Tokio [00:13:35–00:14:03] geschüttelt wird. Dabei erinnert das Stacca-tissimo, das für den Rest der Sequenz zu hören ist und damit allen weiteren Einstellungen und Szenen an unterschiedlichen Orten hinterlegt ist, an das Ticken einer Uhr. Suggeriert wird das schnelle Voranschreiten der Zeit, das rasche Heranwachsen der Kinder, die sich ständig wiederholenden Abläufe, gegebenenfalls aber auch (Alltags-)Hektik und die Überfülle an Umweltreizen. Unterstrichen wird dies durch einen beschleunigten Wechsel an Einstellungen und Szenen, in denen die vier Babys aus den vier Kulturkreisen gezeigt werden (vgl. [00:14:03–00:14:08], [00:14:08–00:14:16], [00:14:16–00:14:24], [00:14:24–00:14:31]). Die unzähligen Umweltreize verschwimmen, ebenso die Lebenswelten der Kinder.

3 Familienstrukturen im Kulturvergleich?

Mit Blick auf die im ersten Lebensjahr beteiligten Sozialisationsinstanzen der vier Babys zeigt sich eine Gemeinsamkeit und zugleich ein Unterschied: Eindeutig im Zentrum steht hier für alle die Kernfamilie, wobei diese in Namibia bzw. für Ponijao um zehn Geschwister (die älteste Schwester ist zur Drehzeit bereits Mitte 20, vgl. Chez Wam 2010: 9) und in der Mongolei bzw. für Bayar immerhin um einen älteren Bruder erweitert ist; für die geschwisterlosen Babys Hattie und Mari hingegen stellen die beiden Eltern die zentralen Bezugspersonen dar, doch zählt auch jeweils eine Katze zur Stammfamilie, die in der ersten Sequenz auch gleich als solche eingeführt wird (vgl. [00:07:47–00:08:03] in Tokio sowie [00:09:27–00:09:43] in San Francisco).

Unterschiedlich ist jedoch nicht allein die Größe der (erweiterten) Kernfamilie, sondern auch die Rolle, die der Vater in ihr innehat, wie bereits die vier Szenen der ersten Sequenz „Schwangerschaft/ Geburt" [00:01:05–00:10:06] zeigen. Pauschalierend gilt hier, dass der Vater in Namibia gänzlich abwesend bzw. nicht zusammen mit der Familie zu sehen ist, dass er in der Mongolei immerhin zeitweilig anwesend ist, in Japan (Tokio) als stets präsentes, doch still beobachtendes Gegenüber auftritt und in den USA als gleichberechtigte Bezugsperson für das Kind agiert.

Dabei ist für den Handlungsort Namibia allerdings anzunehmen, dass es sich bei jenem Mann, der zweimal in totalen Einstellungen als allzeit wachsamer „Beschützer" zu sehen ist,[3] um Ponijaos Vater handelt. In der Mongolei wiederum besteht die Anwesenheit des Vaters des Näheren lediglich darin, die Rolle des Chauffeurs zu übernehmen, der Mutter und Kind nach der Geburt vom Krankenhaus nach Hause [00:06:24–00:07:00] bringt; ansonsten ist er – zumindest in diesen ersten Szenen – jedoch ebenfalls „unsichtbar". Maris Vater

---

3 Die Einstellungen zeigen die Hütte bzw. das Zuhause einmal bei Tag [00:02:30–00:02:35] und einmal bei Nacht [00:03:12–00:03:18] von außen.

in Tokio schaut derweil dabei zu, wie sich die Hochschwangere ihren Bauch streichelt [00:07:06–00:07:25] oder wie die junge Mutter der Kleinen über den Rücken streichelt, damit es ein „Bäuerchen" machen kann [00:08:03–00:08:16]. In San Francisco schließlich wiegt der Vater das über seiner Schulter liegende Kind in den Schlaf [00:09:49–00:10:06]. Zumindest im ersten Themenblock („Schwangerschaft und Geburt") ist dieser Vater damit der einzige, der zu seinem Kind körperliche Nähe sucht und der sogar Zärtlichkeiten mit ihm austauscht. Aber mehr noch: Er ist auch der einzige Vater, der mit seinem Kind zu sehen ist, ohne dass die Mutter anwesend ist.[4]

Die in dieser Sequenz sichtbar werdenden und zu einem großen Teil sicherlich kulturell begründeten Unterschiede in den Rollenverhältnissen und -verständnissen – weg von der rein dyadischen Mutter-Kind-Beziehung hin zu scheinbar paritätischen Elternrollen – sollten allerdings nicht zu einer vorschnellen Wertung führen: Nicht nur der Vater in San Francisco kümmert sich um sein Kind, indem er es liebevoll wiegt, sondern auch der wachende Beschützender in Namibia sorgt für sein Kind und seine Frau, indem er diese vor Tieren schützt oder indem er lebensnotwendige Wasserquellen aufspürt (vgl. Chez Wam 2010: 9).

Die (erweiterte) Kernfamilie[5] als wichtigste Sozialisationsinstanz wird in Japan und in den USA bereits in den ersten zwei Lebensjahren durch Krabbel- bzw. Spiel-, Turn- und Lerngruppen ergänzt (für Tokio vgl. [00:22:18–00:23:14], [00:32:00–00:32:19], [00:32:28–00:32:42], [00:32:55–00:33:10], [00:57:08–00:57:47]; für San Fransisco vgl. [00:23:14–00:23:45], [01:05:50–01:06:23]). So etwas gibt es für Ponijao in Namibia hingegen nicht. Sie spielt für sich alleine bzw. mit ihren Geschwistern z.B. im Flussbett (vgl. [00:32:19–00:32:42], [00:32:44–00:32:55], [00:33:11–00:33:32])[6]. Wir haben es auf der einen Seite also mit einem selbstvergessenen und vor allem tendenziell selbst-

---

4   Dies ändert sich im Laufe des Films zwar für die beiden asiatischen Familien –
     vgl. bspw. die Szenen [00:14:08–00:14:16] sowie [00:13:24–00:14:03], in denen
     sich die Väter Bayars und Maris jeweils über die Kinderbetten beugen –, nicht
     jedoch für die afrikanische Familie.

5   Neben der Kernfamilie zeigt der Film für den Handlungsort Mongolei auch ein
     großes Familienessen [00:30:11–00:30:58]; die dabei gesungenen, traditionellen
     Lieder verfolgt Bayar sehr aufmerksam. Hattie wiederum ist in einer Szene auch
     zusammen mit einer ihrer Großmütter zu sehen [00:15:16–00:15:37]. Ebenso
     dürfte es sich bei der älteren Frau, die an Maris erstem Geburtstag [00:54:14–
     00:54:16] anwesend ist, um eine ihrer Großmütter handeln.

6   Bayar bleibt in dieser gegenüberstellenden Darstellung – vermutlich um den
     Kontrast zu maximieren – außen vor, womit für ihn an dieser Stelle allerdings
     ebenfalls keine weiteren Sozialisationsinstanzen konstatiert werden können.

bestimmten Spiel in der freien Natur zu tun, auf der anderen Seite hingegen mit dem gezielten, organisierten Anbahnen erster sozialer Außenkontakte in einer angeleiteten Gruppe. Die präsentierten Szenen wirken von daher wie ein Spiegel, der dem Einen das mehr oder minder radikal Andere gegenüberstellt.

Dabei ist aber selbstverständlich davon auszugehen, dass auch Hattie in San Francisco und Mari in Tokio sich während ihrer ersten beiden Lebensjahre mehr als einmal „unbeaufsichtigt" mit sich (und ihren Spielsachen) alleine beschäftigt haben. Ausgewählt wurden solche Szenen aus Japan und insbesondere aus den USA jedoch so gut wie nicht, vermutlich deshalb, weil es dem Film interpretierend um eine Dokumentation des Typischen und nicht des kontingent Faktischen geht. Eine Ausnahme stellt allenfalls eine Szene [00:36:25–00:37:00] dar, in der Mari erste Gehversuche macht und auf dem Boden verstreute Gegenstände wie Fotoausdrucke und eine CD-ROM samt Hülle erkundet, während ihre Eltern am PC sitzen. Auch jene Szene [00:46:03–00:47:30], in der Mari – inmitten ihres spielzeugreichen Kinderzimmers sitzend – einen Wutanfall bekommt und sich heulend auf den Boden wirft, könnte man hier gelten lassen. Schließlich ist auf jene Szenen hinzuweisen, in denen man Hattie am Wasser alleine einer Möwe nachlaufen [01:09:46–01:09:59] oder mit einer Art Puppenhaus spielen [01:07:18–01:07:49] sieht, bis sie die Schritte ihrer Eltern hört und sich rufend auf die Suche nach diesen begibt.

Dennoch ist unterm Strich festzuhalten, dass der Film immer wieder Szenen zeigt, in denen Ponijao und vor allem Bayar unbeobachtet und alleine für sich sind, während dies für Hattie und Mari nur selten und nur mit Einschränkungen[7] der Fall ist. Dahinter mögen auch mental-kulturelle Unterschiede stehen (goutiert bzw. billigt es die jeweilige Gesellschaft, dass Babys und Kleinkinder – über einen längeren Zeitraum – „alleine" bzw. sogar unbeaufsichtigt sind?), in Teilen jedoch sicherlich auch sozioökonomische Gegebenheiten und Erfordernisse.[8]

---

7   Bspw. ist Hattie der Möwe am Strand zwar alleine nachgelaufen; unbeaufsichtigt war sie hierbei, so lässt die unmittelbar vorausgehende Szene annehmen, jedoch nicht.

8   Dem Filmbooklet, das auch Einzelinterviews mit den Eltern enthält, ist bspw. zu entnehmen, dass Bayars Eltern aus ökonomischen Gründen das Öfteren dazu gezwungen sind, das Kind alleine in der Jurte zu lassen, um den Verpflichtungen auf dem Feld nachkommen zu können (vgl. Chez Wam 2010: 19 f.). Auch die Frage, wie viel Zeit und Geld in Spiel-, Krabbel- und Turngruppen investiert wird, an denen Eltern(teile) und Kinder gemeinsam teilnehmen, ist grundlegend eine ökonomische.

Was mit Blick auf die Babys bzw. Kleinkinder für die Kernfamilie und deren Extensionen gilt, gilt auch für das Spiel mit anderen Kindern: Immer wieder sieht man Bayar und Ponijao „zufällig" mit anderen Kindern unbeobachtet bzw. ungelenkt agieren; sie spielen mit diesen, sie streiten mit diesen, sie lassen sich von anderen Kindern helfen oder imitieren diese (bzw. werden von diesen imitiert, s.u.), ohne dass Eltern bzw. Erwachsene anwesend sind oder gar eingreifen. Für Hattie und Mari hingegen werden die Begegnungen mit anderen Kindern stets über Krabbelgruppen oder über den Spielplatzbesuch initiiert. Zudem interagieren die Kleinkinder in den Krabbelgruppen i.d.R. nicht direkt miteinander; vielmehr wird von einer „Anleiterin" bestimmt, welche Bewegung oder Turnübung zu vollführen oder welches Lied zu singen ist. Dabei sind die Übungen und Spiele stets gemeinsam von Mutter bzw. Vater und Kind zu „absolvieren" (vgl. z.B. Abb. 2, die Mari zusammen mit ihrer Mutter in einer solchen Turn- und Singgruppe zeigt). Was hat es da zu bedeuten, dass Hattie sich eigenständig von der Eltern-Kind-Gruppe entfernt und zielstrebig zur Tür läuft [01:05:50–01:06:23]? Auch auf dem Spielplatz wird Hattie keinen Wimpernschlag lang aus den Augen ge- und „sich selbst" überlassen; ihr Vater und nicht sie selbst ist es vielmehr, der ihr Bobby-Car schiebt – und dennoch oder gerade deshalb erleidet Hattie einen Sturz [00:58:27–00:59:02].

Abb. 2: Eltern-Kind-Gruppe in Tokio (Still [00:32:29] aus dem Film Babys, J.R.B.).

Bayar und Ponijao hingegen überlegen selbst, welchen Bach oder welches Tier sie erkunden, mit welchem Gegenstand sie spielen (wie z.B. Bayar, der gemeinsam mit seinem Bruder mit einem Löffel in einem Eimer rührt und planscht [00:52:26–00:53:20]) oder welche „Turnübung" sie vollführen wollen. Bemerkenswert ist dabei auch, dass nicht nur die älteren Geschwister den Jüngeren zeigen, wie etwas geht, sondern teilweise die Großen auch die Kleinen imitieren, bspw. als Ponijao ihre ersten Stehversuche macht, dabei allerdings die Hände noch nicht vom Boden nehmen kann und so, mit den Händen als Stützen, auf dem Boden steht und mit dem Kopf durch die eigenen Beine schaut. Ein etwas älteres Geschwisterkind, das bereits sicher und flink auf den Beinen unterwegs ist, sieht dies und baut sich daraufhin in derselben Pose rechts neben Ponijao auf – vermutlich nicht erkennend, dass Ponijao die Hände als Stütze braucht, sondern neugierig, was es aus dieser Perspektive wohl zu sehen gibt. Nicht ausbleiben kann es da, dass man von den Älteren auch einmal geärgert wird: So wird Bayar z.B. in einer Szene [00:37:56–00:38:52] von seinem Bruder „gehauen", indem dieser mit einem Schal immer wieder in Bayars Gesicht schlägt, woraufhin Bayar zu weinen beginnt. Andererseits bieten die älteren Geschwister auch ihre Hilfe an [01:10:38–01:11:38] oder geben Nähe und Zärtlichkeit [00:18:07–00:18:21].

Nicht nur die Begegnungs- und Interaktionssituationen mit anderen Kindern als solche wirken bei Hattie und Mari (auch) filmischerseits geplant und „inszeniert", auch die Beantwortung der Frage, was in diesen Situationen jeweils „gespielt" wird, scheint klaren sozialen Regeln und Vorstellungen zu folgen. Auffällig ist bspw. nicht nur, wie viele Bilderbücher Hattie als Kind einer Akademikerfamilie allein während des Films zu sehen bekommt, sondern auch, wie viele Bücher häufig im Bildhintergrund zu sehen sind. Etwas aufgesetzt und von einem Drehbuch verordnet wirkt es denn doch, dass die Mutter, nachdem ihr kleiner Liebling ihr gerade mit der Hand ins Gesicht „gehauen" hat, das Bilderbuch „No Hitting!" zur gemeinsamen Betrachtung vorschlägt [01:03:07–00:03:35]. Das ist auch in jener Szene der Fall, in der der Vater und Hattie gemeinsam ein Bilderbuch anschauen, während die Mutter im Hintergrund nicht nur ebenfalls lesend zu sehen ist, sondern dabei Blick auf einen Buchumschlag mit dem Titel „Becoming The Parent You Want To Be" preisgibt (vgl. die Szene [00:52.03–00:52:24], aber auch Abb. 3). Mari ist derweil an einem Tisch in einer geradezu schulisch anmutenden Umgebung zusammen mit einem anderen Mädchen zu sehen. In der Mitte des Tisches steht u.a. auch ein großer Rechenschieber, doch werden die beiden Mädchen durch eine erwachsene Betreuungsperson gerade offensichtlich darin angeleitet, kleine Aufkleber sorgfältig in einem Heft anzubringen [00:57:08–00:57:47].

Abb. 3: Lesesituation mit Hattie (Still [00:52:04] aus dem Film *Babys*, J.R.B.).

4   Natürliche Verhältnisse zur Natur?

Das jeweilige Verhältnis zur Natur, das jene Familien und Kulturen haben, in denen die vier Babys aufwachsen, wird u.a. an den „auftretenden" Tieren und am Umgang mit diesen erkennbar. Eine besondere Rolle spielt in diesem Zusammenhang die Katze: Einerseits Tier aus der Ordnung der Raubtiere mit beträchtlicher Eigenständigkeit und Eigenwilligkeit, andererseits für Sauberkeit bekanntes „vierbeiniges Familienmitglied" mit entsprechenden sozialen Funktionen als „Kuscheltier", symbolisiert die Katze ebenso per se wie spezifisch die jeweilige Verbindung des Menschen zur Natur. Dementsprechend taucht die Katze nicht nur in den Wohnungen der westlichen bzw. westlich geprägten Welt auf – in Tokio sehen wir sie mit den übrigen Familienmitgliedern auf dem Sofa [00:07:47–00:08:03] und in San Francisco sogar gleichberechtigt im Bett [00:09:27–00:09:43] –, sondern auch unterm offenen Jurtedach der Mongolei [00:14:36–00:14:40] und somit an einer Schnittstelle zwischen freier Natur und domestizierender Kultur. Besonders deutlich wird diese Symbolik in einer Abfolge von direkt aneinander geschnittenen Szenen [00:33:43–00:35:25], in denen das seiner „Wildheit" beraubte „Familienmitglied" Katze zunächst in San Francisco, dann in Tokio und schließlich in der Mongolei gezeigt wird. Verstärkt wird die assoziative Wirkung dieser Abfolge durch den Kontrast zu der sich anschließenden Szene [00:35:10–00:35:25] im, den Bildern nach, katzenfreien Namibia: Ponijao beobachtet hier frei umherschwirrende Fliegen, die in diesem Zusammenhang im Unterschied zur als sauber geltenden Katze nicht nur Schmutz symbolisieren,[9] sondern auch einschränkungslose Freiheit.

Statt Katzen zählen für Ponijao zwei Hunde „zur Familie" bzw. zum gewohnten Umfeld. Die Szenen zeigen dabei einen sehr natürlichen, unerschrockenen und neugierigen Umgang mit den Vierbeinern [00:39:32–00:40:35], obwohl diese wesentlich undomestizierter wirken (kein Halsband!) als ihre Artgenossen aus sog. Hochzivilisationen: Ponijao, die zunächst neben der zusammen mit einer weiteren Frau Handarbeit verrichtenden Mutter auf dem Boden sitzt, krabbelt auf einen der beiden Hunde zu und schaut sich ihn genau an. Dass der Hund sie in dieser Haltung deutlich überragt, scheint sie nicht zu beeindrucken.[10] Furchtlos streckt sie ihm Kopf und Gesicht entgegen, woraufhin der Hund ihr den Mund ableckt. Als Reaktion öffnet Ponijao ihren Mund und streckt auch dem Hund die Zunge entgegen, ganz als wolle sie sein Verhalten imitieren (vgl. auch Abb. 4).

In der sich direkt anschließenden Szene „untersucht" Ponijao den zweiten Familienhund, der schläfrig und faul auf der Erde liegt. Zunächst greift sie sich seine rechte Vorderpfote und testet, wie weit sich diese nach hinten biegen lässt. Der Hund lässt Ponijao in aller Ruhe gewähren und wendet erst danach langsam den Kopf in ihre Richtung (als wolle er einmal schauen, wer da etwas von ihm will). Anschließend widmet sich Ponijao der leicht geöffneten Schnauze des Tieres, indem sie beherzt und interessiert mit der ganzen Hand hineingreift, um so den Kopf des Hundes nach oben zu drehen. Dass der Hund daraufhin sein Maul weit öffnet und den Blick auf sein prächtiges Gebiss samt der spitzen Reißzähne preisgibt, hindert Ponijao nicht daran, wiederholt in das Hundemaul zu greifen.

---

9   Zu sehen sind Fliegen allerdings auch in anderen Szenen, insbes. in der Mongolei (bspw. während einer Essensszene von Bayar [01:08:37–01:08:49].

10   Sie handelt damit quasi wie ein Hund, sagt man diesen doch nach, dass sie keine Größenverhältnisse erkennen können und sich von daher diesbezüglich stets „auf Augenhöhe" begegnen.

Abb. 4: Ponijao und die Hunde (Still [00:39:53] aus dem Film *Babys*, J.R.B.).

In der westlichen Welt nahezu undenkbar, nimmt die anwesende Mutter dabei von diesem Spiel und der Tiererkundung keine erkennbare Notiz. Sie scheint weder eine akute körperliche Gefahr für Ponijao zu befürchten noch der Ansicht zu sein, dass diese Art von Kind-Tier-Kontakt aus hygienischen Gründen unterbunden werden müsste.

Bemerkenswert ist weiterhin eine in der Mongolei verortete Szene [00:20:17–00:20:57], in der sich ein Hahn in die Jurte „verläuft" und den im Unterschied zu Ponijao unbeaufsichtigten Bayar auf dem Bett besucht. Still und ohne sich zu bewegen schaut Bayar den Hahn an, der seinerseits Bayar zu mustern scheint. Aber auch andere Szenen aus der Mongolei zeigen einen engen Bezug zu Tieren und einen Umgang mit diesen, der weder von Angst noch von Ekel zeugt. Zu sehen ist bspw. eine Szene [00:59:37–01:00:09], in der Bayar mutterseelenallein zwischen zwei Ziegen sitzt und diese zunächst ein wenig am Fell zieht, bevor er, um aufzustehen, an der rechten Ziege nicht gerade zärtlich Halt sucht und ihr beim Weglaufen schließlich versehentlich sogar auf den Kopf tritt (woraufhin die Ziege unbeeindruckt lediglich kurz meckert, ansonsten aber stoisch sitzen bleibt). Aber auch hautnahe Begegnungen mit Kälbern [00:59:03–00:59:19] und jungen Rindern [01:03:58–01:05:09] können den hier wie sonst meist auch „selbstständig" agierenden Bayar nicht aus der Ruhe bzw. um seinen Eifer bringen. Nackt sitzt und klettert er unbekümmert alleine in weiter Steppe auf einer alten, verrosteten Blechtonne, bis er nach und nach von einer Herde junger Rinder vollständig umringt wird, so dass nur noch ein Bein von ihm zu sehen ist (vgl. auch Abb. 5).

Abb. 5: Bayar auf dem Feld (Still [01:05:05] aus dem Film *Babys*, J.R.B.).

Während der ebenso neugierige wie furchtlos-vertrauensvolle Umgang mit Tieren in Namibia demnach von den geradeso handelnden Erwachsenen toleriert oder sogar von diesen befördert wird, lässt sich keine Aussage darüber treffen, wie Bayars Eltern regiert hätten, wenn sie gesehen hätten (vgl. an dieser Stelle auch Fußnote 8), wie der Hahn mit seinen gefährlichen Krallen und dem spitzem Schnabel neben dem wehrlosen Bayar auf dem Bett umher stolziert oder wie die Rinder Bayar in „ihre Mitte" nehmen.

Hinzuweisen ist in diesem Zusammenhang auch auf eine Szene [00:57:47–00:58:27], in der Bayar am Eingang der Jurte in einer Wanne sitzt und badet, als er von einer Ziege besucht wird, die genüsslich von seinem Badewasser trinkt. Als Bayars Mutter dies bemerkt, verscheucht sie zwar das Tier durch lautes Klatschen, lacht dabei allerdings auch herzlich über die – nach ihrem Empfinden – Komik der Situation.

Mit Blick auf den Umgang mit Tieren bekommen die ZuschauerInnen weiterhin eine Szene [00:37:37–00:37:56] zu sehen, in der Bayars Mutter auf der Weide stehende Kühe von Hand melkt. Augenfällig ist diese Melk-Szene insofern, als der Protagonist Bayar darin gar nicht vorkommt. Das gilt auch für eine Szene [00:18.21–00:18:40], in der eine große Ziegenherde vor dem Wohnzelt gezeigt wird, an die Bayars Mutter gezielte Rufe richtet.[11] Warum wurden

---

11   Auch die sicherlich kontrollierte, aber dennoch frei vorbeiziehende Ziegenherde in Namibia [00:26:20–00:26:29] passt hierzu.

diese beiden Szenen für einen Film ausgewählt, in dem es doch um Babys bzw. Kleinkinder gehen soll? Wohl deshalb, weil sie dem (westlichen bzw. westlich geprägten) Publikum in Erinnerung rufen, dass Tiere natürlicherweise mehr als Haustiere und damit mehr als dekorative, um der Wohligkeit willen gehaltene „Familienmitglieder" mit Kuschelfaktor sind, Nutztiere nämlich, die unmittelbar oder mittelbar zum (Über-)Leben von Familien dringend gebraucht werden. Darauf weisen im Übrigen auch zwei Szenen hin, denen Bayar [00:54:22–00:54:54] bzw. Ponijao [00:56:11–00:56:26] beiwohnen und in denen jeweils geschlachtete Tiere ausgenommen werden.

Nutztiere werden im urbanen San Francisco oder Tokio nicht gezeigt. Hier gehören Tiere – abgesehen vom vierbeinigen Familienmitglied „Katze" – in den Zoo [00:42:19–00:43:19]. Hinter Gitterstäben und Glas sind die Begegnungen mit den Tieren dabei stets nur mittelbar; außer dem bloßen Anschauen können zudem keine weitere Erfahrungen mit den Tieren gesammelt werden. Das Betrachten eines fauchenden Tigers hinter Glas bringt Mari dabei zum Weinen.

5   Fazit

Der auf Gegenüberstellung hinauslaufende Vergleich von vier Babys bzw. Kleinkindern aus unterschiedlichen Kulturen und Kulturräumen, den der hier thematisierte Film *Babys* (*Bébés*) betreibt, wurde anhand der Themen „Familienstrukturen" und „Bezug zur Natur" diskutiert. Ebenso denkbar wäre es gewesen, die Essens- und Fütterszenen, die teils anrührenden Waschszenen (vgl. bspw. eine Abfolge von vier direkt hintereinander geschnittenen Szenen [00:19:04–00:20:07], in denen Bayar, Hattie, Ponijao und schließlich wieder Bayar gewaschen bzw. gereinigt werden) oder jene Szenen gezielter in den Blick zu nehmen und bezüglich ihrer Auswahl und Anordnung zu analysieren, in denen es um die jeweiligen Transport- und Fortbewegungsmittel geht.

Aussagekräftig im zuletzt genannten Zusammenhang sind bspw. zwei direkt aufeinander folgende Szenen, in denen Ponijao in einer Art Tuchgurt auf dem Rücken ihrer Mutter getragen wird [00:31:37–00:31:55], während Mari von ihrer Mutter, ebenfalls in einem Tragetuch, vorderseitig „transportiert" wird [00:31:55–00:32:00]. Ponijaos Mutter befindet sich dabei allerdings auf einer Wanderung per pedes, während Maris Mutter in dieser Szene im gläsernen Außenaufzug eines Wohnhauses steht. Damit kontrastieren die beiden Szenen in mehrfacher Hinsicht miteinander: Der in freier, unmittelbar wahrzunehmender Natur aktiv gehenden Mutter in Namibia steht die in eine verglaste Skyline-„Landschaft" eingepasste, bewegungstechnisch passive Mutter in Tokyo gegenüber.[12]

Deutlich wurde jedoch bereits an den näher betrachteten Themen und deren Szenen: Thematisch Ähnliches aus den einzelnen vier Familien wird in der Regel direkt hintereinander gezeigt und dabei so „zugespitzt" und filmtechnisch fokussiert, dass sich ein kontraststarker Vergleich geradezu aufdrängt. Auf diese Weise ergeben sich einerseits markante Unterschiede, doch werden andererseits auch nicht minder klare Gemeinsamkeiten deutlich.

Die Unterschiede lassen sich ursächlich allerdings nicht eindimensional nur auf kulturell-mentale Eigenheiten zurückzuführen; sie sind vielmehr auch, auf Stadt-Land-Differenzen, auf geographisch-klimatische, auf gesellschaftlich-sozioökonomische und familieninterne Gegebenheiten zurückzuführen. Wie (bspw. via Bilderbuch oder via Naturbegegnung) und von wem (bspw. Erzieherin oder Geschwister) die Kinder lernen und was sie warum im Detail lernen (Ponijao bspw. lernt, eine Blechdose auf dem Kopf zu balancieren [01:10:38–01:11:38]), hängt auch stark von Privat-Kontingentem und von spezifischen Notwendigkeiten der generellen Lebensbedingungen ab. Der Film zeigt in diesem Zusammenhang deutlich, dass die in einer Kultur und Gesellschaft gewählten Erziehungswege und -ziele nicht absolut gesetzt und als allgemeinverbindlich behauptet werden können, sondern nur eine je nach situativer Komplexität erwägenswerte, zu verwerfende oder zu optierende Möglichkeit darstellen.

Andererseits werden – bei aller Unterschiedlichkeit – jedoch auch Gemeinsamkeiten deutlich: Selbstverständlich wachsen alle Kinder und werden größer; sie müssen gefüttert und gewaschen werden, sie sind neugierig und haben den Drang ihre Umwelt zu erkunden, sie sprechen ihre ersten Wörter und sie machen ihre ersten Steh- und Gehversuche. Und sie brauchen Zuneigung und Liebe und sind insofern von allem Beginn an eminent soziale Wesen. In allen vier Familienkonstellationen, die der Film vorstellt, werden dem Kind diese Liebe und Zuneigung entgegengebracht, wenn auch in unterschiedlichen Formen und von unterschiedlichen AkteurInnen. Bspw. sind für jedes der vier Kinder zärtliche Gesten der Zuneigung von der Mutter bzw. zwischen Mutter und Kind zu sehen: das zärtliche Berühren der Gesichter von Ponijao und ihrer

---

12   Auch der häufig gewährte Blick auf das Motorrad in der Mongolei, auf Reitszenen in Namibia und in der Mongolei sowie im Kontrast dazu der Blick auf die U-Bahn in Tokio wären einer detaillierten Analyse sicherlich wert.

Mutter in Namibia [00:03:42–00:04:44], das Streicheln von Maris Kinder-
händen [00:07:42–00:07:46] sowie das zärtliche In-den-Schlaf-wiegen von
Hattie [00:59:20–00:59:37] und von Bayar [00:27:34–00:27:50].

Literatur

Chez Wam (2010). *Filmbooklet zu Babys*. Arthaus.
Galimberti, Gabriele (2014). *Toy Stories*. Photos of Children from Around the
    World and Their Favorite Things. New York: Abrams Image.
Germain, Julian (2012). *classroom portraits*. München, London, New York:
    Prestel.

Henrike Terhart & Hans-Joachim Roth

Migration, Mehrsprachigkeit und kindliches Fernsehen – ein Überblick

1 Einleitung

Medien und ihrer Rezeption kommt bei der gesellschaftlichen Verhandlung des Themas Migration eine große Bedeutung zu. In unserem Beitrag fokussieren wir die Fernsehvorlieben von Kindern und fragen nach einem möglichen Einfluss von Migrationserfahrung und Mehrsprachigkeit auf ihr Rezeptionsverhalten. In einem ersten Schritt wird ein Überblick über die Nutzung von deutsch- und herkunftssprachigem Fernsehen von Menschen mit Migrationshintergrund gegeben. Daran anknüpfend werden in einem zweiten Schritt unter Bezug auf eine von uns durchgeführte Untersuchung zu den Fernsehlieblingsfiguren 8- bis 12-jähriger Kinder mit Migrationshintergrund kindliche Rezeptionen von Fernsehinhalten vorgestellt und systematisiert. Neben Aspekten, die Personen und Figuren aus dem Fernsehen besonders attraktiv machen, werden die jeweiligen Funktionen von deutsch- und herkunftssprachigem Fernsehen für die befragten Kinder zum Thema gemacht. Deutlich wird dabei, dass neben dem Fernsehverhalten in der Familie insbesondere die Peer-Kommunikation Einfluss auf das Rezeptions- verhalten der befragten Kinder nimmt – und zwar nicht nur in Hinblick auf die Inhalte, sondern auch bezogen auf die gewählte Sprache. Im direkten Vergleich mit anderen Studien konnten dabei keine migrationsbedingten Besonderheiten bei den Nutzungsmustern der Lieblingsfiguren aus dem Fernsehen festgestellt werden. Jedoch lassen sich aus den Äußerungen der Kinder ergänzende Aussagen ableiten, die Hinweise auf die mediale Auseinandersetzung mit bestehender Diversität aus Sicht von Kindern mit Migrationshintergrund geben. Die Ergebnis- se werden anschließend auf Anknüpfungspunkte für die Stärkung kindlicher Me- dienkompetenz in einer Migrationsgesellschaft hin befragt.[1]

---

1   Der Beitrag greift in Teilen auf Terhart/ Roth 2008 zurück.

2   Befunde zur Fernsehrezeption von Menschen mit Migrationshintergrund – eine Frage der Sprache?

Im Folgenden werden die Ergebnisse einer Auswahl von Studien zusammengefasst, die das Verhältnis der Nutzung von deutschsprachigen und herkunftssprachigen Fernsehangeboten durch Menschen mit Migrationshintergrund[2] untersuchen. Unterschieden wird dabei zwischen Studien, die sich auf Kinder und Jugendliche beziehen, und Studien, die im Schwerpunkt die Mediennutzung durch Erwachsene (und zum Teil Jugendliche ab 14 Jahren) berücksichtigen.

In einer durch das Presse- und Informationsamt der Bundesregierung geförderten quantitativen Studie zur „Freizeitgestaltung und Mediennutzung" befasst sich Granato unter anderem mit dem Fernsehverhalten von Kindern mit Migrationshintergrund. Über eine Befragung von 6- bis 13-jährigen Kindern mit türkischem Migrationshintergrund zeigte sich, dass 63 Prozent der 255 befragten Kinder ausschließlich deutsches Fernsehen, 30 Prozent deutsches und türkisches Fernsehen und lediglich sieben Prozent ausschließlich türkisches Fernsehen nutzen (vgl. Granato 2002). Im Rahmen der 13. Shell-Studie (Fritzsche 2000) wurden zum Verhältnis von herkunfts- und deutschsprachiger Fernsehnutzung folgende Zahlen vorgelegt: Von den 360 befragten Jugendlichen mit italienischem Migrationshintergrund sehen 81 Prozent und von den 455 Jugendlichen mit türkischem Migrationshintergrund 54 Prozent überwiegend deutsche Sender. Allerdings mussten sich die Befragten bei der Beantwortung dieser Frage entscheiden, ob sie überwiegend deutsch- oder herkunftssprachiges Fernsehen schauen. Eine Möglichkeit, ein gleichermaßen über beide Sprachen hinweg verteiltes Nutzungsverhalten anzugeben, war nicht vorgesehen (vgl. Fritzsche 2000: 203 f.). In einer von Ucar-İlbuğa durchgeführten Untersuchung zum „Fernsehkonsum von türkischen Jugendlichen" (2005) wurden 23 qualitative Interviews sowie 76 Fragebögen erhoben und ausgewertet. Zusammenfassend wurde von der Autorin festgehalten, dass die Familien der 13- bis 17-jährigen Befragten großen Einfluss auf die Wahl der Fernsehsprache haben. Gemeinsam mit den Eltern wird öfter türkischsprachiges (Nachrichten-)Fernsehen genutzt; sehen die Jugendlichen hingegen alleine fern, werden deutschsprachige Programme bevorzugt. Ist ein eigener Fernseher vorhanden, wird ebenfalls hauptsächlich deutsch-

---

2   Die dem Etikett „mit Migrationshintergrund" zugrundeliegende Definition ist in den herangezogenen Studien nicht immer identisch. In der Regel werden in den Studien Personen berücksichtigt, die entweder selbst, oder deren Eltern (bzw. mindestens ein Elternteil) nach 1950 nach Deutschland eingewandert sind.

sprachiges Fernsehen geschaut. Bei einigen Jugendlichen zeigte sich zudem, dass der Konsum türkischsprachiger Sendungen eine Brückenfunktion zum Herkunftsland (der Familie) übernimmt (vgl. Ucar-İlbuğa 2005: 229 f.). Jüngere Studien mit einer zum Teil differenzierteren Betrachtung der Mehrsprachigkeit der befragten Kinder und Jugendlichen stützen die Ergebnisse einer Mischnutzung des deutsch- und herkunftssprachigen Fernsehens bei einer Bevorzugung deutschsprachiger Programme (vgl. für die Fernsehnutzung Beisenherz 2006, Morgenstern/ Fieber-Martin 2011 und Ahrenholz/ Maak 2013 sowie für einen allgemeinen Überblick Trebbe/ Heft/ Weiß 2010).

Bezogen auf Erwachsene (z.T. unter Berücksichtigung von Jugendlichen ab 14 Jahren) wird in einer der ersten groß angelegten Fragebogenuntersuchungen von Weiß und Trebbe für das Presse- und Informationsamt der Bundesregierung ersichtlich, dass der größte Teil der 1.842 auf Deutsch Befragten mit türkischem Migrationshintergrund (ab 14 Jahren) mit 50 Prozent am liebsten deutsch- *und* türkischsprachiges Fernsehen schauen, 28 Prozent bevorzugen das deutsche und 17 Prozent nutzen ausschließlich türkischsprachiges Fernsehen (fünf Prozent nutzen keine Massenmedien). Als aussagefähige Variablen für die Sprachwahl bei der Mediennutzung wurden von den Autoren das Lebensalter, die Schulbildung, der Stellenwert der Religion, die Sprachkompetenzen sowie das kulturelle, soziale und politische Interesse an Deutschland und an der Türkei genannt. In der Gruppe der 14- bis 19-jährigen gaben knapp die Hälfte (48 Prozent) der befragten Jugendlichen an, nur deutschsprachiges Fernsehen zu schauen, gefolgt von 34 Prozent, die gerne in deutscher und türkischer Sprache gucken. Je älter die Befragten waren, desto stärker stieg der Anteil an der Nutzung türkischsprachiger Sendungen (vgl. Weiß/ Trebbe 2002).

Ebenfalls im Auftrag des Bundespresseamts führte Hafez eine qualitative Untersuchung zur Mediennutzung von türkischen MigrantInnen in Deutschland durch. Ausgehend von der Unterscheidung und Definition politischer, sozialer und kultureller Integration entwickelte er auf Basis von 93 Tiefeninterviews mit Familien und Einzelpersonen eine Typologie zur Mediennutzung türkischer MigrantInnen ab 14 Jahren (vgl. Hafez 2004: 82 ff.), die deutlich macht:

> „Die einfache Losung ‚Je mehr inländische Medien jemand nutzt, umso besser ist er integriert' und umso besser ist sein Verhältnis zu Deutschland, erscheint zu pauschal. Dies gilt ebenso wie das umgekehrte Deutungsmuster ‚Je mehr fremdländische und ausländische Medien jemand nutzt, umso weniger ist er in der deutschen Gesellschaft integriert'" (Hafez 2004: 84).

In der siebten Mehrthemenbefragung „Türkischstämmige Migranten in Nordrhein-Westfalen" (2006), welche vom Zentrum für Türkeistudien im Auftrag des
nordrhein-westfälischen Ministeriums für Generationen, Familie, Frauen und
Integration durchführt wurde, zeigten sich bezüglich des Themenbereiches
„Politische Einbindung und Mediennutzung" folgende Ergebnisse: 87 Prozent
der 1000 befragten Erwachsenen mit türkischem Migrationshintergrund kombinieren deutsche und türkische Medien, 8 Prozent geben an, ausschließlich türkische Medien zu nutzen und 4 Prozent wählen ausschließlich deutsche Medien.
Nach dieser Studie werden deutsche Medien in den nachfolgenden Generationen
zunehmend häufiger genutzt, wobei dies nur zu einem kleinen Teil auf Kosten
der türkischsprachigen Medien geschieht; die Ergebnisse weisen vielmehr auf
eine stärker verbreitete Nutzung in beiden Sprachen hin (vgl. Zentrum für
Türkeistudien 2006: 167 f.).

Im Herbst 2006 wurden vom WDR unter dem Titel „Zwischen den Kulturen.
Fernsehen, Einstellungen und Integration junger Erwachsener mit türkischer
Herkunft in Nordrhein-Westfalen" fünf Studien zur Mediennutzung von Menschen mit türkischem Migrationshintergrund zwischen 14 und 49 Jahren veröffentlicht. Gefragt wurde nach dem Selbstbild und der Mediennutzung junger
Erwachsener mit türkischer Herkunft (vgl. Hammeran/ Basoinar/ Simon 2007),
den Medienbiografien junger Erwachsener türkischer Herkunft (vgl. Görling
2006), der Fernsehnutzung, den Einstellungen und den Programmerwartungen
von Menschen türkischer Herkunft in Nordrhein-Westfalen (vgl. Simon/ Kloppenburg 2007); ebenso wurde das Thema Integration als Mediennutzungsmotiv
bearbeitet (vgl. Trebbe/ Weiß 2007). In Bezug auf Fragestellungen und methodischen Aufbau sind die Studien zwar sehr unterschiedlich; insgesamt wird aber
deutlich, dass die deutsch- und die jeweils herkunftssprachige Mediennutzung in
einem funktionalen Ergänzungsverhältnis und nicht etwa in einem Oppositions-
verhältnis stehen. Deutsch- und herkunftssprachige Programme werden je nach
den unterschiedlichen Bedürfnissen und auch je nach sozialen Situationen
genutzt. Dabei geht ein Interesse an deutschsprachigen Medien in der Regel nicht
mit einem Aufgeben des Interesses an der Sprache des Herkunftslands einher,
vielmehr dient gerade das Fernsehen ihrer Pflege und Erhaltung. Medien und
ganz besonders das Fernsehen stellen eine wichtige Informationsquelle des
Alltags dar. Trebbe und Weiß mahnen jedoch an, dass deutschsprachige Medien
sich nicht als Steuerungsinstrument für eine im klassischen Sinne verstandene
Integrationspolitik eignen, auch wenn sie für den Erwerb der deutschen Sprache
genutzt werden können (Trebbe/ Weiß 2007: 141). Bezogen auf das türkisch-
sprachige Fernsehen wird deutlich, dass durch die Nutzung insbesondere sozialen

Bindungswünschen innerhalb der Familie nachgekommen wird, da es für familiäres Zusammenkommen und Zusammenhalt steht (Hammeran/ Basoinar/ Simon 2007, Simon/ Kloppenburg 2007). Deutlich wird aber auch, dass die Medienwelten der Befragten sehr heterogen sind und die jüngeren Befragten als Individuen angesprochen werden möchten und nicht als Angehörige einer Minderheit (vgl. Görling 2006).

In den Jahren 2007 und 2011 wurde zudem die von der ARD-/ ZDF-Medienkommission durchgeführte bundesweite repräsentative Studie „Migranten und Medien" veröffentlicht. Im Fokus lag der Stellenwert deutscher und herkunftssprachiger (insbesondere elektronischer) Medien für in Deutschland lebende Personen mit Migrationshintergrund ab 14 Jahren. Es wurden Menschen mit unterschiedlichen nationalen (und sprachlichen) Hintergründen (türkisch, kroatisch, serbisch-montenegrisch, bosnisch-herzegowinisch, polnisch, italienisch und griechisch) einbezogen; weiterhin wurde die Gruppe der SpätaussiedlerInnen berücksichtigt. Bezogen auf das Medium Fernsehen zeigte sich, dass eine Nutzung von deutsch- und herkunftssprachigem Fernsehen die Normalität darstellt. Insgesamt wird das deutschsprachige Fernsehen bevorzugt, wobei herkunftssprachliches Fernsehen insbesondere bei MigrantInnen mit türkischem Migrationshintergrund von Bedeutung ist. Gefragt nach den Funktionen des Fernsehens für die Befragten wurde zudem deutlich, dass sich diese kaum von den Angaben von Menschen ohne Migrationshintergrund unterschieden; Spaß und Unterhaltung sind die wichtigsten Funktionen für die 14- bis 29-Jährigen.

Zusammengefasst zeigt sich anhand der gesichteten Studien, dass MigrantInnen zum größten Teil deutsch- und herkunftssprachige Sendungen kombinieren, also ein ihrer Zweisprachigkeit entsprechendes Fernsehverhalten zeigen. Hinsichtlich der Zusammensetzung der mehrsprachigen Fernsehnutzung bestehen deutliche Unterschiede, die sich zum einen auf Sprachkompetenzen sowohl im Deutschen als auch in den Herkunftssprachen zurückführen lassen; zum anderen bestanden vor der Zeit einer flächendeckenden Nutzung des Internets lange Zeit unterschiedliche Möglichkeiten, überhaupt herkunftssprachige Fernsehprogramme in Deutschland zu empfangen.

Studien zur Medienrezeption von Menschen mit Migrationshintergrund in Deutschland, von denen an dieser Stelle eine Auswahl zum Thema Fernsehnutzung vorgestellt wurden, waren dabei insbesondere zu Beginn der 2000er Jahren durch zwei leitende Fragen motiviert: Zum einen sollten Hinweise auf möglicherweise bestehende „mediale Parallelgesellschaften" bei der Gruppe der Personen mit Migrationshintergrund gesammelt werden. Zum anderen lag den Analysen häufig die Annahme zugrunde, dass die Nutzung deutschsprachiger Medien

Rückschlüsse auf eine bestehende „Integration" bzw. „Integrationsbereitschaft"
zulasse. Beide Annahmen konnten und können durch empirische Daten nicht
bestätigt werden: Neben einer aktiven Mischnutzung, die auf unterschiedliche,
sich ergänzende Funktionen deutsch- und herkunftssprachiger Medien hinweist,
lassen sich keine kausalen Zusammenhänge feststellen zwischen der Mediennutzung und dem, was in der öffentlichen Diskussion über Migration als „Integrationsbereitschaft" angenommen und gefordert wird.

3   Zur Fernsehrezeption 8- bis 12-jähriger Kinder mit Migrationshintergrund am Beispiel ihrer TV-Lieblingsfiguren

Im Folgenden werden die Ergebnisse einer Untersuchung zu den Fernsehlieblingsfiguren 8- bis 12-jähriger Kinder mit Migrationshintergrund vorgestellt.
Dabei stehen zwei Aspekte im Mittelpunkt: Die möglichen Einflüsse, welche aus
den durch die Migration (der Eltern) bedingten Erfahrungen resultieren, sowie
die Bedeutung einer womöglich damit einhergehenden Mehrsprachigkeit auf das
Fernsehverhalten von Kindern.

Die Studie zu den Lieblingsfiguren 8- bis 12-jähriger Kinder mit Migrationshintergrund im Fernsehen haben wir 2007 als Teil einer Untersuchungsreihe zu
den TV-Lieblingsfiguren von Kindern in Deutschland durchgeführt. Die Untersuchungsreihe wurde vom Deutschen Zentralinstitut für das Jugend- und Bil-
dungsfernsehen initiiert und umfasste zudem eine repräsentative Befragung
sowie Interviewstudien zu den Lieblingsfiguren von Mädchen (vgl. Götz 2006 b)
und Jungen (Winter/ Neubauer 2006). Forschungsleitend für unsere Untersuchung waren die Fragen, welche TV-Lieblingsfiguren die befragten Kinder
nennen, wie sie ihre Wahl begründen und was sie an Fernsehfiguren attraktiv
finden. Insgesamt waren 125 Kinder mit Migrationshintergrund an der Studie
beteiligt: Neben zwei ersten explorativen Gruppengesprächen mit insgesamt 15
Kindern wurden leitfadengestützte Einzel- und Partnerinterviews mit 30 Kindern
geführt; 80 Kinder wurden mithilfe eines Fragebogens befragt.[3]

---

3   Die befragten Kinder waren im Mittel 9,4 Jahre alt. Zum Zeitpunkt der Erhebung
     besuchten 68 Prozent der Kinder die Grundschule und 32 Prozent eine weiter-
     führende Schule. Knapp 58 Prozent der befragten Kinder haben einen türkischen,
     polnischen, portugiesischen, italienischen oder russischen Migrationshintergrund,
     wobei insgesamt 46 Herkunftsländer (der Eltern) genannt wurden. Eine migrations-

Ziel der vorliegenden Untersuchung war es, Vorstellungen, Wünsche, Erwartungen sowie Interaktionen über Medienerfahrungen 8- bis 12-jähriger MediennutzerInnen mit Migrationshintergrund in den Blick zu nehmen und damit einen Eindruck von der Diversität medialen Erlebens zu erhalten. Im Unterschied zu bereits durchgeführten Untersuchungen zu kindlicher Medienrezeption, in denen der Aspekt „Migrationshintergrund" keine Rolle spielt, sind wir der Frage nachgegangen, ob und in welcher Weise die eigenen oder in der Familie vorhandenen Migrationserfahrungen Einfluss auf die Fernsehnutzung und hierbei insbesondere auf die Präferenzen bei der Wahl der persönlichen Lieblingsfiguren aus dem Fernsehen nehmen. Zu berücksichtigen ist dabei, dass bei der Gruppe der 8- bis 12-jährigen Kinder mit Migrationshintergrund nicht von einer homogenen Gruppe ausgegangen werden kann. Die Zuschreibung eines Migrationshintergrundes stellt neben Alter, Geschlecht, sozioökonomischem Status der Eltern usw. einen möglichen Differenzmarker dar. Hinzu kommt, dass auch im Vergleich der verschiedenen Herkunftsgruppen Unterschiede in Bezug auf ihre gesellschaftliche Position und das Prestige der Herkunftssprache bestehen. Weiterhin ist es zudem zentral, auch innerhalb von Herkunftsgruppen Prozesse sozialer Differenzierung – nach einem halben Jahrhundert Arbeitsmigration – zu beachten.

Unter Berücksichtigung der bestehenden Heterogenität innerhalb unserer Untersuchungsgruppe möchten wir kurz auf einige migrationsgesellschaftlich relevanten Befunde zur Lebenssituation von Kindern mit Migrationshintergrund in Deutschland eingehen. So wird in dieser Studie der Tatsache Rechnung getragen, dass allochthonen Kindern aufgrund ihrer meist vorhandenen Bilingualität nicht nur das deutsche, sondern auch das Fernsehprogramm ihres eigenen bzw. des Herkunftslandes der Eltern oder Großeltern zur Verfügung steht. Zudem erleben viele der Kinder mit Migrationshintergrund ihr Aufwachsen in einer Umgebung, in welcher sie als „Migrationsandere" (Mecheril 2004: 24) wahrgenommen werden. Die so festgeschriebene Zugehörigkeit zur Minderheit der EinwanderInnen kann mit Erfahrungen der Besonderung und Diskriminierung einhergehen und beschneidet vielfach die Möglichkeiten einer aussichtsreichen gesellschaftlichen Teilhabe (vgl. ebd.: 133 ff.). Die damit verknüpfte systematische Benachteiligung dieser Kinder in Deutschland zeigt sich dabei insbesondere in Bezug auf Erfolgschancen im Bildungssystem.

---

bedingte Mehrsprachigkeit wurde dann angenommen, wenn das Kind selbst und/ oder seine Eltern bzw. mindestens ein Elternteil nach 1950 nach Deutschland zugewandert ist/ sind. Unter den 125 Kindern waren 71 Mädchen und 54 Jungen.

Hinsichtlich der Fernsehrezeption unterscheiden sich die befragten Kinder kaum von einsprachig deutschen Kindern derselben Altersgruppe; in der Wahl der Lieblingsfiguren bestehen keine auffälligen Abweichungen von den Angaben der befragten Kinder ohne Migrationshintergrund (vgl. Götz 2006 a): Über die beliebtesten Figuren im Fernsehen bestand grundsätzlich allerdings keine Einigkeit, auch wenn es sich bei den mehrfach benannten Figuren durchgehend um globalisierte Trickfilmfiguren handelt.[4] Mit Blick auf die „Herkunft" geben die befragten Kinder fast ausschließlich an, ihre Lieblingsfiguren aus dem deutschsprachigen Fernsehen zu wählen, auch wenn sie zum Großteil ebenfalls herkunftssprachiges Fernsehen nutzen (vgl. zu diesem Befund die vorgestellten Studien in Kapitel 2). Ein Drittel der befragten Kinder schaut herkunfts-sprachiges Fernsehen jedoch nie oder nur ganz selten, z.B. im Urlaub. Bedenkt man, dass ein Großteil der in Deutschland lebenden Kinder mit Migrations-hintergrund in Deutschland geboren und aufgewachsen ist, so erscheint dieses Ergebnis wenig erstaunlich. Zu bedenken ist allerdings auch, dass die Erreich-barkeit von Kinderprogrammen in Deutschland nicht für alle Sprachen in gleicher Weise gegeben ist. Zentrale, von den Kindern vorgebrachte Gründe für die oftmalige Bevorzugung deutschsprachiger Programme sind:

–   fehlende Kompetenz in der familiären Herkunftssprache,
–   eine als höherwertig empfundene Qualität des im deutschsprachigen Fernsehen ausgestrahlten Programms sowie
–   die bessere Verwertbarkeit des Gesehenen für die Kommunikation mit Gleichaltrigen.

Mit Blick auf den dritten Punkt kann Medienaneignung primär als soziale Handlung verstanden werden (vgl. Wegener 2007). Aus dieser Perspektive wird verständlich, warum die kommunikative Funktion für die Nutzung von Medien-inhalten im alltäglichen Leben eine zentrale Steuerungsinstanz darstellt (vgl. Neumann-Braun 2005): Das deutschsprachige Programm bietet in den Augen der von uns befragten Kinder bessere Möglichkeiten für die Kommunikation – vor allem in der Peergroup. Hierzu berichtet Rached, ein 12-jähriges Mädchen mit irakischem Migrationshintergrund, über *Deutschland sucht den Superstar*:

> „Wenn ich das halt auf Deutsch gucke, dann kann ich das mit meinen
> Freunden [besprechen]: ‚ja wer ist der Favorit' und da kenn ich halt die

---

4   An erster Stelle nennen 14 Prozent der Kinder *SpongeBob*, 6 Prozent bevorzugen *Kim Possible* – gefolgt von *Bloom* (*Winx Club*) mit 3 Prozent und *Naruto* mit 2 Prozent.

Leute auch, das sind halt Prominente, und wenn ich das halt auf Arabisch gucke, dann kann ich das mit keinem besprechen von meinen Freunden, außer mit meiner Mutter, und ich kenne dann die Prominenten nicht, also, ich kenne die jetzt nur aus Deutschland, vom Irak kenne ich die jetzt nicht."

Im Sinne einer rezipientenorientierten Sichtweise kann nun gefragt werden, ob die Tatsache, dass die Kinder einen Migrationshintergrund haben, die Art der Bezugnahme auf ihre Lieblingsfernsehfiguren aus dem deutschsprachigen Fernsehen beeinflusst. Wir haben also zunächst nach den Gründen für die Fernsehnutzung und die Wahl der Lieblingsfiguren aus dem deutschsprachigen Fernsehen gefragt. Mithilfe eines kategorialen Auswertungsverfahrens (vgl. Mayring 2011) konnten aus den Daten heraus folgende vier Nutzungsmuster entwickelt werden:

1. Die Figuren werden zu Unterhaltungszwecken wie auch als verlässliche Konstanten über längere Zeitabschnitte genutzt (*Chill*).

2. Die Figuren bringen Spannung und Abwechslung in den Alltag. Insbesondere übernatürliche Fähigkeiten der Figuren sowie actionreiche Inhalte stellen hier für Jungen und Mädchen eine große Faszination dar (*Thrill*).

3. *Mimesis* wird nicht als reine Nachahmung, sondern vielmehr als kreativer Prozess des „Sich-in-Beziehung-Setzens" (Wulf 2005) verstanden. Deutlich wird, dass die interviewten Kinder nicht selten Verhaltens- und Denkweisen ihrer Lieblingsfiguren in ihren Alltag integrieren. Wir unterteilten mimetische Prozesse in (a) affirmative Nachahmung als unkritische Übernahme medialer Inhalte, (b) imaginäre Machtaneignung, die durch Identifikation die Erhöhung des eigenen Status zum Ziel hat, sowie (c) spielerische Grenzüberschreitungen, durch die sich Kinder experimentell mit Rollenmustern und Identitäten auseinandersetzen.

4. Figuren werden von den Kindern auch dazu verwendet, in der Beurteilung des Verhaltens medialer Bezugspersonen die eigene moralische Position auszuloten. Wie aus entwicklungspsychologischer Sicht zu erwarten (vgl. Kohlberg 1996), findet in der vorpubertären Phase eine Übernahme sozialer Normen statt; die Kinder zeigen ein regelkonformes Verhalten (*moralische Positionierung*).

Deutlich wurde dabei, dass die Nutzungsmuster *Chill* und *Thrill* von sehr vielen Kindern benannt wurden, wohingegen die beiden weiteren Nutzungsmuster seltener auftraten. Betrachtet man diese Ergebnisse bezogen auf den Faktor „Migration", so können wir für die Frage nach den Nutzungsmustern ebenfalls keine migrationsbedingten Besonderheiten feststellen. Das gilt auch unter Berücksichtigung der weiteren zu den TV-Lieblingsfiguren von Kindern durch-geführten Studien (vgl. Götz 2006 b, Winter/ Neubauer 2006). Die Formen, in denen die befragten Kinder ihre Lieblingsfiguren in den Alltag integrieren und für sich verwerten, unterscheiden sich unseres Erachtens nicht von denen der in den weiteren Studien befragten Kinder ohne Migrationshintergrund. Vielmehr wird insbesondere in der Fragebogenauswertung deutlich, dass die Geschlechts-zugehörigkeit bei der Wahl der Lieblingsfiguren wie auch bei der Begründung dieser Wahl eine weitaus wichtigere Einflussgröße darstellt.

3.1 Migration – ein Einflussfaktor für die Fernsehrezeption

Sowohl den Interviews als auch den standardisierten Daten konnten über die vorgestellten Nutzungsmuster hinaus Hinweise entnommen werden, dass Fern-sehfiguren[5] – nicht nur des Kinderprogramms – immer wieder auch in migra-tionsgesellschaftlichen Kontexten wahrgenommen werden. Aufgrund der Anlage der Studie und somit ohne direkte Vergleichswerte einer Gruppe von Kindern ohne Migrationshintergrund ist allerdings nicht sicher nachzuweisen, ob die Gründe für die in den erhobenen Daten aufgefundenen Hinweise allein auf die Mehrsprachigkeit oder auf die Erfahrung, in Familien aufzuwachsen, deren Mitglieder einen Migrationshintergrund haben, zurückzuführen sind. Die mit aller Vorsicht formulierten folgenden Thesen gehen der Frage nach, inwiefern sich mögliche Migrations- und Zuschreibungserfahrungen der Kinder auf ihre Mediennutzung auswirken: Die über alle Differenzen hinweg bestehende Erfahrung vieler Kinder, in Deutschland als „Migrationsandere" wahrgenommen zu werden, beeinflusst in gewisser Weise die Prioritäten und Ansprüche, die sie an das Fernsehen stellen.

---

5   Bei diesen Nennungen handelt es sich meist nicht um die gewählten Lieblings-figuren, sondern um weitere Figuren und Personen aus dem Fernsehen.

These 1: Derselbe Migrationshintergrund macht erfolgreiche Realfiguren attraktiv.
Die Darstellung erfolgreicher Menschen mit Migrationshintergrund im Fernsehen ist für einige eher ältere Kinder einen besonderen Hinweis wert. Insbesondere werden in diesem Zusammenhang erfolgreiche und bekannte SängerInnen genannt. Als einen Grund für ihre Wahl verweisen die Kinder immer wieder auch auf Migrationserfahrungen. Dabei scheint es durchaus wichtig zu sein, dass sich der (angenommene) nationale und sprachliche Hintergrund mit der eigenen bzw. familiären Herkunft deckt. Eine selbstbewusste Inszenierung ihrer Herkunft bei gleichzeitigem beruflichem und gesellschaftlichem Erfolg in der jeweiligen Aufnahmegesellschaft erscheint den Kindern erstrebenswert. Verdeutlicht wird dies unter anderem an der bestehenden und aktiv genutzten Mehrsprachigkeit der benannten Personen.

These 2: Dieselbe natio-ethno-kulturelle Zugehörigkeit fördert Identifikation.
Mit dem Begriff des „natio-ethno-kulturellen Anderen" verarbeitet Mecheril (2004) die geringe Trennschärfe der Begriffe „Nation", „Ethnizität" und „Kultur" und verweist damit offensiv auf eine in der Regel zwischen den Ebenen changierende Alltagsvorstellung von Zugehörigkeit. Seiner Meinung nach ist „die natio-ethno-kulturelle Vorstellung – eine kollektive in Ritualen der Beschwörung der performativen Wiederholung [...] gepflegte Imagination – deshalb attraktiv, weil sie die Einzelnen in einer vermeintlich ‚umfassenden' Weise anspricht und einbezieht" (Mecheril 2004: 21 f.). Die von uns befragten Kinder nennen in den Interviews Figuren aus dem deutsch- oder herkunftssprachigen Fernsehen, bei denen sie diese gemeinsame Imagination vermuten. Sie thematisieren Elemente als für ihr Medienverhalten bedeutsam, welche hybride Zugehörigkeitskonstruktionen bedienen. Durch die mediale Thematisierung erhalten kulturelle und religiöse Praktiken, wie beispielsweise das Fasten an Ramadan, individuelle Aufmerksamkeit und erlangen gesellschaftliche Relevanz – darüber eröffnen sie Identifikationsspielräume. Doch nicht nur der Verweis auf geteilte bzw. vertraute Praktiken, sondern zum Teil auch allein die Vorstellung geteilter Erfahrungen kann zu Identifikation führen. Hatice (11 Jahre) nennt auf die Frage, in wen aus dem Fernsehen sie sich gerne einmal verwandeln würde, unter anderem Senna von der Band *Monrose*[6]. Als Grund für ihre Wahl gibt Hatice an: „weil ich ein Fan von die bin außerdem, die ist auch Türkin". Hatice begründet ihre Wahl mit dem Verweis auf die gemeinsame türkische Herkunft. Für die Identifikation der Grundschülerin

---

6   Die dreiköpfige deutsche Girlband *Monrose* wurden in der Fernsehcastingshow „Popstars" zusammengestellt und bestand von 2006 bis 2011.

scheint dabei nicht von Bedeutung zu sein, dass Senna sich in medialen Selbstaussagen als eine marokkanisch-algerische Frankfurterin bezeichnet. Hatice verbindet mit der Sängerin offenbar keine konkreten Vorstellungen; allein die Gemeinsamkeit einer vermeintlich gleichen Herkunft (der Familie) trägt zu ihrem Interesse für die Sängerin bei.

These 3: Ein „anderes Aussehen" weckt Interesse.
Weniger eindeutig zeigen sich die Aussagen zur äußerlichen Erscheinung von Fernsehfiguren. So sagt Tülay (11 Jahre) über die Figur *Yağmur* aus der ARD-Vorabendserie *Türkisch für Anfänger*:

> „Da finde ich gut, sie hat braune Haut, trägt Kopftuch, ich weiß nicht, wie ihre Haare sind, schwarz glaube ich, und da hat die noch so, so – wie soll ich das jetzt, so hautfarbige Haut nicht, so bisschen braun."

Aus dieser Passage geht hervor, dass Tülay, die selbst kein Kopftuch trägt, es befürwortet, wenn sie Personen im Fernsehen sehen kann, die ihr in Haut- und Haarfarbe ähnlich sind. Dass sie ihre eigene sowie die Hautfarbe der Schauspielerin Pegah Ferydoni, die die Figur Yağmur spielt, von „hautfarbiger Haut" abgrenzt, verdeutlicht wieder einmal mehr die diesbezüglich stark normativen (medialen) Seh- und Bezeichnungskonventionen, die Weißsein als unhinterfragte Normalität einordnen.

Es bestehen in dieser Hinsicht jedoch keine einfachen Zusammenhänge: So begründet ein 8-jähriger blonder Junge, dessen Eltern aus Polen stammen, die Wahl seiner Lieblingsfigur *Cerver*, einem schwarzen Jungen aus der Serie *Disney's Wochenendkids*, mit dessen Haut- und Haarfarbe. Möglicherweise verknüpft sich hier ein schwer zu benennendes Gefühl der Besonderung als jemand, der mit einem Migrationshintergrund markiert wird, mit der Identifikation des als „anders" wahrgenommenen Aussehens *Cervers*, was ebenfalls auf entsprechende Sehkonventionen im deutschsprachigen Fernsehen hinweist. Vielleicht besteht die Erklärung aber auch ganz einfach darin, dass die Vorstellung des Andersseins Kindern Spaß macht und ihre Fantasie anregt.

These 4: Vielschichtige Charaktere sind anschlussfähig.
In einigen Interviews wird deutlich der Wunsch nach Abwechslung sowie nach vielseitigen Charakteren und Handlungsverläufen geäußert. Zu vermuten ist, dass solche Vielschichtigkeit als anschlussfähige Vorlage für das eigene Handeln im Alltag empfunden wird. Hierzu etwa die 11-jährige Sofia mit portugiesischem

Migrationshintergrund zu der Frage, warum sie und ihre Freundin die Figuren *Kim Possible* und *SpongeBob* mögen:

> „Weil die irgendwie spannend und trotzdem lustig, aber auch manchmal traurig sind, da sind gemischte Gefühle drin, also das ist nicht immer so, dass es hier spannend ist und da gemein ist, und alles getrennt, sondern alles so vermischt"

Homogenität und damit verbundene Vorhersehbarkeit wird hier somit als nicht sonderlich ansprechend empfunden. Gerade die „Vermischung" von verschiedenen Gefühlslagen und Rollenmustern, welche die Figuren durchleben, macht den Reiz aus. Figuren, deren Selbstdarstellung sich im Sinne einer „Patchworkidentität" (Keupp u.a. 2008) lesen lässt, entsprechen womöglich in besonderem Maße dem Selbstbild der Kinder. So könnten gerade für Kinder, die wie Sofia bereits in unterschiedlichen Ländern gelebt haben und mit verschiedenen kulturellen Lebensformen aufwachsen, heterogene Fernsehfiguren in Hinblick auf die eigenen hybriden Identitätskonstruktionen eine besondere Identifikationsvorlage bieten – auch wenn sich diese Überlegungen keinesfalls nur auf Kinder mit Migrationshintergrund beschränken.

3.2 Die Bedeutung des herkunftssprachigen Fernsehens

Insgesamt betreffen zahlreiche Äußerungen den Aspekt „Mehrsprachigkeit" bzw. „bilinguale Fernsehnutzung". Diese beziehen sich nicht explizit auf die TV-Lieblingsfiguren, erscheinen uns jedoch als so bedeutsam, dass wir sie an dieser Stelle vorstellen möchten. Es konnten drei Funktionen der herkunftssprachigen Fernsehrezeption der befragten Kinder herausgearbeitet werden: Neben einer *„Brückenfunktion"* zum Herkunftsland (der Eltern) wurde die Bedeutung des *gemeinsamen Fernsehens mit der Familie* sowie die Möglichkeit des herkunftssprachigen Fernsehens als *Sprachlernhilfe* deutlich.

Herkunftssprachiges Fernsehen stellt für einige Kinder eine Kontaktmöglichkeit zum Herkunftsland der Familie dar. So beurteilt der 12-jährige Fouad die Nachrichten im deutschsprachigen Fernsehen zwar als qualitativ hochwertig, sie würden ihm jedoch nicht immer die detaillierte Berichterstattung über den Libanon bieten, wie dies arabische Fernsehnachrichten tun würden. Fouad gibt an, auf diese Weise mehr über die Ereignisse in dem Land erfahren zu können, in dem ein Großteil seiner Familie lebt.

Für die ebenfalls 12-jährige Sabrine, die aus dem Irak stammt, ermöglicht die Nutzung des arabischen Fernsehens hingegen eine Rückversicherung der Bindung zur Mutter. Bei ihr kommt der Sprache damit eine stark emotionale Bedeutung zu, welche die Zugehörigkeit zum Herkunftsland ihrer Mutter symbolisiert:

> „Dann wird meine Mutter so ein bisschen stolz auf mich sein, weil sie sagt dann ‚ja, sie kann Deutsch gucken, aber interessiert sich auch schon für ihre eigene Muttersprache'."

Ohnehin wird die Wahl des Programms der Familie nicht zuletzt durch die Wünsche der Eltern bestimmt (Götz 2002). Auch in unserer Stichprobe wurde von elterlichen Fernsehgewohnheiten berichtet. Haben die Kinder keinen eigenen Fernseher, so müssen sie sich hin und wieder den elterlichen Entscheidungen hinsichtlich des Programms sowie der Fernsehsprache beugen. Die Ergebnisse bestehender Studien zur Mediennutzung von MigrantInnen zeigen, dass die Nutzung deutschsprachiger Programme bei jüngeren Befragten am höchsten ist. Hierzu passen die Berichte mancher Kinder, dass aufgrund der Hoheit der Eltern über das Fernsehprogramm die Nutzungsdauer herkunftssprachiger Medien manchmal höher sei als ihnen lieb ist. Wie zu Beginn des dritten Kapitels aus-geführt, weist das deutschsprachige Programm in vielerlei Hinsicht eine höhere Funktionalität für die befragten Kinder auf: höhere Sprachkompetenzen im Deutschen, eine wahrgenommene höhere Qualität der Sendungen im deutsch-sprachigen Fernsehen sowie eine bessere Verwertbarkeit in der Peerkommuni-kation. Die wichtige kommunikative Funktion, sich eben auch über Gespräche zu Fernsehsendungen immer wieder neu zu vergemeinschaften, bedarf der An-passung an die allen Kindern verfügbare Verkehrssprache Deutsch. Die Einbin-dung in das kommunikative Leben spielt selbstverständlich auch bei der Nutzung des herkunftssprachigen Fernsehens eine wichtige Rolle; dieses ist allerdings nur der jeweiligen Sprachgruppe verfügbar und eignet sich daher nicht für die Medienkommunikation in sogenannten multikulturellen bzw. sprachlich he-terogenen Kinder- und Jugendgruppen an deutschen Schulen. Von daher schlie-ßen die Befunde nicht aus, dass das herkunftssprachige Fernsehen mit der ganzen Familie als schönes Ereignis empfunden wird. Das bekannte Ritual, über ein Fernsehprogramm familiäre Gemeinschaft und affektive Bindungen herzustellen („Gemütlichkeit"), wird in ihren Familien auch als gemeinsames Bemühen um die Aufrechterhaltung der Beziehungen untereinander und zur Herkunft der Familie genutzt.

Eine weitere Bedeutung erhält das herkunftssprachige Fernsehen, wenn es als Sprachlernhilfe genutzt wird. Nachdem viele Kinder angaben, dass ihre Sprachkompetenzen in der Sprache ihrer Eltern nicht besonders gut entwickelt seien, erscheint es nachvollziehbar, dass sie Fernsehprogramme in der Familiensprache als Sprachlernhilfe nutzen. Über die Kindersendung *Gummibärenbande* gibt Leyla (8 Jahre) an, dass sie dieses aus dem deutsch- und türkischsprachigen Fernsehen kenne und eine klare Präferenz habe:

> „weil Türkisch ist viel interessanter, weil Deutsch da weiß man ja alles und so, weil in Türkisch kommt vielleicht ein Wort vor, das man nicht versteht, und dann kann man auch mal ein bisschen rätseln."

Gerade durch Formate für jüngere Kinder mit einem sprachlich einfacheren Niveau als etwa Nachrichtensendungen scheinen diese Kinder einen Zugang zum herkunftssprachigen Programm zu finden. Umgekehrt wird das deutschsprachige Fernsehen von den Kindern nicht als Sprachhilfe benannt. Ein Großteil der befragten Kinder ist in Deutschland geboren und aufgewachsen; sie verfügen über sehr gute Sprachfähigkeiten im Deutschen, so dass eine bewusst intendierte Schulung der deutschen Sprache durch das Fernsehen von ihnen auch nicht für nötig befunden wird.

4 Anknüpfungspunkte für die Förderung kindlicher Medienkompetenz in der Migrationsgesellschaft

Die Ergebnisse der von uns durchgeführten Studie zeigen, dass die befragten Kinder meistens und bevorzugt deutschsprachiges Fernsehen schauen. Sie orientieren sich an denselben Programmen wie Kinder ohne Migrationshintergrund und zeigen weitgehend identische Nutzungsmuster. Wie viele der in Deutschland lebenden Kinder mit Migrationshintergrund sind auch die von uns befragten Kinder zu einem großen Teil in Deutschland geboren und werden hier sozialisiert, wobei unter Berücksichtigung des internationalen Marktes des Kinderfernsehens wohl eher von einer globalen Mediensozialisation zu sprechen ist. In der Gruppe der Befragten gab es aber auch Kinder, bei denen in Bezug auf die Auseinandersetzung mit Fernsehfiguren migrationsspezifische Themen wie die Erfahrung, als „anders" (aussehend) markiert oder wahrgenommen zu werden, eine andere Sprache als die deutsche zu sprechen sowie die kulturelle und religiöse Zugehörigkeit zu einer Minorität durchaus eine Rolle spielen. Diese

Aspekte sind nicht alleinige Grundlage für Identifikation und Orientierung, werden von einigen Kindern jedoch aktiv aufgegriffen und können daher als Einflussgrößen betrachtet werden. Die Bedeutung migrationsbedingter Mehrsprachigkeit spielte in den Aussagen der Kinder immer wieder eine Rolle. Im Sinne der bestehenden Mischnutzung von herkunfts- und deutschsprachigem Fernsehen wird deutlich, dass durch das jeweilige Fernsehen durchaus unterschiedliche Funktionen erfüllt werden. Für die medienpädagogische und -didaktische Arbeit stellt der Zusammenhang mit Spracherwerb und sprachlicher Bildung eine neue Herausforderung dar: Es lässt sich beobachten, dass neue schulische Konzepte zur sprachlichen Bildung zunehmend neue Medien einbinden[7]. Die Einbindung des sprachbildnerischen Potenzials der Fernsehnutzung – sowohl des herkunftssprachigen Fernsehens wie auch der deutschsprachigen Programme – erscheint dabei als ein verborgenes Potenzial. Insbesondere durch die gestiegene Flexibilisierung von Fernsehinhalten durch vielfältige Abrufmöglichkeiten via Tablet und Handy hat sich deren kommunikative Funktion verändert: Das, worüber früher morgens gesprochen wurde, kann heute auf dem Schulhof direkt angesehen und gemeinsam thematisiert werden.

Die faktisch bestehende Vielfalt der in Deutschland lebenden Personen scheint sich nach Aussagen der Kinder teilweise in den Kinderprogrammen zu spiegeln: Sie schließt auf diese Weise an die Lebenswirklichkeit der Kinder an und beeinflusst zugleich ihr Rezeptionsverhalten. Dabei erscheint es wichtig, im Blick zu haben, dass die Diversität von Fernsehfiguren eine Bereicherung für alle Kinder darstellt – unabhängig von der Frage, ob die Kinder einen Migrationshintergrund haben oder nicht. Die (mediale) Auseinandersetzung mit Vielfalt und Partizipation von Minderheiten ist ein Thema, das die gesamte Gesellschaft betrifft. Bereits die jüngeren Generationen können in diesen Prozess eingebunden werden.

Potenziale für die medienpädagogische Arbeit mit Kindern unabhängig von ihrem (Migrations-)Hintergrund eröffnen die auch in unserer Studie deutlichen Hinweise auf die große Bedeutung der Medien für die Kommunikation in der Familie und mit Gleichaltrigen. Die Einbindung herkunftssprachiger Programme in die medienpädagogische Arbeit bietet einen Zugang zu den medialen Alltagserfahrungen einer gleichzeitigen Nutzung herkunfts- und deutschsprachiger Fernsehprogramme vieler mehrsprachiger Kinder. Darüber hinaus stellt die Aus-

---

7   Vgl. aktuell das Modul S5 „Medieneinsatz: Schreiben und Lesen mit digitalen Medien" der Bund-Länder-Initiative *Bildung durch Sprache und Schrift* (BiSS): http://www.biss-sprachbildung.de/biss.html?seite=41 [5/2015].

einandersetzung mit internationalen Medien auch in Hinblick auf einen ohnehin internationalisierten Fernsehmarkt einen wichtigen Aspekt medialer Bildung dar. In diesen Kontext sind auch die in letzter Zeit zunehmend zu verzeichnenden medienpädagogisch-künstlerischen (Ausstellungs-)Projekte mit Kindern und Jugendlichen zu den Themen „Migration" und „Diversität" einzuordnen, in denen Kinder ihren Alltag mit der Video- und Fotokamera darstellen (vgl. etwa Holzwarth 2006, CHICAM oder EinBlick, s. hierzu auch den Beitrag von Ricker-mann/ Beller in diesem Band) oder künstlerisch begleitet Ausstellungen durch-führen (vgl. bspw. das Ausstellungsprojekt Villa Global im Jugend Museum Berlin, s. www.jugendmuseum.de). Solche Ansätze bieten die Möglichkeit eines nicht allein verbalen medial-ästhetischen Ausdrucks und eröffnen auf diese Weise Anregungen für die Darstellung und Auseinandersetzung mit einer auch durch Migration gekennzeichneten gesellschaftlichen Heterogenität.

Literatur

Ahrenholz, Bernt; Maak, Diana (2013). *Zur Situation von SchülerInnen nicht-deutscher Herkunftssprache in Thüringen unter besonderer Berücksichtigung von Seiteneinsteigern. Abschlussbericht zum Projekt „Mehrsprachigkeit an Thüringer Schulen (MaTS)"*. Reihe: Berichte und Materialien www.daz-portal.de, Band 1 [http://www.daz-portal.de/images/Berichte/bm_band_01_mats_bericht_20130618 _final.pdf, 05/2015].

ARD-/ ZDF-Medienkommission (2007). *Migranten und Medien 2007*. Ergebnisse einer repräsentativen Studie der ARD-/ ZDF-Medienkommission [http://www. media-perspektiven.de/fileadmin/user_upload/media-perspektiven/pdf/2007/09-2007_Simon.pdf, 01/2014].

ARD-/ ZDF-Medienkommission (2011). *Migranten und Medien 2011*. Neue Erkenntnisse über Mediennutzung, Erwartungen und Einstellungen von Men-schen mit Migrationshintergrund in Deutschland [http://www1.wdr.de/unter nehmen/profil/integration/migranten-und-medien100.pdf, 01/2014].

Beisenherz, Gerhard (2006). Sprache und Integration. In Christian Alt (Hrsg.), *Kinderleben – Integration durch Sprache?* Schriften des Deutschen Jugend-instituts: Kinderpanel, Band 4: Bedingungen des Aufwachsens von türkischen, russlanddeutschen und deutschen Kindern. Wiesbaden: VS Verlag für Sozialwissenschaft, 39–70.

CHICAM – *Children in Communication about Migration* [http://www.ph-ludwigs burg.de/html/1b-mpxx-s-01/chicam, 01/2014].

Fritzsche, Yvonne (2000). Modernes Leben: Gewandelt, vernetzt und verkabelt. In Deutsche Schell (Hrsg.), *13. Schell Studie: Jugend 2000*. Band 1. Opladen: Leske + Budrich, 181–219.

Görling, Reinhold (2006). Heterogene Medienwelten – Medienbiographien junger Erwachsener türkischer Herkunft. In Westdeutscher Rundfunk Köln (Hrsg.), *Zwischen den Kulturen. Fernsehen, Einstellungen und Integration junger Erwachsener türkischer Herkunft in Nordrhein-Westfalen*, 42–47.

Götz, Maya (2002). Der Gebrauchswert von Kinderfernsehen. *Televizion*, 15(2), 1–10.

Götz, Maya (2006 a). Die Hauptfiguren im deutschen Kinderfernsehen. *Televizion*, 19(1), 4–7.

Götz, Maya (2006 b). Nur schön sozial und nachgiebig? Die Lieblingsfiguren der Mädchen. *Televizion*, 19(1), 24–29.

Granato, Mona (2002). Medien und Freizeit bei Kindern türkischer Herkunft. In Karl-Heinz Meier-Braun & Martin A. Kilgus (Hrsg.), *Integration durch Politik und Medien? 7. Medienforum Migranten bei uns*. Baden-Baden: Nomos, 49–57.

Hafez, Kai (2004). Massenmedien in der Einwanderungsgesellschaft: Trends, Theoreme, Forschungsdefizite. In Jörgen Klußmann (Hrsg.), *Interkulturelle Kompetenz und Medienpraxis*. Frankfurt a.M.: Brandes & Apsel, 69–91.

Hammeran, Regine; Basoinar, Deniz; Simon, Erk (2007). Selbstbild und Mediennutzung junger Erwachsener türkischer Herkunft. Ergebnisse einer qualitativen Studie. *Media Perspektiven* (3), 126–135.

Holzwarth, Peter (2006). Fotografie als visueller Zugang zu Lebenswelten von Kindern und Jugendlichen mit Migrationshintergrund. In Winfried Marotzki & Horst Niesyto (Hrsg.), *Bildinterpretation und Bildverstehen. Methodische Ansätze aus sozialwissenschaftlicher, kunst- und medienpädagogischer Perspektive*. Wiesbaden: VS Verlag, 175–205.

Keupp, Heiner; Ahbe, Thomas; Gmür, Wolfgang; Höfer, Renate; Mitzscherlich, Beate; Kraus, Wolfgang; Straus, Florian (2008). *Identitätskonstruktionen. Das Patchwork der Identitäten in der Spätmoderne*. 4. Aufl. Reinbek: Rowohlt.

Kohlberg, Lawrence (1996). *Die Psychologie der Moralentwicklung*. Frankfurt a.M.: Suhrkamp.

Mayring, Philipp (2011). *Qualitative Inhaltsanalyse. Grundlagen und Techniken*. 11. vollst. überarb. Aufl. Weinheim und Basel: Beltz.

Mecheril, Paul (2004). *Einführung in die Migrationspädagogik*. Weinheim und Basel: Beltz.

Morgenstern, Ines; Fieber-Martin, Kerstin (2011). *Jenaer Kinder- und Jugendstudie 2011*. Organisationsberatungsinstitut Thüringen.

Neumann-Braun, Klaus (2005). Strukturanalytische Rezeptionsforschung. In Lothar Mikos & Claudia Wegener (Hrsg.), *Qualitative Medienforschung. Ein Handbuch*. Konstanz: UVK, 58–66.

Simon, Erk; Kloppenburg, Gerhard (2007). Das Fernsehpublikum türkischer Herkunft – Fernsehnutzung, Einstellungen und Programmerwartungen. Ergebnisse einer Repräsentativbefragung in Nordrhein-Westfalen. *Media Perspektiven* (3), 142–152.

Terhart, Henrike; Roth, Hans-Joachim (2008). „Wenn ich das auf Arabisch gucke, kann ich das mit keinem besprechen". Die TV-Lieblingsfiguren der 8- bis 12-Jährigen mit Migrationshintergrund. *Televizion*, 21(1), 18–22.

Trebbe, Joachim; Weiß, Hans-Jürgen (2007). Integration als Mediennutzungsmotiv? Eine Typologie junger türkischer Erwachsener in Nordrhein-Westfalen. *Media Perspektiven* (3), 136–141.

Trebbe, Joachim; Heft, Annett; Weiß, Hans-Jürgen (2010). *Mediennutzung junger Menschen mit Migrationshintergrund. Umfragen und Gruppendiskussionen mit Personen türkischer Herkunft und russischen Aussiedlern im Alter zwischen 12 und 29 Jahren in Nordrhein-Westfalen.* Landesanstalt für Medien Nordrhein-Westfalen.

Ucar-İlbuğa, Emine (2005). *Fernsehkonsum von türkischen Jugendlichen: eine empirische Untersuchung im Hamburger Stadtteil Dulsberg.* Frankfurt a.M.: Lang.

Wegener, Claudia (2007). Stichwort: Medienforschung in der Erziehungswissenschaft. *Zeitschrift für Erziehungswissenschaft*, (4), 459–477.

Weiß, Hans-Jürgen; Trebbe, Joachim (2002). Mediennutzung und Integration der türkischen Bevölkerung in Deutschland. Ergebnisse einer Umfrage des Presse- und Informationsamtes der Bundesregierung. In Karl-Heinz Meier-Braun & Martin A. Kilgus (Hrsg.), *Integration durch Politik und Medien?* 7. Medienforum Migranten bei uns. Baden-Baden: Nomos, 45–48.

Winter, Reinhard; Neubauer, Gunter (2006). Oben drüber oder unten durch. Figurenqualitäten für 9-11-jährige Jungen. *Televizion*, 19(1), 31–38.

Wulf, Christoph (2005). *Zur Genese des Sozialen. Mimesis, Performativität, Ritual.* Bielefeld: transcript.

Zentrum für Türkeistudien (2006). *Türkischstämmige Migranten in Nordrhein-Westfalen. Stand der Integration, Einstellungen und Meinungen, Inanspruchnahme von Unterstützung bei der Erziehung.* Zusammenfassung der siebten Mehrthemenbefragung. Eine Analyse im Auftrag des Ministeriums für Generationen, Familie, Frauen und Integration des Landes Nordrhein-Westfalen.

Barbara Biechele

Wege zu einer „film literacy" im Unterricht Deutsch als Fremd- und Zweitsprache: Situation, Potenziale und methodische Ansätze

1   Präliminarien: Film und DaF-/ DaZ-Unterricht

> „Wir müssen der Wahrheit ins Gesicht sehen: Filme sind für einen Großteil der Schüler der wichtigste Zugang zum Kulturwissen unserer Zeit: zu Geschichten, Mythen und Motiven aus der Literatur- und Geistesgeschichte vieler Jahrhunderte, zu alten Helden mit neuen Gesichtern und nicht zuletzt zu klassischen, modernen und kunstvollen Formen des Erzählens." (Hildebrandt 2006: 9, ergänzend auch Borstnar/ Pabst/ Wulff 2002: 11)

Filme sind Bestandteil jeder nationalen Kultur und dominante Ausdrucksform kultureller Identität, wobei die kulturelle Markiertheit sowohl den Inhalt eines Films als auch dessen Realisierung durch die filmischen Zeichen betrifft.

Bei der Rezeption von Filmen aller filmischen Genres werden immanent Einsichten über das jeweilige Land, dessen Geschichte oder über die Gegenwart als kulturell interessante Gegebenheiten oder Prägungen, z.B. als Lebensformen und in konkreten Lebensräumen, in wahrnehmbaren Zeiten, als Wertvorstellungen, Haltungen, Sitten und Bräuche in vielen Facetten vermittelt. Filme zeigen Menschen, die sich kulturbedingt in konkreten Situationen in bestimmter Weise verhalten. Dabei setzen Filme vielfach Symbole in Bild und Ton ein (z.B. Rituale und deren Zeichen, mimische Äußerungsformen, besondere Gesten oder Körperhaltungen und -bewegungen, die Ausstattung mit Kleidung, Accessoires, Farben, Stimmen, die Musik, Geräusche, aber auch filmdramaturgische Realisationen wie Kameraperspektiven, Kameraeinstellungen, Kamerafahrt oder Lichteffekte). Diese symbolischen Zeichen sind ebenfalls kulturell markiert. Durch die Auseinandersetzung des Rezipienten/ der Rezipientin mit dem Film entstehen Konstruktionen, in denen eigenkulturelle Erfahrungen mit fremdkulturellen Aspekten ins Verhältnis gebracht werden. Arbeit mit Film(en) aus einer anderen Kultur im Unterricht ist daher per se interkulturelle Kommunikation.

Im Leben der Menschen – insbesondere in Bezug auf die Entwicklung von Jugendlichen – spielen Filme in ihrer kulturellen Prägung eine bedeutende Rolle: Sie wirken identitätsbildend, helfen Vorurteile und Ängste abzubauen, andere Rollenbilder zu akzeptieren und sich kritischer mit politischen Strömungen auseinanderzusetzen.[1]

Infolge dieser Bedingungen und Entwicklungen erfahren Filmeinsatz und Filmbildung als Gegenstand schulischer Curricula in den letzten Jahren verstärkte Förderung und werden durch vielfältige Aktionen unterstützt.[2] Dabei gilt heute als gesichertes Wissen, dass Film nicht gleich Film ist, sondern dass verschiedene Filmtextsorten zu unterscheiden sind: Spielfilme, Dokumentarfilme, Werbefilme, Nachrichtensendungen und viele andere Medienformate des Fernsehens: „Es geht um Bewegtbilder, die in verschiedenen medialen Speicher- und Distributionskontexten verfügbar sind, die man im Kino, im Fernsehen, auf dem Computer/ im Internet, aber auch auf Handydisplays und Leinwänden im öffentlichen Raum findet." (Niesyto 2006: 7 f.) Und der Verfasser konstatiert, dass sich in der Medien- und Filmpädagogik der letzten zwei Jahrzehnte ein subjekt- und handlungsorientiertes Verständnis von Filmbildung etabliert hat, wobei zum einen mittels Filmgespräch theoretische, historische, ästhetische und analytische Kenntnisse vermittelt werden, zum anderen Film „als wichtiges symbolisches Reservoir für Orientierung, Sinn- und Identitätsbildung" (ebd.: 8 f.) verstanden wird und zu handlungsorientierten Unterrichtsformen, bis hin zu filmischen Eigenproduktionen führt (vgl. z.B. das Projekt „EinBlick", s. dazu Rickermann/ Beller in diesem Band). Müller (2012: 7) benennt Filmbildung als Teil von Medienkompetenz und versteht diese als Kulturtechnik, die Teil von menschlicher Handlungskompe-

---

1   Thüringische Landeszeitung, 11.03.2014, S. 1. Hier wird auf Studien der „Freiwilligen Selbstkontrolle der Filmwirtschaft" verwiesen und eine Medienwirkungsstudie von J. Grimm, Universität Wien zitiert.

2   Vgl. z.B. „Schule im Kino. Tipps, Methoden und Informationen zur Filmbildung", herausgegeben von Vision Kino, Berlin 2012. Lehrende erhalten Hinweise zur Vor- und Nachbereitung von Kinobesuchen, werden über Fortbildungen informiert, auf Schulkinowochen oder wichtige Portale zu Kino/ Film hingewiesen.

tenz ist, und sie folgert, unter „Filmbildung als Schlüsselbegriff", dass „der Film das zentrale Medium des 20. und 21. Jahrhunderts" (ebd.: 20) ist. Wenn Filmbildung Teil schulischer Aktivitäten ist, so muss „Kino als Kunst" verstanden werden (Bergala 2006).

> „Kunst wird nicht unterrichtet, man begegnet ihr, man experimentiert mit ihr, sie wird auf anderen Wegen vermittelt als im reinen Diskurs des Wissens, manchmal sogar ohne jeden Diskurs" (ebd.: 30).

Bergala postuliert nachdrücklich, dass durch das Verstehen-Lernen von guten Filmen eine ästhetisch-kritische Kompetenz geschult werden kann und, das soll ergänzt werden, in der heutigen Zeit medialer Vielfalt wie medialen Konsums, geschult werden muss.

Auch in Bezug auf Filmbildung im Deutsch als Fremd- bzw. Zweitsprachenunterricht (kurz: DaF-/ DaZ-Unterricht) hat in den letzten Jahren ein Umdenken begonnen, das neue Einstellungen evozierte, filmbezogene Methoden hervorbrachte (Schwerdtfeger 1989, Raabe 1997, Biechele 1987, 2006 a, 2007, 2010 a) und DaF-Verlage (endlich) überzeugte, neue Lehrwerke mit Video/ DVD auf den Markt zu bringen (Langenscheidt ab 2002, Cornelsen ab 2005 u.v.a.). Filme sind nicht mehr die Ausnahme, die Belohnung, das Extra im Fremdsprachenunterricht (kurz: FU), Filme stehen nicht mehr als Synonym für Unterhaltung, Belohnung und Passivität oder „Schwammverhalten" der LernerInnen.

Die fachwissenschaftliche Diskussion um den Mehrwert von Film für das Lernen einer fremden Sprache und das Verstehen einer fremden Kultur verlief allerdings über einen viel zu langen Zeitraum und hatte mit fest eingeprägten Vor- und Fehlurteilen, pädagogischen wie methodischen Unsicherheiten, fehlenden filmkünstlerisch adäquaten Beispielen und Materialien, oft auch mit unzureichenden technisch-organisatorischen Bedingungen zu kämpfen. Es drängten Argumentationen in den Vordergrund, die die Effizienz des Lernens mit Film in Frage stellten, die betonten, Film bewirke durch zu viele Informationen in Bild und Ton ungesteuerte Wahrnehmungs- und Lernprozesse und ein Lernen mit Film auf Niveau A1, A2 sei überhaupt ausgeschlossen[3], überdies ließen sich Lernergebnisse nur sehr schwer diagnostizieren.

---

3   Der „Videotrainer A1, Übungen zum Video geni@l" (Biechele 2006 b) beweist das Gegenteil.

An diese Diskussion anknüpfend möchte ich im Folgenden das Verstehen von und das Lernen mit fiktionalen Filmen (Spielfilm, Kurzfilm) im DaF-/ DaZ-Unterricht zum Gegenstand machen. Fiktionale Filme erfreuen sich besonderer Beliebtheit bei Lernenden und Lehrenden, eröffnen sie im Prozess der Rezeption doch Räume einer thematischen, emotionalen, ästhetischen und kognitiven Auseinandersetzung mit dem Lerngegenstand, stellen jedoch auch besondere Anforderungen an das didaktisch-methodische Wissen und Können der Lehrenden. Dennoch stellt die Thematisierung von Film und Filmdidaktik in den Curricula von DaF-/ DaZ-Studiengängen nach wie vor ein Desiderat dar. Der vorliegende Beitrag setzt hier an: Ausgehend von den Fragen, was unter „Hör-Seh-Verstehen" gefasst werden kann, welche mentalen Operationen und Teilkompetenzen das Hör-Seh-Verstehen im Einzelnen ausmachen und zu einer „film literacy" als Kulturtechnik führen, werden Konsequenzen für den Einsatz von Filmen im DaF-/ DaZ-Unterricht aufgezeigt. Ein Fokus liegt dabei insbesondere auf der Auswahl und Bearbeitung geeigneter Filmsequenzen, wozu im Anschluss ein mehrschrittiges Unterrichtsmodell präsentiert wird.

2   „film literacy" und Hör-Seh-Verstehen im DaF-/ DaZ-Unterricht

Das Medium Film ist ein Bild-Ton-Medium. Unter semiotischem Aspekt, der Frage nach den spezifischen Zeichen sowie deren Verknüpfungsmustern, ist Film zu analysieren in Bezug auf die Semantik (Bedeutung der Bild-Ton-Zeichen), in Bezug auf die Syntaktik (Regeln der Kombination der Bild-Ton-Zeichen), hinsichtlich der Pragmatik (welche Nutzungsziele sind mit den Bild-Ton-Zeichen verbunden) und bezüglich der Literalität (vgl. Ballstaedt 1997: 9). „Film literacy" steht als Metapher für die Lernvoraussetzungen des Verstehen-Könnens von Bild-Ton-Zeichen, d.h., was wissen und können Lernende in Bezug auf das Verstehen, Verarbeiten und Interpretieren von Bild-Ton-Medien, was bewirkt die Filmrezeption in Bezug auf ihre Wahrnehmung der Welt und was kann bzw. muss schulische Bildung dazu einbringen?

Schwerdtfeger forderte in ihrer Publikation „Sehen und Verstehen" nachdrücklich und belegreich das „Seh-Verstehen" als fünfte Fertigkeit im Fremdsprachenunterricht (1989: 24), wobei sie die Mediensysteme Bild und Film (Film existiert in den Codes Bild und Ton) semiotisch allerdings nicht adäquat differenziert. Biechele postulierte bereits 1987 die Entwicklung des komplexen Verstehens im Unterricht DaF (1987: 31). Das Hör-Seh-Verstehen als Fertigkeit forderte sie bereits 2006, eingebunden in weitere Lernzielbereiche beim Einsatz von Filmen (Biechele 2006 a: 313) und begründete, warum Filmverstehen in einem modernen Fremdsprachenunterricht unverzichtbar ist. 2010 wurden Seh- und Hör-Seh-Verstehen auch im Fachlexikon Deutsch als Fremd- und Zweitsprache (Barkowski/ Krumm 2010) als wichtige Kompetenzbereiche für das Lernen einer Fremdsprache definiert:

> „**Das Hör-Seh-Verstehen** bezieht sich auf die Fertigkeit, audio-visuelle Medien, d.h. Filme unterschiedlicher Genres, im Fremd-sprachenunterricht verstehen zu können. Gemäß dem semiotischen Status von Film bedeutet dies, Bild und Ton in ihren spezifischen **Codes** wahrzunehmen, zu verstehen und zu interpretieren. **H-S-V** zielt auf das adäquate Aufnehmen und Verarbeiten der kommunikativen Situation in ihrer Gesamtheit, d.h. das Erfassen der übermittelten Sprachzeichen und der nonverbalen wie extraverbalen, kommunika-tive Funktion tragenden Informationen und deren intentionsgerechte, partnerbezogene und situationsgerechte Widerspiegelung und Inter-pretation [...]. Das **H-S-V**, das dem natürlichen Verstehen entspricht, wird mittels **Filmdidaktik** im Fremdsprachenunterricht trainiert. Das ‚klassische' Konzept der **Fertigkeiten Hören, Lesen, Sprechen** und **Schreiben** wird durch das **Sehverstehen** und das **H-S-V** im modernen Fremdsprachenunterricht erweitert." (Biechele 2010 b: 118)

Ohler (1990: 43 ff.) entwirft mit Blick auf eine „fim literacy" als Kulturtechnik einen Theorieansatz der kognitiven Filmverarbeitung, in dem die mentalen Operationen, die Prozesse der Verarbeitung und Speicherung filmischer Infor-mationen im Gedächtnis im Blickpunkt stehen. Die Qualität dieser Verarbei-tungsprozesse ist abhängig von dem überdauernd gespeicherten, filmbezogenen Wissen des Rezipienten bzw. der Rezipientin. Er (ebd.: 48) benennt in diesem Zusammenhang drei analytisch unterscheidbare Wissensbestände: das narrative Wissen, das generelle Weltwissen und das Wissen über filmische Darbietungs-formen.

Das narrative Wissen spielt für die Qualität der Filmverarbeitung die zen-trale Rolle. Es umfasst das Wissen über typische Plots, ProtagonistInnenrollen, Handlungssettings und Handlungssequenzen im Rahmen typischer Genres.

Mit Hilfe seines generellen Weltwissens kann und sollte der/ die Rezipierende aus den gezeigten Szenen eines Films Schlussfolgerungen ziehen, die sich oft auf das nicht gezeigte Geschehen beziehen, das heißt er/ sie muss Lücken schließen, weiterdenken, antizipieren, seine/ ihre eigenen Narrationen und Imaginationen finden, das Gesehene einordnen und bewerten.

Der Wissensbestand über filmische Darbietungsformen, z.B. Einstellungsgrößen, Schnitte, Kameraachsen, Zooms, Kameraperspektiven, Toneffekte oder Musik, Kamerafahrten und Montage schaffen die Basis für das Verstehen und tiefe Verarbeiten der filmischen Narration sowie für eine filmästhetische Wertung. Alle drei mentalen Operationen bzw. Teilkompetenzen gilt es im DaF-/ DaZ-Unterricht adäquat zu berücksichtigen.

Eine besonders relevante Top-down-Strategie beim Verstehen von Texten sind Inferenzbildungen. Informationen in Texten sind „nicht eindeutig, exakt und vollständig, sondern vielmehr mehrdeutig, vage und unvollständig", schreiben Rickheit/ Strohner (1990: 532). Sie verstehen Inferenzen als „die Bildung neuer semantischer Information in einem gegebenen Kontext" (Rickheit/ Strohner 1990: 532 f.). Inferenzprozesse sind auch beim Verstehen von Film unabdingbar, da die Bild-Ton-Oberfläche viele Informationen nicht bereitstellt. Der/ die ZuschauerIn ergänzt gewesene Handlungen, anzunehmende Motive und Ursachen für bestimmte Verhaltensweisen, Wertvorstellungen von ProtagonistInnen, die deren Verhalten steuern, Charakteristika von Figuren, nicht gezeigte Räume oder Zeitpunkte, in denen Handlungen stattgefunden haben müssen, u.v.a., um das Gesehene zu vervollständigen sowie auszuweiten und für sich selbst zu Sinnhaftigkeit zu führen. Diese „Informationslücken" werden – auch in ausdrücklicher dramaturgischer Absicht – mit dem Repertoire semiotischer Zeichen in Bild und Ton erzeugt, aktivieren den Verarbeitungsprozess und evozieren durch ihr emotional-affektives Erlebenspotential das Konstruieren von elaborativen Inferenzen, d.h. das Einbeziehen eines besonders breiten und tiefen Spektrums an eigenem Wissen und persönlichen Erfahrungen in den Verstehensprozess.

Andererseits kann Film durch seine Abbildungsmöglichkeiten in Bild und Ton sowie durch die Montage seiner Narrationsstruktur Verstehen so steuern, dass Inferenzprozesse positiv beeinflusst werden. Missverstehen durch zu geringes weltbezogenes Vorwissen, eingeschlossen Diskrepanzen in Bezug auf das kulturbezogene Wissen, das u.U. auch „falsche Inferenzen" bewirkt (ebd.: 541), kann beim Hör-Seh-Verstehen von Filmen in größerem Maße ausgeschlossen werden als beim allein auf das Hören bezogene Verstehen.

Ein Blick auf typische Schwierigkeiten Lernender beim verstehenden Hören fremdsprachlicher Texte im Vergleich mit Potenzen, die das Hör-Seh-Verstehen einräumt, soll die Forderung nach einer stärkeren Berücksichtigung filmischer Angebote im DaF-/ DaZ-Unterricht deutlich werden lassen:

Frequente Problemfelder beim verstehenden Hören	Potenziale des Hör-Seh-Verstehens
hohe Sprechgeschwindigkeit, Flüchtigkeit des Gesprochenen	Bild „trägt" Hör-SeherIn, verhindert Abbruch beim Nichtverstehen einzelner Wörter
nicht sichtbare SprecherIn, nicht sichtbarer SprecherInnenwechsel	Bild zeigt SprecherIn und SprecherInnenwechsel
nicht wiedererkannte Wörter, Wendungen, Segmentierung in Einzelwörter	Bild hilft beim Wieder-Erkennen, Verstehen gelingt schneller und leichter
jedes Wort verstehen wollen vs. global verstehen sollen und müssen	Bild orientiert auf Globales, ermöglicht Verstehen des Wesentlichen
fehlender Kontext (soziale Handlungssituation/ Raum und Zeit)	Bild zeigt Sprechende in sozialer Handlungssituation, in konkreten Bedingungen von Raum und Zeit
nicht Erkennen der Textsorte	Bild vermittelt Rahmen der kommunikativen Situation
Identifikation von/ Bedeutungszuordnung zu prosodischen Informationen (Intonation, Akzent etc.)	Bild macht prosodische Informationen sichtbar, „zeigt" paraverbale im Zusammenwirken mit nonverbalen Äußerungsformen etc.
nicht sichtbare emotional-affektive Sprecherhaltung	Bild zeigt emotional-affektives Verhalten, Mimik, Gestik, Körperhaltung etc.
Anstrengung, dem Gesagten zu folgen und alles zu verstehen	Bild bewirkt globale Vorentlastung und Reduktion der Anstrengung
Aufmerksamkeitsverlust durch hohe Anstrengung	Entlastung der Anstrengung durch Bild, Zunahme an Aufmerksamkeit
geringe kognitive Kapazität bei Verarbeitung von „nur" auditiven Signalen	die weit größere Kapazität des visuellen Kanals in Verbindung mit der auditiven Information nutzen
fehlendes Weltwissen (landeskundliches inkl. kulturbezogenes Wissen)	Bild zeigt Landeskundliches, inkl. Kultur

Tab. 1: Verstehendes Hören und Hör-Seh-Verstehen im Vergleich.

Die im Vergleich zum klassischen Hörverstehen hinzukommende Dimension des Bildes wird folglich nicht als zusätzliche Rezeptionsaufgabe, sondern als zusätzliche Rezeptionshilfe sowie als Unterstützungsmoment angesehen, wohlwissend, dass die Frage, inwiefern bzw. zu welchem Grad Bild und Ton sich gegenseitig unterstützen, auch vom jeweiligen Film bzw. von der filmischen Inszenierung abhängt. Für den DaF-/ DaZ-Unterricht gewinnt die Frage nach der Filmauswahl daher an Bedeutung.[4]

Für das Verstehen eines Films aus einer fremden Kultur ergeben sich demnach zusätzliche Potenzen durch das bewegte Bild, durch Musik und Geräusche, die auch kulturell bedingte Informationsbrüche leichter vermeiden lassen. Möglichkeiten für die Unterstützung von Inferenzprozessen (die bei der Filmauswahl vom/ von der Lehrenden zu prüfen sind) sehe ich z.B. in folgenden Relationen von Bild und Ton:

– das bewegte Bild ergänzt die verbale Information,
– das bewegte Bild beseitigt Ambiguitäten der verbalen, paraverbalen und nonverbalen Aussage, konkretisiert immanent kulturspezifische Besonderheiten,
– das bewegte Bild übernimmt Teile der verbalen und nonverbalen Aussage,
– das bewegte Bild modifiziert Teile der verbalen und nonverbalen Aussage.

Aus den obigen Ausführungen zu „film literacy" bzw. zum Hör-Seh-Verstehen und den hierbei beteiligten mentalen Prozesse lassen sich für den Einsatz von Filmen im (DaF-/ DaZ-)Unterricht einige Konsequenzen ziehen. So sind beim Einsatz von Filmen im (DaF-/ DaZ-)Unterricht mindestens die beiden folgenden Ebenen zu berücksichtigen:

– die Ebene der Geschichte, der Story, die Handlung sowie
– die Ebene der filmkünstlerisch-ästhetischen Gestaltung.

Dabei müssen beide Ebenen in einen Zusammenhang mit der Welt, den Interessen und Wünschen, dem Filmwissen und -können der Rezipierenden resp. Lernenden gebracht und durch filmbezogene Aufgaben zu diesem „Prozess des Erlebens" geführt werden.

---

4   Hinweise und Kriterien zur Filmauswahl werden bei Biechele (2010 a: 15 f.) ausführlich besprochen.

Da Lernende über eine unterschiedliche Weltwissenskompetenz verfügen, aber auch über ein unterschiedliches Repertoire an narrativem und filmspezifischem Wissen oder aber über eine unterschiedliche Kompetenz in Bezug auf das Hör-Seh-Verstehen im Allgemeinen, sind des Weiteren Vorentlastungen für jede dieser Komponenten zu planen.

Aufgaben zur Unterstützung und zum Training des Hör-Seh-Verstehens, des damit verbundenen Sprechens oder Schreibens, werden durch unterschiedliche Sprachangebote abgesichert, die jedoch mit zunehmendem Sprachkönnen reduziert werden. Als Hilfen eignen sich Wortschatzlisten, Wortfelder, Sprech- oder Denkblasen, Multiple-Choice-Aufgaben, Richtig-Falsch-Aufgaben, vollständige Sätze und Sätze mit Lücken, passende und nicht vorgekommene Teiltexte aus der Sequenz, Sprechkarten, Dialogkarten, Wendungen u.v.m.

Bei diesen Beispielen wählen LernerInnen aus, sortieren, ordnen, füllen Lücken, ergänzen u.a. Sie lösen die Aufgaben möglichst in Partnerarbeit oder in Kleingruppen, wobei Binnendifferenzierung so oft wie möglich eingesetzt werden sollte. Nach jeder Aufgabenlösung erfolgt eine Auswertung, die durch die Lernenden selbst vorgenommen wird. Die Ergebnisse können sehr unterschiedlich präsentiert werden, z.B. vorgelesen, vorgespielt, gelenkt/ frei sprechend vorgestellt, medial präsentiert (Poster, Folien, Power-Point o.a). Die Gruppen können ihre schriftlichen Ergebnisse (Texte, Poster, Collagen o.a.) im Klassenraum anpinnen und dann anschauen, lesen, vergleichen, werten, korrigieren, ergänzen und darüber sprechen.

Dabei lädt Filmarbeit vielfach auch zu Aufgabenformen mit Bewegung der Lernenden ein, ob mimisches/ gestisches Nach- oder Vorspielen von Sequenzen, ob Rollenspiele, Standbilder, rhythmisch und gestisch begleitetes Mitlesen/ Mitsprechen von Textteilen eines (kleinen) Filmausschnitts, Erkundungen und Befragungen im Klassenraum zum Inhalt des Films resp. zur filmischen Umsetzung u.a.[5]

---

5   Die Forschungsergebnisse der Neuropsychologie belegen, dass alle Formen von Bewegung beim Lernen ein neuronal besseres Lernergebnis bewirken (vgl. Gasser 2008: 82 ff., Grein 2013: 70 f. u.v.a.).

3   Zur Methodik des Lernens mit Filmen im DaF-/ DaZ-Unterricht

Lehrende setzen Filme im DaF-/ DaZ-Unterricht oft nicht ein, weil sie in Bezug auf methodisch strukturierte Arrangements, eine wesentliche Forderung der Neurodidaktik (vgl. Herrmann 2009: 159), große Unsicherheit empfinden. Deshalb möchte ich nachfolgend ein übergreifendes Modell des schrittweisen Vorgehens beim Einsatz von Spielfilmen kurz skizzieren, wohl wissend, dass es hierfür Alternativen gibt. Das Modell arbeitet mit sogenannten Lupen: Einerseits wird durch die Auswahl einzelner Filmsequenzen eine Lupe auf ausgewählte Filmausschnitte gelegt, die mit der LernerInnengruppe exemplarisch für den gesamten Film rezipiert wird; andererseits werden die ausgewählten Filmausschnitte mit Hilfe solcher Aufgabenstellungen bearbeitet und diskutiert, die den Blick gezielt und damit quasi „lupenartig" auf einzelne der o.g. mentalen Prozesse lenken.

3.1   Auswahl von Filmsequenzen

Von besonderer Relevanz für den Einsatz von Filmen im DaF-/ DaZ-Unterricht ist neben der wohlüberlegten Auswahl von geeignetem Filmmaterial dessen Sequenzierung,[6] d.h. eine Planung der Präsentation von Filmteilen und die Arbeit an diesen als Lerndesign. Bergala spricht in diesem Zusammenhang von einer „Pädagogik des Fragments" und meint damit das Interpretieren von Filmausschnitten, die gedeutet, zueinander in Beziehung gesetzt und unterschiedlich vernetzt werden (Bergala 2006: 82 ff.). Die bewusste Auswahl der Sequenzen, die Art der Einspielung (nur Bild, nur Ton, Standbild, Bild und Ton), die Abfolge der Sequenzen sowie die Häufigkeit der Präsentation einer Sequenz bewirken im Sinne neurodidaktischer Orientierungen intensives, nachhaltiges Lernen.

---

6   Eine Sequenz ist dabei als filmdramaturgische Einheit zu verstehen, die sich aus mehreren Einstellungen zusammensetzt und eine mehr oder weniger abgeschlossene filmische Handlung erzählt. Viele Sequenzen ergeben einen Film.

Insbesondere beim Spielfilm ist es unabdingbar, dass im Unterricht mit einigen ausgewählten Filmsequenzen[7] gearbeitet wird, denn das Ziel kann nicht sein, einen Film anzusehen, sondern es muss darin bestehen, das Hör-Seh-Verstehen/ verstehende Hören zu trainieren, landeskundliches Wissen zu erweitern, zu sprechen, zu schreiben, Rollen zu spielen, Texte mitzulesen/ mitzusprechen, Wörter zu sammeln u.v.a.

Die ausgewählten Sequenzen sollten einem für das Lernziel wichtigen Themen- bzw. Problemstrang des Films folgen, an dem gemeinsam gearbeitet wird. Dabei sollte die Einsicht umgesetzt werden, dass die Beschränkung auf wenige Sequenzen (z.B. fünf bis acht) ein effizienteres Lernen ermöglicht, d.h., dass an den ausgewählten Filmszenen mit mehreren Einspielungen und verschiedenen Aufgaben aktiv und intensiv gearbeitet wird. In diesem Sinne bewirkt weniger Film mehr Lernen. Die Auswahl von Sequenzen schafft überdies Lücken in der narrativen Struktur, die die Lernenden aktivieren, diese zu füllen, Top-down-Strategien anzuwenden, das Gesehene einzuordnen und zu bewerten, die Situation zu beschreiben, das Problem zu erkennen und dessen Entwicklung als Verhalten der Filmfiguren zu antizipieren.

Auch beim Arbeiten mit einem Kurzfilm sollte eine Festlegung der Sequenzen erfolgen (z.B. drei bis fünf Teile), da deren Einspielung die Struktur und die Intensität des methodischen Vorgehens im Unterricht bestimmt. Beim Lernen mit Kurzfilmen kann am Ende der Unterrichtseinheit, z.B. vor der Transferphase, der ganze Film angesehen werden.

3.2 Arbeit mit Filmsequenzen

Der erste „Lupenblick" auf Filme ergibt sich im DaF-/ DaZ-Unterricht demnach durch die Auswahl einzelner Sequenzen, mit denen gearbeitet wird. Eine zweite Lupe wird den Lernenden durch die Fokussierung auf bestimmte mentale Prozesse während der Rezeption dieser Sequenzen an die Hand gegeben, die im Unterricht durch gezielte Aufgabenstellungen erreicht wird, anhand derer die Sequenzen erarbeitet werden. Nachstehend wird beispielhaft ein Aufgabenarrangement vorgestellt, mit Hilfe dessen sich die verschiedenen mentalen Prozesse eines Films nacheinander fokussieren lassen.

---

7   Die Kapitelauswahl auf DVDs ist für Sequenzierung bei der Vorbereitung eine große Hilfe. Der Lehrende kann sich für bestimmte Kapitel entscheiden und hat im Unterricht den direkten Zugriff auf die Sequenzen für die Einspielung.

1. Die erste Begegnung mit den Filmfiguren, mit dem Problem in Raum und Zeit

Die erste Einspielung bzw. die erste Sequenz sollte die ProtagonistInnen („positive" Hauptfiguren) oder AntagonistInnen (GegenspielerInnen) vorstellen, die Stimmung, das Problem andeuten oder den Konflikt auch schon direkt aufzeigen (insbesondere im Kurzfilm) und über den Handlungsort sowie die Handlungszeit informieren. Ziele sind das Sammeln von Informationen zur Beschreibung und Charakterisierung der handelnden Figuren, zum Raum der Handlung (Land, Region, Stadt, Platz, Haus, Zimmer usw.) und zur Zeit der Handlung (Bezugszeit als Epoche/ historische Zeit, Handlungszeit als Zeitrahmen, Jahreszeit, Lebenszeit usw.). Als orientierende Aufgaben (globales Verstehen) eignen sich Fragen wie z.B.: Wer? Was? Wo? Warum? Wann? Wie? Wie wirkt Figur XY in der Szene? Was könnte Figur XY machen, um …?

Filme zeigen handelnde Figuren mehrdimensional: die Person als Charakter, Typ, in besonderer Ausstattung (Kleidung, Frisur, spezielle Maske, mit typischen Accessoires und Farben), bestimmten Körperhaltungen und Bewegungen, besonderer Stimme u.v.a. Damit die Lernenden viele dieser Besonderheiten entdecken und versprachlichen, sollten von der ersten Sequenz an Poster/ Textkarten zu Figuren, zur Figurenkonstellation und Problementwicklung in Partner- oder Kleingruppenarbeit angelegt werden, wobei die Poster während der Arbeit am Film ständig (auch bei der Arbeit an weiteren Sequenzen) ergänzt und im Klassenraum veröffentlicht werden.

Lehrende begleiten und strukturieren in dieser Phase insbesondere die Arbeit an Sprache und Interpretation, bieten mehr und mehr Wortschatz, Wendungen oder auch Zitate aus der Sequenz. Die Lernenden sollten auf den Postern mit Farben, Bildern aus dem Film bzw. aus anderen Quellen, eigenen Zeichen und Symbolen in Mind-Map-Technik u.a. arbeiten.

2. Die Entwicklung der Story/ des Problems

Die zweite Sequenz und weitere folgende Sequenzen stellen komplexere Zusammenhänge der Situation, das weitere Verhalten der ProtagonistInnen/ AntagonistInnen und der Konfliktentwicklung vor. Ein mehrmaliges Präsentieren dieser Sequenzen mit unterschiedlichen Aufgabenstellungen regt zu genaueren Beobachtungen und tieferen Interpretationen an. Im Vordergrund stehen nun die Handlungen des Wahrnehmens und Reflektierens, des Antizipierens und Interpretierens. Einige Aufgabenbeispiele sollen das entdeckende Lernen und die Notwendigkeit der mehrmaligen Präsentation von ausgewählten Sequenzen sinnfällig machen. Dabei sollte die erste Einspielung dem Erleben und globalen Verstehen dienen, folgende Einspielungen dem immer tieferen Verstehen und Interpretieren. Die Vorschläge sind als Anregungen anzusehen, die ergänzt werden können oder aus denen eine Auswahl getroffen werden kann.

- Ergänzen Sie in Gruppenarbeit ihr Poster mit dem Figurenfeld. Stellen Sie graphisch die Beziehungen zwischen den Figuren dar.
- Ergänzen Sie bei jeder Figur Persönlichkeitsmerkmale, die soziale Rolle, besondere Eigenschaften, Beziehungen, Wünsche, Wertvorstellungen u.a.
- Markieren Sie (bspw. mittels Farben, Linien, Pfeilen), wie sich die Figurenbeziehungen bei der Problemlösung weiterentwickeln (könnten).
- Schreiben Sie (mindestens) eine Aussage einer Figur (möglichst wortwörtlich) auf und sprechen Sie darüber. Tragen Sie die Aussage so wie die Filmfigur vor.
- Verändern Sie dann das Sprechen dieser Aussage und betonen Sie die Aussage nach Ihrem Empfinden.
- Lesen Sie den Filmdialog leise/ halblaut murmelnd/ mit verteilten Rollen. Spielen Sie die Sequenz nach (transkribierter Text nicht zu lang).
- Verhalten Sie sich als eine der Filmfiguren, sprechen, argumentieren Sie für/ wie diese.
- Erarbeiten Sie in Ihrer Gruppe Fragen an eine Filmfigur.
- Erarbeiten Sie ein Gefühlsdiagramm zu Figur XY. Tragen Sie die Wörter dabei mit verschiedenen Farben in das Diagramm, z.B. Figur ist einsam, wütend, hasserfüllt, unruhig, glücklich u.d.m.
- Zeigen Sie durch Ihre Körperhaltung, was Filmfigur XY fühlt. Stellen/ setzen Sie sich so hin („Salzsäule" zu einer Filmfigur oder „Standbilder" zu einer Situation). Ein Mitglied der Gruppe legt der Figur die Hand auf die Schulter und formuliert, was die „Salzsäule" empfindet oder denkt, was die DarstellerInnen des „Standbildes" sagen wollen/ würden. Ein Mitglied der Gruppe fotografiert. Das Bild/ die Haltung wird besprochen, die Bilder werden verglichen.
- Schreiben Sie den Filmdialog weiter. Lesen Sie vor. Spielen Sie die Szene.

3. Die filmische Inszenierung

Fiktionale Filme erzählen ihre Geschichten vor allem über das Bild, mit der Kamera. Die Art und Weise des filmischen Erzählens, die Filmdramaturgie, wird durch die Absicht des Drehbuchautors/ der Drehbuchautorin, des Regisseurs/ der Regisseurin und des Kamerateams bestimmt. Fiktionaler Film erzählt mit den filmischen Zeichen Bild und Ton, mit einem breiten Repertoire dieser filmsemiotischen Variablen und deren Kombinationsmöglichkeiten, um Spannung zu erzeugen und diese effektvoll mittels Kamera, Ton, Licht und Montage zu vertiefen.

Filmbildung im DaF-/ DaZ-Unterricht bedeutet deshalb auch, dass Lernende Wissen über bestimmte Mittel der Filmsprache erwerben und anwenden.[8] Lernende wollen kompetent über Filmkünstlerisches sprechen, dazu benötigen sie Wissen und Training. Dabei ist es nicht notwendig, jede Sequenz des fiktionalen Films auch filmanalytisch zu behandeln, an ein bis zwei ausgewählten Sequenzen sollten und können aber durchaus Aufgaben zu Kameraperspektiven und Kameraeinstellungen, Kamerabewegungen u.a. in die Interpretation einbezogen werden.

Die Fokussierung filmischer Mittel bietet sich bei der dritten oder vierten Einspielung an. Hierfür sind wichtige oder sogenannte Schlüsselsequenzen auszuwählen. Es sollten nun Aufgaben gelöst werden, bei denen Lernende beobachten, wie etwas gezeigt wird, und Hypothesen darüber anstellen, warum RegisseurIn und Kameramann/ -frau diese Situation genau auf diese Weise zeigen bzw. darstellen. Ein gemeinsames spielerisches Beobachten, Benennen und Interpretieren von Kameraeinstellungen, Kameraperspektiven kann bspw. folgendermaßen gelingen:

–   Lernergruppen (jeweils drei bis vier Lernende) haben Lernkarten zu Kameraperspektiven und Kameraeinstellungen vor sich liegen, lesen, deuten und ordnen diese (Hilfen möglich), z.B. Anordnung der Karten mit den Kameraeinstellungen von Detail bis Weit, und erläutern die Bedeutungen im Raum, möglich auch auf einem großen Situationsbild, was jeweils gezeigt wird.

–   Je zwei LernerInnen spielen Kamera und Objekt und zeigen, wie Kameraperspektiven aufgenommen werden.

---

8   Im „Videotrainer A1, Übungen, zum Video geni@l" (Biechele 2006 b) werden
    auf A1-Niveau Aufgaben zu filmsprachlichen Mitteln angeboten.

- Eine kurze Sequenz wird in Standbildern, z.B. mit Pausentaste, gezeigt. Die Lernenden wählen hierzu die jeweils passende Karte aus.
- Eine Teilsequenz (ca. 30 Sek.) einspielen (nicht erste Einspielung) und die LernerInnen die entsprechenden Karten zu Kameraeinstellungen, Kameraperspektiven heraussuchen lassen, die sehr häufig zu beobachten und damit dominant waren/ die besonders eindrucksvoll waren/ die eine bestimmte Person besonders herausgestellt haben/ die eine Situation eindrucksvoll vermittelt haben u.a.

Beobachtungsaufgaben sollten auch auf weitere Beispiele der Filmsprache zielen, um Filmkunst als Zusammenspiel von Bild und Ton erkennen zu lassen. Auch hierfür einige Beispiele:

- Wie lenkt der/ die RegisseurIn den Blick der ZuschauerInnen? Was wird dadurch wichtig?
- Welche Geräusche sind/ welche Musik ist in der Sequenz zu hören? Welche Hinweise werden damit gegeben?
- Welche Symbole (Farben, Räume, Bewegungen, Musik u.a.) sind zu erkennen?
- Wie wirkt die Stimme von ProtagonistIn/ AntagonistIn?
- Farben und Licht: Wie wirkt die Szene? Haben Farben und Licht eine besondere Bedeutung? Ist das in jeder Kultur gleich?
- Was ist anders in der Szene, als Sie es erwartet haben? Gibt es dafür kulturell bedingte Gründe?

In der gemeinsamen Auswertung der Beobachtungen wird sinnfällig, dass Film die Möglichkeiten von Bild und Ton vielfältig kombiniert, dadurch Spannung erzeugt und ein ästhetisch anspruchsvolles Kunstwerk hervorbringt. Damit erwerben Lernende – genau sehend und entdeckend – wichtige Aspekte filmspezifischen Wissens und, bis zu einem gewissen Grad, auch filmanalytischen Könnens, d.h. erste relevante Aspekte von Filmbildung.

4. Anmerkungen zur Transferphase

Am Ende einer Unterrichtseinheit mit Sequenzen fiktionaler Filme sollte ein Bezug zur Lebenswelt der Lernenden hergestellt werden. Ihre Erfahrungen, ihr Wissen in Bezug auf Aussagen des Films sollten thematisiert, Fragen der Lernenden beantwortet werden. Derartige Filmgespräche können z.B. folgende Fragen einleiten:

- Was kommt Ihnen zuerst in den Sinn, wenn Sie an den Film zurückdenken?
- Was hat das Problem des Films mit Ihrem Leben zu tun?
- Welche Figur war Ihnen sympathisch? Welche würden Sie gern selbst sein?
- Was ist an diesem Film/ an der Story/ an der filmischen Umsetzung gut gemacht?

Für Formen der Weiterarbeit eignen sich z.B.:

- Auf Homepage des Regisseurs/ der Regisseurin, des Films und/ oder der SchauspielerInnen recherchieren und die Informationen in der Gruppe vorbereiten und vorstellen.
- Mit Bonus-Material der DVD arbeiten, z.B. Kommentare des Regisseurs/ der Regisseurin, der SchauspielerInnen lesen und in Portraits über die SchauspielerInnen einbeziehen.
- Filmplakat, Mindmap, Wortfeld, Wort-Bild-Kombinationen mit Tools aus Web 2.0 gestalten.

Wenn die oben beschriebenen Aufgabenformen bei der Arbeit mit Sequenzen eines Spielfilms erfolgreich verlaufen sind, wird sich der Wunsch, den ganzen Film sehen zu wollen, automatisch ergeben. Das sollte außerhalb der Unterrichtszeit realisiert werden. Bei Kurzfilmen sollte vor der Transferphase der Film ohne Unterbrechung gezeigt werden.

3.3   Varianten des „Lupenmodells"

Obige Aufgabenformen bewirken ein Verlangsamen der Filmpräsentation und damit ein Intensivieren des Filmverstehens, ein schrittweises Erschließen, Entdecken, Verstehen sowie ein Training von Hör-Seh-Verstehen und Sprechfertigkeit. Ein derartiges methodisches Vorgehen ist auch der Einsicht verpflichtet, dass wir Filme nicht langsamer machen können, sondern deren filmspezifischer Schnelligkeit und medialer Vielfalt methodisch begegnen müssen.

Training von Wissensbestandteilen, d.h. Üben und Wiederholen, werden in der Neurodidaktik vielfach gefordert und es wird beklagt, dass die Übungszeiten in heutigen Unterrichtskontexten aufgrund von Pensendruck geschrumpft sind. Hermann schreibt:

> „Vorwissen kann nur zur Verfügung stehen, wenn es durch Übung und Training präsent gehalten bzw. gemacht wird" (Hermann 2009: 158).

Beim Arbeiten mit ausgewählten Filmsequenzen bietet sich daher ein mehrmaliges Einspielen von Bild, Ton, Bild und Ton mit unterschiedlichen Übungen oder Aufgaben an, um Strategien des Hör-Seh-Verstehens, des Sprechens oder Schreibens methodisch vielfältig zu trainieren.

So kann der „Lupenblick" auf den Film, wie auch die nachstehende Grafik deutlich machen soll, vielfach variiert werden, indem einerseits andere Filmsequenzen fokussiert werden und andererseits andere Aufgabenstellungen als „Lupen" dienen oder bspw. auch, indem eine Sequenz mehrfach mit verschiedenen „Lupen" (resp. Aufgabenstellungen) „beleuchtet" wird.

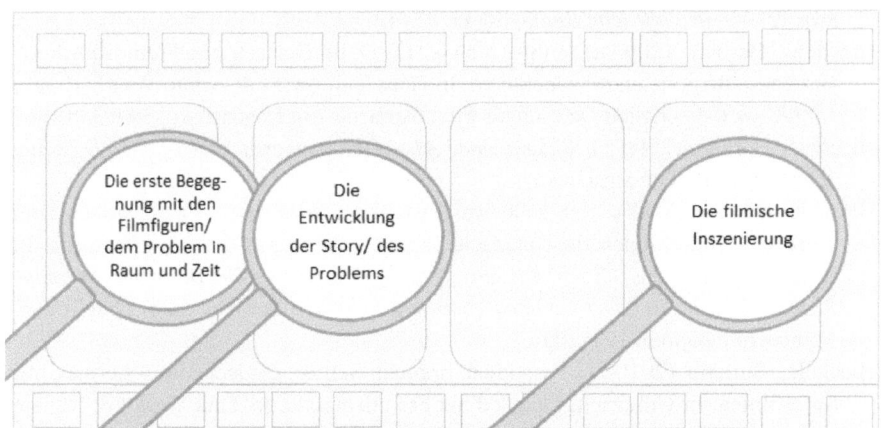

Abb. 1: Lupenmodell für den Einsatz von Filmen im DaF-/ DaZ-Unterricht.

4   Eine Inklusion zum Abschluss

Ich selbst habe den Begriff Hör-Seh-Verstehen eingeführt und definiert. Mit Blick auf die Entwicklung des DaF-/ DaZ-Lehrmedienmarktes, wo erfreulicherweise zu fast allen Lehrwerken auch DVDs gehören, wird das Hör-Seh-Verstehen als die Form des „natürlichen Verstehens" aufgenommen. Aber es fehlt am Film als eine relevante Kunstform, mit der im DaF-/ DaZ-Unterricht auch Filmbildung geleistet werden sollte. Deshalb würde ich das Hör-Seh-Verstehen um den Kompetenzbereich des Filmverstehens erweitern. Dieser Gedanke sollte auch mit diesem Beitrag evoziert werden.

Literatur

Ballstaedt, Steffen-Peter (1997). *Wissensvermittlung. Die Gestaltung von Lernmaterial.* Weinheim: Beltz.

Barkowski, Hans; Krumm, Hans-Jürgen (Hrsg.) (2010). *Fachlexikon Deutsch als Fremd- und Zweitsprache.* Tübingen/ Basel: A. Francke.

Bergala, Alain (2006). *Kino als Kunst. Filmvermittlung an der Schule und anderswo.* Bonn: Schüren.

Biechele, Barbara (1987). Zur Entwicklung des komplexen Hörverstehens im Fremdsprachenunterricht durch den Einsatz nichtspezifischer Fernsehbeiträge. *Wissenschaftliche Zeitschrift der Friedrich-Schiller-Universität Jena, Gesellschaftswissenschaftliche Reihe*, 36(1), 31–42.

Biechele, Barbara (2006 a). Film/ Video/ DVD in Deutsch als Fremdsprache – Bestandsaufnahme und Perspektiven. In Hans Barkowski & Armin Wolff (Hrsg.), *Umbrüche* (Materialien Deutsch als Fremdsprache 76), Regensburg, 309–328.

Biechele, Barbara (2006 b). *Videotrainer A1 – Übungen zum Video geni@l.* Berlin, München et al.: Langenscheidt.

Biechele, Barbara (2007). „Ich sehe was, was du nicht siehst" – Reflexionen zum Lernen mit Spielfilmen im Unterricht Deutsch als Fremd- und Zweitsprache. In Ruth Eßer & Hans-Jürgen Krumm (Hrsg.), *Bausteine für Babylon: Sprache, Kultur, Unterricht ... Festschrift zum 60. Geburtstag von Hans Barkowski.* München: Iudicium, 194–205.

Biechele, Barbara (2010 a). Verstehen braucht Sehen: entdeckendes Lernen mit Spielfilmen im Unterricht Deutsch als Fremdsprache. In Tina Welke & Renate Faistauer (Hrsg.), *Lust auf Film heißt Lust auf Lernen.* Wien: Praesens Verlag, 13–32.

Biechele, Barbara (2010 b): Lexikonbeiträge z.B. zu Hör-Seh-Verstehen; Sehverstehen. In Hans Barkowski & Hans-Jürgen Krumm (Hrsg.), *Fachlexikon Deutsch als Fremd- und Zweitsprache.* Tübingen/ Basel: A. Francke.

Borstnar, Nils; Pabst, Eckhard; Wulff, Hans Jürgen (2002). *Einführung in die Film- und Fernsehwissenschaft.* Konstanz: UVK Verlagsgesellschaft.

Gasser, Peter (2008). *Neuropsychologische Grundlagen des Lehrens und Lernens.* Bern: hep verlag ag.

Grein, Marion (2013). *Neurodidaktik. Grundlagen für Sprachlehrende.* Ismaning: Hueber Verlag GmbH & Co. KG.

Herrmann, Ulrich (Hrsg.) (2009). *Neurodidaktik. Grundlagen und Vorschläge für gehirngerechtes Lehren und Lernen.* Weinheim und Basel: Beltz.

Hildebrandt, Jens (2006). *Film: ratgeber für lehrer.* 2., aktual. Aufl. Köln: Aulis Verlag Deubner.

Müller, Ines (2012). *Filmbildung in der Schule. Ein filmdidaktisches Konzept für den Unterricht und die Lehrerbildung.* München: kopaed.

Niesyto, Horst (2006). Konzepte und Perspektiven der Filmbildung. In Horst Niesyto (Hrsg.), *film kreativ. Aktuelle Beiträge zur Filmbildung.* München: kopaed.

Ohler, Peter (1990). Kognitive Theorie der Filmwahrnehmung: der Informationsverarbeitungsansatz. In Knut Hickethier & Heinz Winkler (Hrsg.), *Filmwahrnehmung.* Berlin: Ed. Sigma Bohn, 43–57.

Raabe, Horst (1997). „Das Auge hört mit". Sehstrategien im Fremdsprachenunterricht. In Ute Rampillon & Günther Zimmermann (Hrsg.), *Strategien und Techniken beim Erwerb fremder Sprachen.* Ismaning: Hueber, 150–172.

Rickheit, Gert; Strohner, Hans (1990). Inferenzen: Basis des Sprachverstehens. *Die neueren Sprachen* (6), 527–532.

Schwerdtfeger, Inge Ch. (1989). *Sehen und Verstehen. Arbeit mit Filmen im Unterricht Deutsch als Fremdsprache.* Berlin, München et al.: Langenscheidt Verlag.

Diana Maak & Dorothea Spaniel-Weise

Det bliver ikke rigtig jul uden en julekalender på tv[1]: Kein richtiges Weihnachten in Dänemark ohne TV-Weihnachtskalender und auch kein DäaF-/DäaZ-Unterricht ohne diese?

1 Trailer

Im vorliegenden Beitrag wird das Format eines filmischen Weihnachtskalenders (auf Dänisch: Julekalender) vorgestellt und dessen Bedeutung für die Inszenierung dänischer (Weihnachts-)Kultur diskutiert. Mit der kulturell prägenden Funktion von Fernsehinhalten auf „die Weltsicht, das Sozialverhalten und die Wirklichkeitsvorstellungen von Zuschauern" (Zerweck 2009: 253) ist auch die Gefahr der damit einhergehenden Uniformierung und Ausgrenzung von Mitgliedern der Gesellschaft, die diese Inhalte nicht teilen, verbunden (Tang Nielsen 2012). Damit stellt der Beitrag die Verbindung zum thematischen Schwerpunkt des vorliegenden Bandes, Homogenität und Heterogenität, her und gibt gleichzeitig neben Deutsch als Fremd- und Zweitsprache auch einer Minderheitensprache in Deutschland, dem Dänischen, Repräsentanz. Neben der Erörterung von Möglichkeiten für die Arbeit mit diesem spezifischen TV-Format im Unterricht werden konkrete Vorschläge unterbreitet, wie im Dänisch als Fremd- und Zweitspracheunterricht (im Folgenden DäaF/ DäaZ) schrittweise die Transformation des authentischen Filmmaterials in didaktisches Material erfolgen kann.

---

[1] Sinngemäße Übersetzung: Es wird nicht richtig Weihnachten ohne einen Weihnachtskalender im Fernsehen (Zitat stammt aus Berg Petersen 2009).

2   Behind the scenes: TV-Weihnachtskalender in Dänemark

Im Unterschied zum gedruckten Weihnachtskalender[2] handelt es sich bei TV-Weihnachtskalendern um 24 zehn- bis dreißigminütige Episoden, die vom 1. bis zum 24. Dezember im Fernsehen ausgestrahlt werden.[3] Gegenstand der Handlung von TV-Weihnachtskalendern ist, dass Weihnachten in Gefahr gerät und gerettet werden muss, was in der Regel in der letzten Folge gelingt (Agger 2013: 268, Kentorp 2005, Tang Nielsen 2004).

Verlauf	⟶		
Folge(n)	1. (+2)	2.–22. (+23.)	23./24.
Inhalt	Weihnachten ist/ gerät in Gefahr	Lösungsversuche, um Weihnachten zu retten und die altbekannte Ordnung wieder herzustellen	Weihnachten wird gerettet und die Harmonie wiederhergestellt

Tab. 1: Narratives Schema eines TV-Julekalenders (i. A. an Tang Nielsen 2012).

TV-Weihnachtskalender folgen einem narrativen Schema (vgl. Tab. 1): Nachdem in der ersten Folge bzw. zweiten Folge Weihnachten in Gefahr geraten ist, wird in den kommenden 22 bis 23 Folgen versucht, dieses zu retten. Häufig spitzt sich das Problem im Verlauf der Handlung weiter zu: Wie auch im Fall von Christian E. Christiansens *Mikkel og Guldkortet* (2008, für eine ausführliche Inhaltsbeschreibung s. Abb. 1) beziehen sich Probleme häufig zunächst auf eine individuelle bzw. familiäre Ebene. Die Problemlage erweitert sich jedoch maßgeblich und bedroht schließlich die ganze Weltordnung. In der (vor)letzten Folge werden alle Probleme gelöst, d.h. die Harmonie wird wieder hergestellt. Tang Nielsen (2012: 2 f.) zufolge dient dieses existentielle Drama dazu, an die Verletzlichkeit des Daseins zu erinnern. Da unsere „normale Welt" gefährdet war, ist der Zuschauer in der Konsequenz für deren Existenz dankbarer als je zuvor.

---

2   Der gedruckte Weihnachtskalender, in dem sich 24 Bilder befinden, wurde 1903 von Gerhard Lang in München entwickelt und fand nach dem Zweiten Weltkrieg insbesondere durch das Bestreben von Richard Sellmer aus Stuttgart auch außerhalb Deutschlands, z.B. in den USA, weite Verbreitung (Mikkelsen o.J.: 1). Auf diesen und dessen Entwicklung soll hier nicht weiter eingegangen werden.

3   Bereits im Fernsehen ausgestrahlte TV-Weihnachtskalender sind i.d.R. auch auf DVD erhältlich.

Mikkel og Guldkortet (2008)

Der 11-jährige Mikkel träumt davon, sich unendlich viele Weihnachtsgeschenke kaufen zu können. Allerdings hat Mikkels Familie finanzielle Probleme aufgrund eines Hauskaufs. Er rettet durch Zufall dem Weihnachtswichtel Goddreng (sinngemäß übersetzt: guter Junge), der gemeinsam mit zwei weiteren Weihnachtswichteln versteckt im Wald lebt, das Leben und hat daher einen Wunsch frei. Er wünscht sich, alles kaufen zu können, was er haben möchte. Er bekommt von den Weihnachtswichteln eine „Guldkort" (Goldkarte; es handelt sich um eine Kreditkarte), die ihm Zugang zum Gold der Weihnachtswichtel gibt. Schnell zeigt sich, dass eine solche Karte auch viele Probleme mit sich bringt – z.B. zwei Diebe, welche die Goldkarte stehlen wollen. Als Mikkels kleine Schwester ebenfalls einem – schwerhörigen – Weihnachtswichtel das Leben rettet, wünscht sie sich, dass kein Mensch auf der Welt eine Goldkarte hat. Er versteht aber „alle Menschen" und daher erhalten alle eine Goldkarte. Das führt dazu, dass alle einkaufen, aber niemand mehr arbeitet und in kürzester Zeit Chaos und Anarchie ausbrechen. Gemeinsam mit den Weihnachtswichteln gelingt es Mikkel zum Schluss doch noch, alle Goldkarten zu zerstören und „die alte Ordnung" wieder herzustellen.

Abb. 1: Inhaltszusammenfassung für den Julekalender *Mikkel og Guldkortet*.

Aufgrund der dargestellten dramaturgischen Struktur einer fiktionalen Handlung, der festen Sendezeit einer jeweils gleich langen Episode, dem Anknüpfen jeder Einzelfolge an die vorangegangenen Folgen und der damit verbundenen Wiederkehr immer derselben Figuren erfüllen Weihnachtskalender die wichtigsten Merkmale eines Fernseh-Serien-Formates (Pfau 2009: 42). Dabei wird in der Literatur zwischen verschiedenen seriellen Formen, z.B. Reihen wie *Tatort* oder Seifenopern/Soaps wie *Jojo sucht das Glück* unterschieden. Serien mit abgeschlossener Folgehandlung nennt man Episodenserie (engl: „series"), während Serien mit fortlaufenden Handlungssträngen als „serial" (engl.) bezeichnet werden (vgl. Weber/ Junklewicz 2008: 19). Die einzelnen Episoden enden mit einem sogenannten „Cliffhanger", der als offener, spannungsgeladener Abschluss Motivation schafft, die nächste Folge der Serie zu sehen. Diese Technik ist auch von Fortsetzungsromanen bekannt (vgl. Hickethier 1991: 14). Gemeinsames Merkmal aller Fernsehserien ist neben dem seriellen Prinzip das Auftreten verschiedener wiederkehrender fiktionaler Charaktere in alltäglichen Handlungssituationen, die dem Zuschauer schnell Identifikations-

möglichkeiten bieten. Die Rezeption von Unterhaltungsserien wird zu einem
Ritual innerhalb des Alltags des Rezipienten/ der Rezipientin und mit Spannung wird die nächste Folge erwartet. Daraus resultiert eine große Loyalität der
Fernsehzuschauer gegenüber ihren Lieblingsserien und kaum eine Folge wird
ausgelassen. Fernsehserien eignen sich neben der ZuschauerInnenbindung aufgrund ihres sequenziellen Aufbaus und ihrer damit einhergehenden „erzählerischen Kontinuität" (Weber/ Junklewitz 2008: 23) für den Einsatz im Unterricht.
Ferner verfügen sie über das Potential, verschiedene Zielgruppen anzusprechen,
denn inhaltlich stehen Themen wie unterschiedliche Lebensstile in Familien,
Partnerschaft und Berufsleben und die Darstellung universaler Gefühle wie
Liebe, Freundschaft, Hass, Eifersucht, Ängste und das Agieren in Konflikt-
situationen im Vordergrund. Damit ähneln die dargestellten Situationen der
Lebens- und Erfahrungswelt der Zuschauer und die Motivation, Einschät-
zungen und Bewertungen zu vergleichen und sich darüber reflektiert auszutauschen, ist groß. Auch die Anbindung an curriculare Vorgaben im Fremdsprachenunterricht ist in der Regel problemlos gewährleistet, weisen doch die
Kann-Beschreibungen des *Gemeinsamen Europäischen Referenzrahmens
(GER)* in der mündlichen und schriftlichen Interaktion gerade diese Textsorten
aus (vgl. Europarat 2001: 78 ff.).

Um das Format des dänischen TV-Weihnachtskalenders im DäaF-/ DäaZ-
Unterricht nutzbar zu machen, ist es wichtig, dessen historische Entwicklung
nachzuzeichnen. Denn dies verdeutlicht die Bedeutung dieses Genres für das
dänische kulturelle Selbstverständnis bzw. dessen Beitrag zur nationalen
Identitätsbildung. Daran schließt sich eine Auseinandersetzung mit den
Charakteristika dänischer TV-Weihnachtskalender an, um in Kapitel 3 einen
Vorschlag zur Arbeit mit *Mikkel og Guldkortet* vorzustellen.

2.1 Historische Entwicklung

Das Konzept von Radio- und TV-Weihnachtskalender wurde Ende der 1950er
Jahre in Schweden entwickelt (vgl. Mikkelsen o.J.: 2). Im Jahr 1962 erfolgte
die Ausstrahlung des ersten dänischen Radio- sowie auch TV-Weihnachtskalenders (*Historier fra hele verden*) auf dem Kanal DR, wobei sich die TV-
Variante wesentlich größerer Beliebtheit erfreute (vgl. Mikkelsen o.J.: 3). Es
handelte sich in den 60er Jahren vornehmlich um einfache Produktionen, meist
mit Handpuppen und häufigem Fokus auf das Ausland (vgl. Mikkelsen o.J.: 3).
Die Zielgruppe stellten Kinder dar, die Sendezeit lag entsprechend am Nach-

mittag (vgl. Mikkelsen o.J.: 3). Die einzelnen Episoden dauerten fünf bis zehn
Minuten und waren nicht mittels durchgängiger Handlung miteinander verbun-
den (vgl. Agger 2013: 271). Der erste wirklich erfolgreiche TV-Weihnachts-
kalender war Bob Goldenbaums *Kender du Decembervej?* (1967) (vgl.
Mikkelsen o.J.: 3). Mit zunehmender Popularität wurden auch Konzeption und
Produktion der TV-Weihnachtskalender in den 70er Jahren aufwändiger, z.B.
indem mehr Zeit für die Manuskripterstellung verwendet wurde und man große
Kulissen baute (vgl. Mikkelsen o.J.: 4). Im Zuge dessen wurden die einzelnen
Episoden länger (15 Minuten) und eine durchgängige Handlung charakterisierte
fortan das Format (Agger 2013: 271). In den 60ern und 70ern spielte Weihnachten in den TV-Weihnachtskalendern nicht notwendigerweise eine große
Rolle. So kommt das Thema in *Jullerup Færgeby* von Per Nielsen (1974), dessen Akteure Handpuppen sind, gar nicht vor, allerdings ist eine durchgängige
Handlung gegeben. Eine wesentliche Zutat in den 70ern war „[…] humour in
language and dialogue, character and setting, which became a constituent
element of the genre." (Agger 2013: 272) Gegen Ende der 70er entwickelt sich
zudem das Konzept der parallelen Welten: eine Welt der Erwachsenen mit
einer Familie in der normalen Welt, die kontrastiert wird mit einer weiteren
Welt, die meist von Weihnachtswichteln oder anderen fiktiven Kreaturen
bevölkert ist (vgl. Agger 2013: 269).

In den 80ern, dem „Goldenen Zeitalter" der dänischen TV-Weihnachtskalender, aus dem z.B. *Nissebanden* (1984 von Per Pallesen) und *Jul på Slottet*
(1986 von Finn Henriksen) stammen, änderten sich schließlich deren Rolle und
Status als bloße Kindersendung zu einem Format, das von der ganzen Familie
gesehen wurde (Mikkelsen o.J.: 5). Die Zielgruppe, ZuschauerInnenzahl und
Länge der Episoden erweiterte sich entsprechend und die Ausstrahlung erfolgte
nun häufiger zur besten Sendezeit um 20 Uhr. Anfang der 1990er Jahre erhielt
der TV-Sender DR Konkurrenz durch den neuen Sender TV2. Dieser produ-
zierte und strahlte bereits 1990 den ersten Weihnachtskalender für Erwachsene[4]
aus, welcher ein Erfolg wurde (vgl. Mikkelsen o.J.: 6): 1994 folgte *Alletiders
Jul* von Martin Miehe-Renard (vgl. Mikkelsen o.J: 6). Die Entwicklung des
TV-Weihnachtskalenders lässt sich mit Mikkelsen (o.J.: 7) wie folgt zusam-
menfassen:

---

4   DR versuchte sich bereits – allerdings ohne Erfolg – 1978 mit einer Art Erwach-
     senen-TV-Weihnachtskalender *Julekalender for voksne* mit acht Episoden (vgl.
     Iskov 2004).

„Tv-julekalenderen var gået fra tidligere at have været underholdning for børn, der blev sendt om eftermiddagen, til at blive ‚prime-time' tv-underholdning, der hver uge toppede listerne som de mest sete tv-programmer."[5]

TV-Weihnachtskalender erzielten nun sehr hohe Einschaltquoten, z.B. wurde *Andersens julehemmelighed* (1993 von Claus Bue) von 1.651.000 ZuschauerInnen und *Alletiders jul* von 1.390.000 ZuschauerInnen gesehen (Agger 2013: 268). Selbst Wiederausstrahlungen erreichten zum Teil sehr hohe ZuschauerInnenzahlen.

Zu Beginn des neuen Jahrtausends kam schließlich die Auseinandersetzung mit religiösen und kulturhistorischen Aspekten hinzu. Im Zuge dessen fand eine Verschiebung zu mehr Ernsthaftigkeit und damit zum Drama hin statt, komödiale Einschläge traten in den Hintergrund (vgl. Agger 2013: 276).

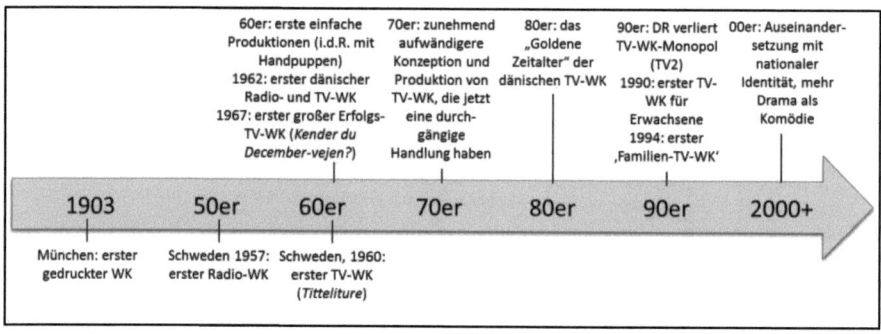

Abb. 2: Historische Entwicklung der TV-Julekalender.

Zur Veranschaulichung ist die historische Entwicklung dänischer TV-Weihnachtskalender zusammenfassend in Abb. 2 an einem Zeitstrahl dargestellt. Durch die Nachzeichnung der historischen Entwicklung wird deutlich, dass es sich bei TV-Julekalendern um ein filmisches Genre handelt, dem in Dänemark eine bedeutende Rolle zukommt und dessen Format u.a. durch ständige Veränderung und Entwicklung gekennzeichnet ist. Darin sieht Agger (2013: 269) eine wesentliche Ursache für dessen Beliebtheit. Fernsehserien allgemein haben in den letzten Jahren eine regelrechte „Renaissance" (Blachet 2011: 39) erlebt, was unter anderem technologischen Neuerungen geschuldet

---

5   Sinngemäße Übersetzung: Der TV-Weihnachtskalender hatte sich von einem Unterhaltungsprogramm für Kinder, das am Nachmittag gesendet wurde, zu einem „Prime-time"-Programm mit den höchsten Einschaltquoten entwickelt.

ist, die zum einen ein zeitversetztes Ansehen der einzelnen Episoden auf DVD oder im Internet und zum anderen einen Austausch über Personen und Handlungen in sozialen Netzwerken erleichtern (vgl. ebd. 40 f.).

2.2   Rolle für die nationale Identitätsbildung

„Bamses Julerejse, Jullerup Færgeby, Alletiders Jul – det bliver ikke rigtig jul uden en julekalender på tv."[6] (Berg Petersen 2009): Ohne TV-Weihnachtskalender kein Weihnachten – oder zumindest keine Weihnachtsstimmung. Agger (2013: 267) spricht gar vom TV-Weihnachtskalender als „Institution". Unseres Erachtens trägt das Genre auf verschiedene Weise zur nationalen Identitätsbildung und damit dazu bei, was als „(typisch) dänisch" angesehen wird. Einerseits spiegelt es Traditionen, die in der Weihnachtszeit praktiziert werden und kann somit der Fortführung und Verstärkung dieser Traditionen dienen. Als einfaches Beispiel kann für Dänemark typischer Weihnachtsschmuck genannt werden, der in vielen TV-Weihnachtskalendern zu sehen ist (z.B. in *Jul på Slottet*), oder der Tanz um den Weihnachtsbaum am Heiligen Abend (z.B. in *Jul på Slottet* und *Mikkel og Guldkortet*). Andererseits kann eine aktive Auseinandersetzung damit erfolgen, was nationale Identität kennzeichnet und inwieweit landeskundliches Wissen notwendiger Bestandteil einer solchen ist. Tang Nielsen (interviewt in Ebdrup 2011) vertritt die Auffassung, dass die Auseinandersetzung mit dem Christentum im TV-Weihnachtskalender *Jesus og Josefine* (2003 von Carsten Myllerup) und mit der nordischen Mythologie z.B. in *Pakten* (2009 von Maya Ilsøe) die Suche nach nationaler Identität spiegelt (vgl. Ebdrup 2011). TV-Weihnachtskalender wären demnach einerseits als Teil der dänischen Nationalkultur anzusehen, andererseits tragen sie zu deren Bildung bzw. Veränderung bei und erfüllen somit eine Erziehungsfunktion. Die Annahme, dass sie (re-)präsentieren, was „dänisch" ist, bildet hierbei eine selbstverständliche Grundlage. Sune Auken, Literaturwissenschaftler, kommentiert dementsprechend den TV-Weihnachtskalender *Pakten*, in dem Grundtvig einen Pakt mit Weihnachtswichteln eingeht: „Derudover er Grundtvig en nøgle til at forstå, hvad det vil sige at være dansk og kristen i Danmark."[7] (Sune

---

6   Sinngemäße Übersetzung: *Bamses Julerejse, Jullerup Færgeby, Alletiders Jul* (es handelt sich um drei Titel von TV-Weihnachtskalendern, Anm. d. V.) – es wird nicht richtig Weihnachten ohne einen Weihnachtskalender im Fernsehen.

7   Sinngemäße Übersetzung: Darüber hinaus ist Grundtvig ein Schlüssel um zu verstehen, was es bedeutet, dänisch und christlich in Dänemark zu sein.

Auken interviewt von Berg Petersen 2009) Der TV-Weihnachtskalender vermittelt also, „was es bedeutet, dänisch zu sein", indem er sich – wenngleich auch in fiktiver Weise – mit Grundtvig als wichtiger dänischer Persönlichkeit beschäftigt. Damit einher geht allerdings auch eine ausgrenzende Wirkung, wie Tang Nielsen am Beispiel von *Jesus og Josefine* illustriert: „I den nationale udformning af det mytiske juledrama er der egentlig kun plads til kristne danske børn som juleaften fejrer at dagens Danmark er resultat af en religiøs og historisk udvikling."[8] (Tang Nielsen 2012). Zusammengefasst hieße das: Platz ist im Weihnachtskalender nur für bestimmte – „dänische" – Kinder. Und wer Weihnachtskalender nicht kennt, sie nicht schaut und nicht darüber sprechen kann, kann soziale Isolation, z.B. den Ausschluss aus Gesprächsgruppen, erfahren. Eng an die gesellschaftliche Rolle der TV-Weihnachtskalender ist also auch die Bedeutung dieser auf individueller Ebene geknüpft, wie folgendes Zitat illustriert: „Alle i vores generation har fulgt *Børnenes Julekalender* på DR, dengang vi var små. Det var et fast ritual hele december, og jeg tror, at glæden ved den barndomsoplevelse stadig sidder i vores underbevidsthed,' filosoferer DR2's Mikael Bertelsen [...]"[9] (Iskov 2004).

2.3 Charakteristika dänischer TV-Weihnachtskalender

Fragt man Dänen nach ihrem Lieblings-TV-Weihnachtkalender, bekommt man in der Regel eine prompte Antwort zur persönlichen „Hitliste"[10]. Mit der historischen Entwicklung der TV-Weihnachtskalender (vgl. Kap. 2.1) haben sich zwar deren Charakteristika über die Zeit verändert, dennoch lassen sich eine Reihe von Eigenschaften als „typisch" identifizieren. Dieser Spezifika bedient sich fast jeder TV-Weihnachtskalender, jedoch in je unterschiedlicher Weise. Im Folgenden wird auf diese eingegangen, wobei ausschließlich Kinder- und Familien-TV-Weihnachtskalender berücksichtigt werden. Abgesehen da-

---

8   Sinngemäße Übersetzung: In der nationalen Ausformung des mythischen Weihnachtsdramas ist nur Platz für christliche dänische Kinder, die am Weihnachtsabend feiern, dass das heutige Dänemark ein Resultat einer religiösen und historischen Entwicklung ist.

9   Sinngemäße Übersetzung: ‚Alle in unserer Generation haben, als sie klein waren, *Børnenes Julekalender* auf DR verfolgt. Das war ein festes Ritual den ganzen Dezember lang und ich glaube, dass die Freude dieses Kindheitserlebnisses immer noch in unserem Unterbewusstsein sitzt,' philosophiert Mikael Bertelsen von DR.

10   Diese wird z.B. auch in Kentorp 2005 erwähnt.

von, dass in allen TV-Weihnachtskalendern Weihnachten in Gefahr ist (vgl. Agger 2013, Kentorp 2005, Tang Nielsen 2004), lassen sich mit Thorsen folgende wesentliche Charakteristika nennen:

> „Udover en god og spændende historie kræver serieformen, at karaktererne laver nogle gentagelser, mener han [Rasmus Thorsen, Produzent von Jul i Valhal, 2005; Anm. d. V.]. Som Meyer i »Huset på Christianshavn«, der griber gelænderets kugle hver dag, kaster Emma i »Jul i Valhal« hver dag en pebernød til hunden, som griber den. Krydderiet er hygge og tradition, der skal drysses med løs hånd over alle afsnit, og som stjernen i toppen af træet skal musikken være iørefaldende."[11] (Kentorp 2005)

Agger (2013: 269 ff., 2006) systematisiert dies, indem sie fünf Elemente als konstituierend für das Genre herausarbeitet: 1. Almanach, 2. Foklore, 3. Mythos/ Kulturgeschichte, 4. Komödie und 5. Musik.

Aus der Tradition des ganzjährigen Almanachs entwickelte sich der 24-tägige Weihnachtskalender (Agger 2006) und die Unterteilung in Tage – eine Episode von ca. 20–30 Minuten Erzählzeit entspricht einem Tag erzählter Zeit. Ferner sind folkloristische Traditionen, wie z.B. der Weihnachtsbaum, Geschenke und Weihnachtswichtel, die heute typisch für Weihnachten sind und sich vor allem im Laufe des 19. Jahrhunderts entwickelten, konstituierender Bestandteil des Genres (vgl. Agger 2006). Diese kulturgeschichtlichen Traditionen bestimmten somit die Ausformumg des Genres maßgeblich mit: „As a part of this development, the attitude to folklore traditions shifted as they gradually became absorbed into this specific part of Danish cultural history, its tales, songs and practices." (Agger 2013: 271) Schließlich wurde der TV-Weihnachtskalender als Kombination aus Komödie und Musical für Kinder bereits erwähnt. Im Folgenden wird auf ausgewählte Charakteristika – Weihnachtstraditionen, die Rolle der Musik und auf die Rolle der Wiederholung – näher

---

11   Sinngemäße Übersetzung: Abgesehen von einer guten und spannenden Geschichte verlangt das Serienformat, dass die Charaktere bestimmte Handlungen wiederholen, meint er [Rasmus Thorsen, Produzent von *Jul i Valhal*, 2005; Anm. d. V.]. Wie Meyer in *Huset på Christianshavn*, der jeden Tag die Kugel des Geländers ergreift, wirft Emma in *Jul i Valhal* dem Hund jeden Tag eine Pfeffernuss zu, die er frisst. Die Gewürze sind Gemütlichkeit und Tradition, die mit loser Hand über alle Episoden verstreut werden, und als I-Tüpfelchen (hier: Stern auf dem Weihnachtsbaum) muss die Musik ein Ohrwurm sein.

eingegangen. Die Darstellung basiert u.a. auf einer Analyse von sieben TV-Weihnachtskalendern.[12]

Weihnachtswichtel spielen – nicht nur in TV-Weihnachtskalendern – eine wichtige Rolle für die dänische Weihnachtstradition: „Denne skæggede, lille mand ses i december måned overalt, og han er for de fleste danskere sammen med juletræet og flæskestegen noget nær indbegrebet af jul."[13] (Brandt Tingstrøm 2009) In anderen Ländern sind sie meist aus Märchen und Sagen als hilfreiche und heimliche HausbewohnerInnen bekannt, in Deutschland Heinzelmännchen genannt, aber weniger bis gar nicht mit Weihnachten assoziiert (Brandt Tingstrøm 2009).[14] In TV-Weihnachtskalendern werden die meist rote Zipfelmützen tragenden Wichtel vor allem seit den 80ern gewissermaßen „lebendig", indem sie als Hauptakteure der Handlung auftreten.

Typisch für TV-Weihnachtskalender ist die Darstellung von Weihnachtstraditionen. Hierzu zählen u.a. folgende:

–   Dannebroget: Die dänische Nationalflagge wird z.B. als Girlande um den Weihnachtsbaum drapiert.

–   Risengrød (Milchreis): Den Weihnachtswichteln, von denen oft angenommen wird, dass sie auf dem Dachboden leben, auch wenn man sie niemals zu Gesicht bekommt, wird Risengrød hingestellt, da dies als eines ihrer Lieblingsgerichte gilt; ähnlich wie dem Weihnachtsmann Milch und Kekse in den USA.

–   Weihnachtsschmuck: z.B. julehjerter (Weihnachtsherzen), kræmmerhus (spitze Tüten) und kravlenisser (Kletter-Weihnachtswichtel).[15]

---

12   Auf diese Analyse kann aus Platzgründen an dieser Stelle nicht weiter eingegangen werden. Für weiterführende Informationen zu dieser Analyse wenden Sie sich gerne an Diana Maak (diana.maak@uni-flensburg.de).

13   Sinngemäße Übersetzung: Dieser bärtige, kleine Mann wird im Dezember überall gesehen und er ist für die meisten Dänen, gemeinsam mit dem Weihnachtsbaum und dem Schweinebraten, so etwas wie der Inbegriff von Weihnachten.

14   Vgl. auch Brandt Tingstrøm 2009 für Ausführungen zur Entwicklung vom Heinzelmännchen hin zum Weihnachtswichtel in Dänemark.

15   Weihnachtsherzen bestehen in der Regel aus zwei Stücken gefaltetem Papier, die miteinander ‚verflochten' werden und eine Art Tasche bilden, die dann – z.T. mit Süßigkeiten gefüllt – an den Weihnachtsbaum gehängt werden. Kræmmerhuse werden ähnlich hergestellt, haben aber nicht die Form eines Herzens. Kravlenisser sind auf Papier oder Pappe gedruckte Weihnachtswichtel, die ausgeschnitten und z.B. in Regale gesetzt oder gehängt werden.

– Tanzen um den Weihnachtsbaum: Am Heiligen Abend wird in vielen dänischen Haushalten zusammen um den Weihnachtsbaum getanzt, wobei Weihnachtslieder gesungen werden.

Die Rolle der Musik zeigt sich in jeder Serie zunächst durch eine einheitliche Titelmelodie im Vorspann. Häufig existiert ein Soundtrack, der alle Lieder des TV-Weihnachtskalenders enthält. Diese werden im Laufe der 24 Episoden in der Regel mehrmals (ein-)gespielt. Es lassen sich zwei Arten unterscheiden. In einigen TV-Weihnachtskalendern sind die Lieder gewissermaßen in die Handlung eingebunden. Dann werden sie vorwiegend von den entsprechenden AkteurInnen gesungen. Typischerweise handelt es sich um wiederkehrende Handlungen, die mit einem bestimmten Lied assoziiert sind, z.B. singen die Weihnachtswichtel in *Jul på Slottet* ein bestimmtes Lied, wenn sie putzen. Eine weitere Möglichkeit besteht darin, dass die Lieder unabhängig von der Handlung entweder am Ende oder während einer Episode eingespielt werden (z.B. *Mikkel og Guldkortet, Jesus og Josefine*). In diesen Fällen werden die Lieder in der Regel nicht von Schauspielern aus den TV-Weihnachtskalendern, sondern von – meist in Dänemark bekannten – Musikern dargeboten.

Wiederholung ist, wie bereits im Zitat von Thorsen angesprochen und für die Musik aufgezeigt, ein zentraler Aspekt von TV-Weihnachtskalendern, jedoch insbesondere typisch für TV-Weihnachtskalender aus den 70er und 80er Jahren. Dieses Charakteristikum zeigt sich in der Wiederholung bestimmter Handlungen, z.B. essen die Weihnachtswichtel in *Nissebanden* regelmäßig Risengrød (Milchreis) mit einem Butterstückchen. Mit diesen Wiederholungen wird gespielt, indem nach deren Etablierung leichte bis starke Abwandlungen stattfinden. Zudem werden bestimmte sprachliche Wendungen häufig wiederholt, z.B. „Der sidder et godt hoved på den knægt"[16] in *Jullerup Færgeby*. Aufgrund dieser hohen Frequenz bestimmter sprachlicher Wendungen und kultureller Deutungsmuster sind TV-Weihnachtskalender für den Einsatz im Zweit- und Fremdsprachenunterricht gut geeignet.

Dass Fernsehserien im Fremd- und Zweitsprachenunterricht gewinnbringend eingesetzt werden können, wurde bereits umfassend aufgezeigt.[17] Dabei stehen in Abhängigkeit von den Lehr-/Lernzielen „die produktions-

---

16   Sinngemäße Übersetzung: Da sitzt ein guter Kopf auf diesem Bengel – im Sinne von: Der ist nicht auf den Kopf gefallen.

17   Für den Englischunterricht vgl. Surkamp 2004, Grimm 2009, Blanchet et al. 2011, Lütge 2012, Thomson 2013, für den DaF-/ DaZ-Unterricht vgl. Welke/ Faistaur 2010, Themenhefte *Zeitschrift für Interkulturellen Fremdsprachenunterricht* 2/2012, Zeitschrift *Fremdsprache Deutsch* 36/2007.

orientierte, semiotische, kulturdidaktische oder sprachdidaktische Dimension" (Zerweck 2009: 255) im Vordergrund. Unterrichtsmaterialien für deutschsprachige Fernsehserien und Soaps wie bspw. die *Lindenstraße* (Spaniel/ Suaréz 2013) oder *Jojo sucht das Glück* (Lohrbach 2014) liegen für den Deutsch als Fremd- bzw. Zweitsprache-Unterricht bereits vor. Anders verhält es sich für die dänischen TV-Weihnachtskalender, deren didaktisch-methodische Aufbereitungen bislang ein Desiderat darstellt.

3   Pre-Production für *Mikkel og Guldkortet*

Multikodale Texte werden im Fremd- und Zweitsprachenunterricht eingesetzt, da sie sich motivationsfördernd auf den Lernprozess auswirken und die Rezeption komplexer Informationen über mehrere Wahrnehmungskanäle im Vergleich zu Hör- oder Lesetexten das Verständnis vereinfachen (vgl. auch den Beitrag von Biechele in diesem Band). Zudem knüpfen sie an das Rezeptionsverhalten der Lernenden in ihrem Alltag an und sind als lehrwerksbegleitendes Zusatzangebot aus dem Unterricht nicht mehr wegzudenken. Auch haben technologische Entwicklungen (z.B. das Internet) die Zugänglichkeit weltweit vereinfacht und mit entsprechender Software lassen sich die Materialien auch für Unterrichtszwecke bearbeiten (z.B. Hinzufügen von Untertiteln, Schneiden von Filmsequenzen etc.). Ungeachtet der technischen Möglichkeiten müssen sich Lehrende vor dem Einsatz von Fernsehserien im Fremd- und Zweitsprachenunterricht vor allem die Fragen stellen, welche Lehr-/ Lernziele erreicht werden sollen und wie der Unterricht entsprechend zu planen ist. Daher werden an dieser Stelle notwendige Vorüberlegungen für die Arbeit mit einem TV-Weihnachtskalender dargestellt. Dies erfolgt am Beispiel des TV-Julekalenders *Mikkel og Guldkortet*, dessen Handlung bereits in Kap. 2 beschrieben wurde. Ein erster wichtiger Schritt ist die Bestimmung der Lehr-/ Lernziele.

Die Zielsetzungen für die Arbeit mit Filmen im Unterricht können allgemein sehr unterschiedlich sein. Im Sprachunterricht werden in der Regel Teilkompetenzen angestrebt, die in engem Zusammenhang mit dem Verständnis des Films stehen und damit der Förderung der sprachlichen Kompetenzen dienen. Das Hör-Seh-Verstehen, als „fünfte Fertigkeit" (Sass 2007: 7), wird dabei als Erweiterung der Fertigkeiten Lesen, Hören, Sprechen, Schreiben um bildliche und audiovisuelle Komponenten verstanden, dessen Schulung auf das mehrkanalige Erfassen von Kommunikationssituationen in ihrer Gesamtheit, d.h. das Verstehen verbaler, nonverbaler und extraverbaler Informationen und ihrer situations- und intentionsgerechten Interpretation abzielt (vgl. Biechele 2010: 118).[18]

An die Schulung des Hör-Seh-Verstehens schließt sich unmittelbar das Lernziel der Förderung der fremd- und zweitsprachlichen Interaktionskompetenz an, da Filme die Verwendung von Sprache in authentischen kommunikativen Situationen, in Familien- oder Berufsalltag zeigen. Gerade Fernsehserien sind durch eine Vielzahl von dargestellten Konflikten und Problemen von einer starken Handlungsbezogenheit und emotionalen Aufgeladenheit gekennzeichnet (vgl. Hickethier 2006: 120). Zudem ist die Sprachverwendung dialogbasiert und zeichnet sich durch ein kolloquiales Sprachregister aus. In Filmen dargestellte Kommunikationssituationen bieten Kommunikationsanlässe zwischen Lernenden durch Nachfragen, Nachsprechen von Dialogen oder Nachspielen von Handlungen. Die Konfrontation mit authentischer Sprachwelt und realitätsbezogenen Bildern erleichtert somit die Interaktion im Unterricht. Nicht umsonst weisen die Niveaubeschreibungen des GER Sprachhandlungen zur audiovisuellen Rezeption für alle Sprachniveaus aus (vgl. Europarat 2001: 77).

Mit dem Punkt der Dekodierung non- und paraverbaler Zeichen ist gleichfalls die Förderung der interkulturellen Kompetenz als Lernziel der Arbeit mit Fernsehserien eng verbunden. Dabei kann der Fokus zum einen auf der Vermittlung landeskundlicher Informationen, z.B. zur geopolitischen Lage oder zu Festen und Traditionen wie im Fall der dargestellten Weihnachtskalender, liegen. Zum anderen bieten die verschiedenen sozialen Begegnungssituationen in filmischen Darstellungen die Möglichkeit, über Werte und Normen in Bezug auf die eigene Handlungsorientierung nachzudenken und die mögliche Wirkung des eigenen Kommunikationsverhaltens auf den Gesprächspartner in der Fremdsprache zu reflektieren. Überzogen dargestellte Charaktereigenschaften von Figuren, die Klischees oder Stereotype transportieren, können herausgearbeitet und kommentiert werden.

Filme sind nicht zuletzt ein bedeutender Aspekt kultureller Erfahrung und gesellschaftlicher Realität, die unsere Wahrnehmung prägt. Sie sind sowohl Kennzeichen kultureller Identität als auch Inhalt soziokultureller Diskurse. Die Teilhabe daran setzt neben sprachlichem auch kulturelles Wissen voraus, dessen Fehlen vor allem das Lesen semiotischer Zeichen eines Filmes und

---

18   Sprachhandlungssituationen, in denen die Informationsaufnahme lediglich über das Hören erfolgt, sind in unserem Alltag sehr gering geworden. Selbst für das Telefonieren greifen viele Menschen (bspw. mittels Skype u.ä.) auf bildgestützte Anwendungen zurück.

Nachvollziehen intertextueller Bezüge erschweren kann. Das Lernziel der Kulturvermittlung und des Fremdverstehens tritt in solchen Unterrichtsphasen gleichberechtigt neben die Vermittlung der sprachlichen Kompetenz (vgl. Gügold 1998).

Schließlich kann auch die Entwicklung filmästhetischer und filmkritischer Kompetenz Lernziel der Arbeit mit Filmen in Unterricht sein. Im Zuge von Literalitätskonzepten wird das Lernziel „Film literacy", d.h. die Befähigung zu einem „sachgerechten und kritischen, selbstbestimmten, sozial-verantwortlichen, fremdsprachlich-kreativen und interkulturellen Handeln mit Filmen" (vgl. Blell/ Lütge 2004: 404) in vielen mediendidaktischen Publikationen oder Lehrplänen explizit ausgewiesen (vgl. Zerweck 2009). Filmtechnisch gesehen enthält jede Bildeinstellung Informationen, die es zu lesen und zu entschlüsseln gilt (z.b. Raum, Zeit, Gegenstände). Im Fremd- und Zweitsprachenunterricht müssen für eine solche Auseinandersetzung im Vorfeld die nötigen sprachlichen Mittel, z.b. durch ein entsprechendes Filmglossar (z.B. bei Brandi 1996: 17 ff.), zur Verfügung gestellt werden, das unter anderem Begriffe wie Einstellung, Schwenk, Sequenz beinhalten sollte. So kann im Mittelpunkt des Unterrichtsgesprächs auch die Sensibilisierung für filmtechnische Mittel stehen, um ihre Medienwirkung aufzuzeigen. Beispielsweise ist der Dialogcharakter in Fernsehserien durch die Kameratechnik des Schuss-Gegenschuss-Prinzips gekennzeichnet und zur Erhöhung des Wiedererkennungswertes von Hauptfiguren werden Rollen mit Musik untermalt (vgl. Badstübner-Kizic 2012: 55 f.).

Lernziel	für *Mikkel og Guldkortet*	Kommentar
Hörsehverstehen trainieren	+++	
Förderung der fremd-/ zweitsprachlichen Interaktionskompetenz	++	Sprechen über Handlung, Thema „Konsum" und Weihnachten in Dänemark, TV-Weihnachtskalender
Sprachkompetenz konkret	++	Wortfelder/ Wortschatz „Familie", „Einkaufen/ Konsum", „Weihnachtstraditionen" Grammatik: Konjunktiv (Was würde ich kaufen, wenn ich könnte …)

Förderung interkultureller Kompetenz/ Kulturvermittlung und Fremdverstehen	+++	Auseinandersetzung mit dänischen Weihnachtstraditionen, u.a. dem TV-Weihnachtskalender und dessen kultureller Bedeutung
Filmästhetische und filmkritische Kompetenz	+	Kennenlernen des filmischen Genres TV-Weihnachtskalender

Tab. 2: Lernzielformulierung für eine unterrichtliche Arbeit mit *Mikkel og Guldkortet*.

Tab. 2 stellt in Anlehnung an die obigen Darstellungen die wesentlichen Lernziele und deren Gewichtung für die Arbeit mit *Mikkel og Guldkortet* im Überblick vor. Ausgangspunkt für diese Überlegungen ist der Wunsch, im Erwachsenenunterricht DäaF oder DäaZ bereits auf niedrigem Sprachniveau (A2) mit dem TV-Weihnachtskalender zu arbeiten.

Aus der Tabelle wird deutlich, dass der Fokus der Behandlung auf der Förderung interkultureller sowie fremd-/ zweitsprachlicher Kompetenz liegt. Umfassendere Zielstellungen bezüglich der Entwicklung filmkritischer oder filmästhetischer Kompetenzen sind zudem denkbar, wenn es gilt, die medial wirksame Inszenierung von Inhalten zu thematisieren und ihre scheinbare objektive Darstellung zu problematisieren (vgl. Zerweck 2009: 258). Aufgrund des anvisierten Sprachniveaus der Lernergruppe und damit verbunden der Notwendigkeit, eine überschaubare Zahl von Unterrichtsfoki auszuwählen, treten diese jedoch in den nachfolgenden Darstellungen in den Hintergrund.

Der Schwerpunkt liegt stattdessen darauf, das Format des TV-Weihnachtskalenders und dessen Rolle in Dänemark kennenzulernen und so zum Kultur- und Fremdverstehen beizutragen. *Mikkel og Guldkortet* bietet sich dafür an, da dieser TV-Weihnachtskalender zahlreiche wesentliche Charakteristika, z.B. Weihnachtswichtel, Darstellung dänischer Weihnachtstraditionen etc., beinhaltet. Ziel der Behandlung von Weihnachtskalendern im DäaF- und DäaZ-Unterricht wäre demnach nicht die unreflektierte Vermittlung und Weitergabe der dänischen Weihnachtstraditionen, sondern die Befähigung der Sprachlernenden zum Gespräch darüber und damit der Teilhabe an Gesellschaft im weitesten Sinne. Dabei wird Teilhabegerechtigkeit als ein grundlegendes Element für das Erreichen von Bildungsgerechtigkeit in Zweitspracherwerbssituationen verstanden (vgl. Stojanov 2007: 39).

Fernsehserien zeichnen sich aufgrund ihres kurzen Produktionszyklus durch eine hohe Aktualität aus und greifen Themen und Tendenzen innerhalb einer Gesellschaft gezielt auf, die wiederum Ausgangspunkt für weiterführende

Sprachhandlungen im Unterricht sein können. Sie sind „offen für plurale Lesarten, Interpretationen und Bewertungen", sodass „Interpretationsrahmen geschaffen werden, die zu einer neuen Sichtweise auf das eigene Leben führen, etwa wenn determinierende Einstellungen und Ideologien problematisiert und Wert- oder Handlungsalternativen sichtbar werden" (Winter 2011: 159). In *Mikkel og Guldkortet* bietet insbesondere das Thema „Konsum" zahlreiche authentische Sprechanlässe und stellt ein relevantes Thema dar, dessen sprachliche Bewältigung Teil der fremd- und zweitsprachlichen Interaktionskompetenz ist (Diskussion über den Wert von Gegenständen und die Angemessenheit von Geschenken u.v.a.m.). Diese Sprachhandlungen sind dabei kulturspezifisch zu deuten, wobei Mikkels Familie wesentlich dem Stereotyp einer typisch-dänischen „kernefamile" (Kernfamilie) entspricht, die insofern erweitert wird, als der Freund der älteren Schwester von Mikkel, Adam, ein „nydansker" (Neudäne) ist, der kein Weihnachten feiert. Schließlich gibt es im Wesentlichen nur einen Handlungsstrang, die Zahl der Hauptakteure ist überschaubar und – im Unterschied zu vielen anderen TV-Weihnachtskalendern – verfügt *Mikkel og Guldkortet* über dänische Untertitel.

4   Premiere: Arbeiten mit TV-Weihnachtskalendern im Fremd- und Zweitsprachenunterricht am Beispiel von *Mikkel og Guldkortet*

Nach Festlegen der Lernziele ist ein mehrfaches Sehen der Serie zur Einschätzung der Eignung für die Lerngruppe in Bezug auf Alter und Herkunft der Lernenden, Sprachniveau, Schlüsselfiguren und Schlüsselszenen durch die Lehrenden notwendig. Letztere werden idealerweise in einem Sequenzprotokoll der einzelnen Episoden zusammengefasst. Als Sequenz wird eine filmdramaturgische Einheit verstanden, die sich aus mehreren Szenen zusammensetzt, eine mehr oder weniger abgeschlossene filmische Handlung erzählt und von ZuschauerInnen leicht in einen Sinnzusammenhang gebracht werden kann. Handlungseinheiten werden durch Ortswechsel, Veränderungen der Figurenkonstellation und/ oder einen Wechsel der erzählten Zeit (Erzählzeit) markiert (vgl. Brandi 1996: 175). Das Sequenzprotokoll schafft einen Überblick über den Gesamtaufbau des Films und ermöglicht die Arbeit im Unterricht an ausgewählten Sequenzen (Beispiele für Sequenzprotokolle in D'Alessio 1996).

In einem weiteren Schritt muss sich die Lehrperson für einen Vorführmodus der ausgewählten Fernsehepisoden entscheiden. Entweder werden diese im Block oder Intervallverfahren, d.h. stückweise um eine bestimmte Figur, um ein bestimmtes Thema oder um eine bestimmte Geschichte ausgewählt. Denkbar wäre weiterhin ein Sandwich-Verfahren, d.h. die Präsentation eines kurzen Ausschnittes und die Integration weiterer Quellen, z.B. die Transkription eines Dialoges und schließlich ausgewählte Sequenzen. Diese können einmal oder mehrfach gezeigt werden und es empfiehlt sich, nach jeder Sequenz sogenannte „Murmelphasen" einzubauen, d.h. den LernerInnen in Partnerarbeit die Möglichkeit zu bieten, sich über das Gesehene frei auszutauschen. In der Praxis haben sich unabhängig von der Länge des präsentierten Filmausschnittes Aufgaben und Übungen nach dem didaktischen 3er-Schritt bewährt, d.h. es werden dem Lerner/ der Lernerin Übungen vor, während und nach dem Sehen des Filmmaterials angeboten (Sass 2007).

Im Folgenden wird exemplarisch an der ersten Folge des TV-Weihnachtskalenders *Mikkel og Guldkortet* illustriert, wie man mit diesem Format im DäaZ/ DäaF arbeiten könnte. Dazu soll das methodisch-didaktische Inventar vorgestellt werden, auf welches abhängig von der konkreten Lehr-Lern-Situation in je spezifischer Weise zurückgegriffen werden kann. So wird z.B. zwischen den Niveaustufen A1/ A2 und B1 differenziert. Im Wesentlichen wurden für die Arbeit mit dem TV-Weihnachtskalender im Unterricht zwei Schwerpunkte ausgewählt: die Themen „Konsum" sowie „(dänische) Weihnachtstraditionen". Weitere Handlungsstränge werden weitestgehend vernachlässigt.

Der Inhalt der ersten Folge ist für einen Überblick in Abb. **3** in einem Sequenzprotokoll dargestellt. Für die Arbeit im Unterricht wurden drei Szenen ausgewählt und dem didaktischen Dreier-Prinzip folgend didaktisiert. Aufgaben vor dem Sehen dienen der sprachlichen Vorentlastung und dem kulturellen Wahrnehmungstraining. Hier eignet sich zum Einstieg die Arbeit mit Standfotos, die räumlich, zeitlich, sozial und kommunikativ offen sind (vgl. Macaire/ Hosch 1996: 9) und so Raum für Interpretationen und Hypothesen lassen (Wer ist diese Figur? In welcher Situation befindet sie sich gerade? Wie ist das Verhältnis der Figur zu anderen Filmcharakteren?). Gerade bei der Arbeit mit Fernsehserien bietet es sich an, vor dem Sehen einen Überblick über die Haupthandlungsstränge sowie die darin involvierten Figuren graphisch darzustellen und in einem Mindmap erste Informationen festzuhalten. Der Einstieg in die Serie kann zudem über die Titelmusik erfolgen, um den Wiedererkennungseffekt zu sichern oder die ritualisierte Handlung des Serienschauens im Unterricht zu verankern. Die sprachliche Vorentlastung (Hinweise auf Register, Dialekte, typische Wendungen) sollte zudem um die Erläuterung von Bildern, die landeskundlich-kulturelle Informationen tragen, und deren Symbolik ergänzt werden (z.b. die Weihnachtsherzen in den hier vorgestellten dänischen Weihnachtskalendern).

Während des Sehens steht die bildgesteuerte Informationsaufnahme im Vordergrund, die durch verständnissichernde Aufgaben aus sprachlicher und inhaltlicher Sicht begleitet wird. Dazu zählen Wortschatzerklärung, die Vorgabe von Textausschnitten in der Transkription, aber auch die Lenkung der Aufmerksamkeit auf bestimmte sprachliche oder symbolische Inhalte. So können sich Arbeitsaufträge in Form der Sprachlupe (zur Arbeit mit sog. Lupen vgl. auch Biechele in diesem Band) einem bestimmten sprachlichen Aspekt zuwenden, z.b. Ausdrücke, die Begeisterung/ Trauer/ Wut versprachlichen. Zum „Lesen" kultureller Zeichen kann mit Bildkarten gearbeitet werden, deren Objekte im Film wiedererkannt und in ihrer Bedeutung interpretiert werden sollen. Hierfür eignen sich auch Filmvorführungen ohne Tonspur. Denkbar sind zudem Aufgaben zu filmischen Aspekten wie Schnitt, Kameraperspektive oder Ton.

Zum Nachvollziehen der dargestellten Handlung und dem kontinuierlichen Arbeiten mit der Serie sollten nach dem Sehen Zwischenergebnisse schriftlich dokumentiert werden. Das kann in Form von Steckbriefen zu den Hauptfiguren, einem Fragebogen zur Handlung, dem Schreiben von Handlungsalternativen bzw. dem Fortschreiben von Handlungssträngen erfolgen. Diese Aufgaben lassen sich in szenisches Spiel übertragen und bieten so die Möglichkeit, Handlungsalternativen vor dem individuellen Erfahrungshintergrund als auch in ihrer Kulturgeprägtheit von Werten und Normen zu reflektieren. Zudem können die Arbeitsergebnisse in Form von Drehbüchern gemeinsam erstellt und veröffentlicht werden. Große Sorgfalt sollte zudem bei der Auswertung der Bildersprache erfolgen. Hier lohnt sich ein wiederholtes Sehen von Sequenzen ohne Ton oder die Beschreibung einzelner filmtechnischer Einstellungen. Ähnlich der Sprachlupe kann so der Fokus auf ein bestimmtes kulturspezifisches Element gelegt werden (z.b. Frühstückstisch der dargestellten dänischen Familie, Kleiderordnung in bestimmten Berufen).

Abb. **3** wird nun erläutert und kommentiert, Aufgaben und Übungen auf B1-Niveau, die in der Abbildung kursiv markiert sind, dienen der Verdeutlichung der Möglichkeiten, mit TV-Serien binnendifferenzierend zu arbeiten. Der vereinfachten Lesbarkeit halber sind nachfolgend alle Arbeitsanweisungen etc. auf Deutsch.

Intro: Titellied

Traum: Mikkel träumt davon, dass alles gratis ist und er alles kaufen kann, was er sich wünscht
Aufwachen: Beim Aufwachen hat Mikkel in seiner Weihnachtssocke eine Pfeffernuss und ist enttäuscht, dass er nicht mehr bekommen hat
Skilauf: Familienritual ist das Skifahren am 1. Dezember, im Flur sammelt sich die Familie

Wald 1: Mikkel und seine kleine Schwester Marie verlaufen sich im Wald – Marie sieht einen Weihnachtswichtel, Mikkel glaubt ihr aber nicht [Weihnachtswichtel kann man nur sehen, wenn man an sie glaubt]
Weihnachtswichtel: Weichnachtswichtel streiten sich darüber, ob sie Kontakt zu Menschen haben wollen/sollen oder nicht

Frühstück: Die Familie isst zusammen, dabei eröffnen die Eltern, dass es in diesem Jahr keine großen Geschenke gibt und die Wunschzettel nicht erfüllt werden können (z.B. will Louise eine Gucci-Tasche) [Teil der Szene ist eine Einspielung von Nachrichten zum Thema Weihnachtsgeschenke, die teurer und größer werden]

Einspielung Musikvideo: Alting kan du få (Alles kannst du haben) von Mukupa
Mikkels Zimmer: Marie recherchiert im Internet zu Weihnachtswichteln – sie mögen Milchreis
Einkaufszentrum: Louise und Adam (ihr Freund) klären einen Streit; Mikkel und Marie kaufen Milchreis für die Weihnachtswichtel; Mikkels Schulfreundin Frederikke sammelt Geld für arme Kinder in Afrika

Wald 2: Mikkel rettet den Weihnachtswichtel Goddreng vor einem Schäferhund und hat daher einen Wunsch frei; er wünscht sich, dass er sich alles in der Welt kaufen kann, was er sich wünscht

Abendessen: Mikkel und Marie erzählen von den Weihnachtswichteln, aber die Eltern und Louise glauben ihnen nicht
Weihnachtswichtel-Höhle: Sie besprechen Mikkels Wunsch; wenn sie den Wunsch nicht erfüllen, dann muss Goddreng sterben
Zusammenfassung und Ausblick auf die zweite Folge

① **Vor:** Einführung des Formats TV-Weihnachtskalender (z.B. über Print-Türchen-Kalender); Vorstellung der Hauptakteure
Während: Akteure und deren Charakteristika sowie Beziehung beobachten
Nach: Wortschatz Familie/Beziehungen (z.B. Freund, Mutter, kleine Schwester etc. wiederholen) und Eigenschaften zuordnen; *Beziehungsebenen beschreiben (z.B. Eltern untereinander)*

② **Vor:** Wunschzettel mit verschiedenen Wünschen vorgeben; Hypothesen dazu bilden, wer sich was wünschen könnte
Während: Hypothesen überprüfen
Nach: Evtl. eigene Wunschzettel schreiben; *Preise für Geschenkwünsche der Kinder recherchieren und ins Verhältnis zum dänischen Durchschnittseinkommen setzen [evtl. transkribierten Nachrichtenauszug besprechen – Inhalt und Einschätzung dessen diskutieren; Diskussion, wie viel selbst für Weihnachtsgeschenke ausgegeben wird]*

③ **1. Sehen**
Vor: AB mit Wichteleigenschaften – Hypothesen dazu aufstellen, welche zutreffen
Während: Hypothesen überprüfen
Nach: Besprechung der Hypothesen

2. Sehen
Während: Handlung fokussieren
Nach: Lückentext oder Multiple-Choice-Text zur Handlung ausfüllen; Hypothesen zum Fortgang der Geschichte; *besprechen, was man sich kaufen würde, wenn man alles Geld der Welt hätte*

④ Anschlussaufgaben

Abb. 3: Sequenzprotokoll zum Inhalt der ersten Folge von *Mikkel og Guldkortet.*

4.1 Bearbeitung der Szenen „Traum", „Aufwachen" und „Skilauf"

Zu Beginn wird das Format Weihnachtskalender eingeführt, indem ein Print-Weihnachtskalender zur Anschauung in den Kurs mitgebracht und auf das TV-Format übertragen wird. Daran schließt sich die Vorstellung der Hauptakteure, z.B. über ein Diagramm (ggf. mit Bildern) oder über eine Zeichnung eines Familienstammbaumes an (vgl. Abb. **4**). Während des Sehens der ersten 1–2 Sequenzen sollen die ProtagonistInnen und deren Charakteristika beobachtet werden; z.B. ist die ältere Schwester von Mikkel, Louise, ein Teenager und hat keine Lust an Familienaktivitäten teilzunehmen. Nach dem Sehen kann der Wortschatz zum Wortfeld „Familie" bzw. „zwischenmenschliche Beziehungen" wiederholt werden (z.B. kleine Schwester – Mikkel, Eltern – Kinder, Louise – ihr Freund Adam etc.).

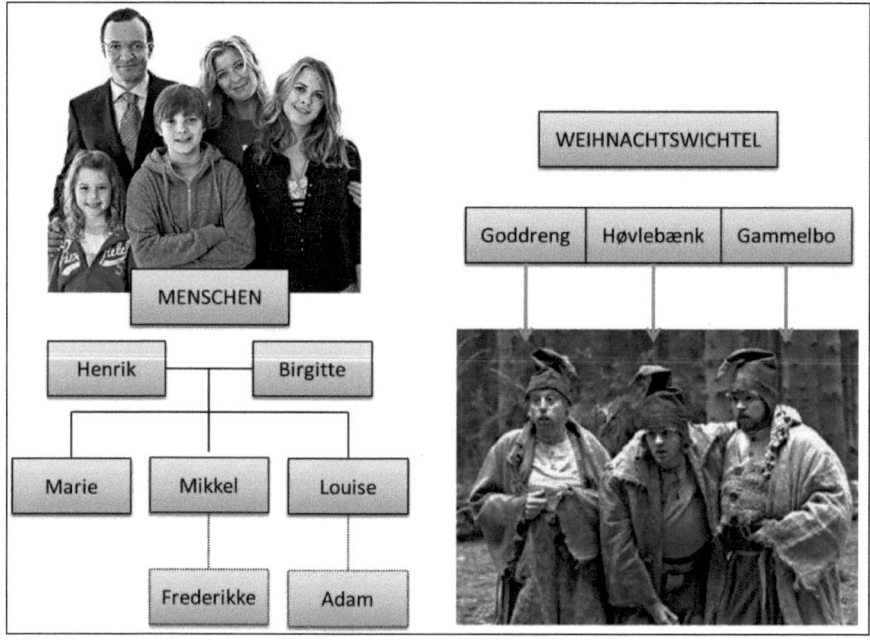

Abb. 4: Figurenzuordnung für *Mikkel og Guldkortet*.[19]

---

19   Quellennachweise: linkes Bild: http://www.julestads.dk/wp-content/uploads/
      2011/10/mikkel-og-guldkortet.jpg, rechtes Bild: http://www.google.de/imgres?
      imgurl=http%3A%2F%2Fomtv2.tv2.dk%2Ffileadmin%2F_migrated%2Fpics%2

4.2 Bearbeitung der Szene „Frühstück"

Gegenstand der Szene sind die (unerfüllbaren) Geschenkwünsche für Weihnachten der drei Kinder, welche beim gemeinsamen Frühstück besprochen werden. Vor dem Sehen erhalten die TeilnehmerInnen eine Wunschliste und sollen zuordnen, welche Wünsche zu welchem Kind der Familie passen könnten.

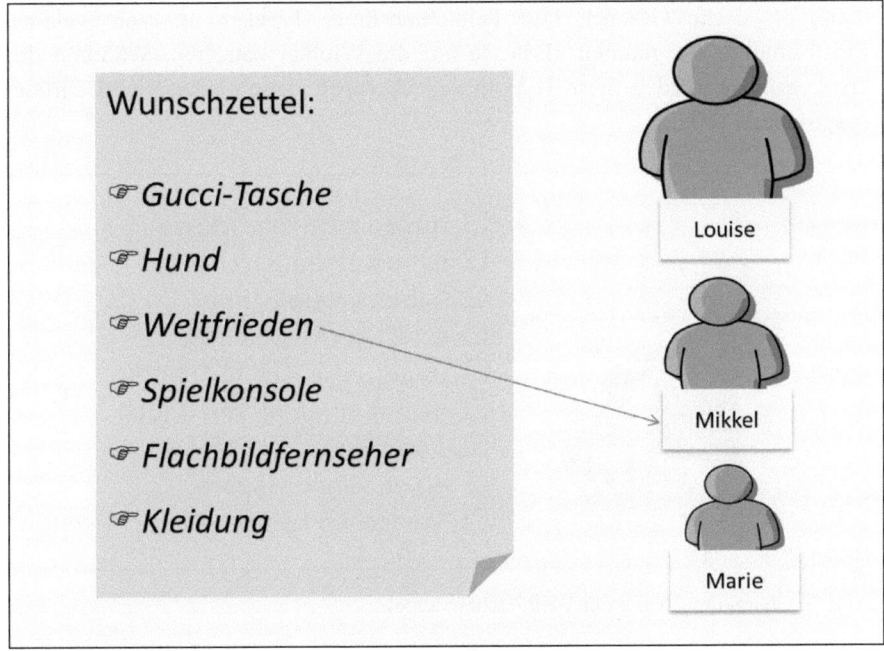

Abb. 5: Wunschzettel der drei Kinder in *Mikkel og Guldkortet*.

Nach dem Ansehen der Sequenz werden diese Hypothesen überprüft. Weiterführend kann das Schreiben eigener Wunschzettel und der Austausch darüber angeschlossen werden.

FM_G_Nisserne.jpg&imgrefurl=http%3A%2F%2Fomtv2.tv2.dk%2Fnyhedsartik
ler%2Fnyhedsvisning%2F%2Ftv-seningen-uge-51julehygge-konkurrence-boksn
ing-og-livsglaede%2F&h=230&w=310&tbnid=Md3JGgjOS226ZM%3A&zoom
=1&docid=AEqp_9uFC7h4iM&ei=7wZnVdeQK4S9swHos4zYDw&tbm=isch&
iact=rc&uact=3&dur=1174&page=1&start=0&ndsp=45&ved=0CC8QrQMwBQ.

4.3   Bearbeitung der Szene „Wald 2"

Es handelt sich hierbei um eine Schlüsselszene, in der sich Mikkel wünscht, dass er sich alles kaufen kann, was er möchte. Damit wird die eigentliche Handlung des gesamten TV-Weihnachtskalenders initiiert. Durch mehrfaches Ansehen und eine schrittweise Erarbeitung der Handlung kann das Verständnis dieser Schlüsselszene sichergestellt werden. Die TeilnehmerInnen erhalten zunächst ein Arbeitsblatt mit Beschreibungen von Weihnachtswichteln (Kleidung, physische Gestalt). Die TeilnehmerInnen kreuzen an, von welchen Eigenschaften sie glauben, dass sie auf die Wichtel zutreffen. Während des ersten Sehens werden diese Hypothesen überprüft; anschließend wird darüber gesprochen.

☐ tragen eine rote Mütze
☐ haben einen Bart
☐ haben große Zähne
☐ essen gerne Milchreis
☐ tragen rote, spitze Schuhe
☐ haben einen dicken Bauch
☐ sind kleiner als Menschen
☐ essen Tannenzapfen
☐ Menschen können sie nicht sehen

Abb. 6: Charakterisierung der Weihnachtswichtel.

Im nächsten Schritt wird das Textverständnis fokussiert. Die TeilnehmerInnen erhalten einen Text mit Multiple-Choice-Aufgaben, der die Handlung wiedergibt.

> Ein Weihnachtswichtel wird im Wald angegriffen.
> Es handelt sich um
>   a)   Goddreng.
>   b)   Gammelbo.
>   c)   Høvlebænk.
>
> Er wird von
>   a)   einem Bären
>   b)   einem Hund
>   c)   einem Menschen
> angegriffen.

Abb. 7: Beispiele für Multiple-Choice-Aufgaben zu *Mikkel og Guldkortet.*

Während und nach dem zweiten Sehen können die TeilnehmerInnen den Text bearbeiten, der dann anschließend besprochen wird. Danach können Hypothesen über das weitere Geschehen und den Fort- bzw. Ausgang der Geschichte besprochen werden (bspw.: Werden die Weihnachtswichtel den Wunsch erfüllen?).

4.4 Anschlussaufgaben

Der zweite Fokus, die Weihnachtstraditionen, wurde bisher nur indirekt über die Beschäftigung mit den Eigenschaften der Weihnachtswichtel behandelt. Im Anschluss an die Bearbeitung der ersten Folge wird den TeilnehmerInnen eine Liste mit Abbildungen zu Weihnachtstraditionen gegeben und sie sollen diejenigen ankreuzen, die sie im TV-Weihnachtskalender gesehen haben. Ggf. können alle ausgewählten Sequenzen dafür noch einmal angesehen werden. Diese Liste wird in der weiteren Arbeit mit dem TV-Weihnachtskalender immer wieder bearbeitet.

Abb. 8: Weihnachtstraditionen.

Im Anschluss können Weihnachtswichtel gebastelt oder Rezepte für Pfeffer-
nüsse und Milchreis recherchiert und ausprobiert werden. Weiterhin können –
wenn der Unterricht als DäaZ in Dänemark stattfindet – Weihnachtstraditionen
im Alltag beobachtet werden. Auf höherem Sprachniveau können auch kleine
Kursstatistiken erstellt und Umfragen außerhalb des Kurses durchgeführt
werden, welche Traditionen von wem zu Weihnachten gelebt werden.

5   Post-Production

Die Arbeit mit audiovisuellem Material im Fremd- und Zweitsprachenunterricht bietet vielfältige Möglichkeiten, Lernende für die Beschäftigung mit
sprachlich-kulturellen Aspekten der Zielsprache zu motivieren. Gerade Fern-
sehserien, die als filmisches Format den meisten Lernenden bekannt sind und
aufgrund der authentischen, dialogbasierten Sprachverwendung vielfältige
Kommunikationsanlässe im Unterricht initiieren können, bieten sich für einen
Einsatz im Fremd- und Zweitsprachenunterricht an. Die Thematisierung von
Festen und Feiertagen ermöglicht es zudem, „kulturelle Deutungsmuster"
(Altmayer 2002) zu hinterfragen. Die Behandlung der hier vorgestellten TV-
Weihnachtskalender bietet daher nicht nur Einblicke in Traditionen der Ziel-

kultur und verbindet somit in idealtypischer Weise sprachliches und kulturelles Lernen, sondern ermöglicht auch einen kritisch-emanzipatorischen Umgang mit landeskundlichem Wissen. LernerInnen werden in ihrer heterogenen Herkunft nicht stigmatisiert, sondern zu ExpertInnen im Aufdecken von universalen und kulturspezifischen Werten („Hat der ‚Konsumrausch' zu Weihnachten noch etwas mit dem eigentlichen Fest zu tun?") und regen somit zum Austausch innerhalb der Gemeinschaft an.

Literatur – Credits

Agger, Gunhild (2013). Danish TV Christmas calendars: Folklore, myth and cultural history. *Journal of Scandinavian Cinema*, 3(3), 267–280.

Agger, Gunhild (2006). *Den danske tv-julekalenders hemmelighed* [http://www. kommunikationsforum.dk/artikler/den-danske-tv-julekalenders-hemmelighed, 10.05.2015].

Altmayer, Claus (2002). Kulturelle Deutungsmuster in Texten. Prinzipien und Verfahren einer kulturwissenschaftlichen Textanalyse im Fach Deutsch als Fremdsprache. *Zeitschrift für Interkulturellen Fremdsprachenunterricht*, 6(3), 1–25 [http://www.spz.tu-darmstadt.de/projekt_ejournal/jg_06_3/beitrag/deutung smuster.htm, 29.05.2016].

Badstübner-Kizik, Camilla (2012). Film + Musik = Filmmusik? Zum Potential einer Medienkombination im Fremdsprachenunterricht. *Zeitschrift für Interkulturellen Fremdsprachenunterricht*, 17(2), 44-70 [http://zif. spz.tu-darmstadt.de/jg-17-1/beitrag/Badstuebner_Kizik.pdf, 29.05.2016].

Berg Pedersen, Irene (2009). *‚Pagten' er helt i Grundtvigs ånd* [http://videnskab. dk/kultur-samfund/pagten-er-helt-i-grundtvigs-and, 25.11.2014].

Biechele, Barbara (2010). Film im Unterricht Deutsch als Fremdsprache: Lernpotenzen und didaktisch-methodische Implikationen. *Deutschunterricht in Japan*, 15, 71–89.

Blanchet, Robert; Köhler, Kristina; Smid, Tereza; Zutavern, Julia (Hrsg.) (2011). *Serielle Formen. Von den frühen Film-Serials zu aktuellen Quality-TV- und Onlineserien* (Zürcher Filmstudien, 25). Marburg: Schüren.

Blell, Gabriele; Lütge, Christiane (2004). Hören, Sehen, Verstehen und Handeln. Filme im FSU. *Praxis Fremdsprachenunterricht*, 6, 402–405.

Brandi, Marie-Luise (1996). *Video im Fremdsprachenunterricht* (Fernstudien-einheit, 13). Berlin: Langenscheidt.

Brandt Tingstrøm, Magnus (2009). *1800-tallets borgerskab skabte julenissen* [http://videnskab.dk/kultur-samfund/1800-tallets-borgerskab-skabte-julenissen, 25.11.2014].

D'Alessio, Germana (2000). *Deutsche Spielfilme der neunziger Jahre, Arbeitsheft für den Unterricht*. München: Goethe Institut.

Ebdrup, Niels (2011). *Julekalendere ville opbygge vores danske identitet* [http://videnskab.dk/kultur-samfund/julekalendere-ville-opbygge-vores-danske-identitet, 25.11.2014].

Europarat (2001). *Gemeinsamer europäischer Referenzrahmen für Sprachen*. Straßburg, Berlin: Langenscheidt.

Grimm, Nancy (2009). The Corporation: Zum reflektiert-kritischen Einsatz von Dokumentarfilmen im Englischunterricht. In Eva Leitzke-Ungerer (Hrsg.), *Film im Fremdsprachenunterricht: Literarische Stoffe, interkulturelle Ziele, mediale Wirkung*. Stuttgart: Ibidem, 343–358.

Gügold, Barbara (1998). Spielfilm als Kultursensibilisierung. In Dagmar Blei & Ulrich Zeuner (Hrsg.), *Theorie und Praxis interkultureller Landeskunde im Deutschen als Fremdsprache*. AKS-Verlag Bochum, 74–79.

Hicketier, Knut (2006). Fernsehserie. In Leon Tsvasman (Hrsg.), *Das große Lexikon Medien und Kommunikation*. Würzburg: Ergon, 120 f.

Hicketier, Knut (1991). *Die Fernsehserie und das Serielle des Fernsehens*. Lüneburg: Universität Lüneburg.

Iskov, Brian (2004). De voksnes julekalender; Efterligning er den bedste ros. *Berlingske Tidende*, 25.11.2004.

Kentorp, Maria (2005). Guddommelig julekalender. *Berlingske Tidende*, 24.11. 2005, 38.

Lohrbach, Ulrich (2014). Jojo sucht das Glück. *Fremdsprache Deutsch,* 51, 25–41.

Lütge, Christiane (2012). *Mit Filmen Englisch unterrichten*. Berlin: Cornelsen-Scriptor.

Macaire, Dominique; Hosch, Wolfgang (1996). *Bilder in der Landeskunde* (Fernstudieneinheit, 11). Berlin: Langenscheidt.

Mikkelsen, Svend-Vilhelm (o.J.). *Historien om julekalendere* [http://www.juleweb. dk/historien_om_julekalenderne_01.htm, 10.05.2015].

Pfau, Sebastian (2009). *Vom Seriellen zur Serie – Wandlungen im DDR-Fernsehen. Die Entwicklung von fiktionalen Serien im DDR-Fernsehen mit dem Schwerpunkt auf Familienserien*. Leipzig: Universitätsverlag.

Sass, Anne (2007). Filme im Unterricht – Sehen(d) lernen. *Fremdsprache Deutsch*, 26, 5–13.

Spaniel, Dorothea; Suárez Daza, Antonia (2013). *studio d – Die Mittelstufe, Filmauswahl und Arbeitsblätter zu 12 Filmclips zu Band B2/1 und B2/2, DVD*. Berlin: Cornelsen.

Stojanov, Krassimir (2007). Bildungsgerechtigkeit im Spannungsfeld zwischen Verteilungs-, Teilhabe- und Anerkennungsgerechtigkeit. In Micheal Wimmer, Roland Reichenbach & Ludwig Pongratz (Hrsg.), *Gerechtigkeit und Bildung*. Paderborn: Schöningh, 29–48.

Surkamp, Carola; Henseler, Roswitha; Möller, Stefan (Hrsg.) (2011). *Filme im Englischunterricht: Grundlagen, Methoden, Anregungen für die Unterrichtspraxis.* Seelze-Velber: Kallmeyer in Verbindung mit Klett.

Surkamp, Carola (2004). Teaching Films: von der Filmanalyse zu handlungs- und prozessorientierten Formen der filmischen Textarbeit. *Der fremdsprachliche Unterricht Englisch,* 38, 2–11.

Tang Nielsen, Jesper (2012). Tv-julekalenderen – national identitet i børnehøjde. *RetorikMagasinet,* 22(86), 29–31 [http://www.retorikforlaget.dk/rmartikler/tv-julekalenderen-national-identitet-i-bornehojde, 10.05.2015].

Tang Nielsen, Jesper (2004). Jesus og Josefine – et år efter. *Kristeligt Dagblad,* 01.12.2004.

Thomson, John (2013). *The modern american television serial: the didactic potential of a new audio-visual medium for teaching and learning english as a foreign language.* Dissertation. Friedrich-Schiller-Universität Jena, unveröffentlicht.

Weber, Tanja; Junklewitz, Christian (2008). Das Gesetz der Serie – Ansätze zur Definition und Analyse. *MEDIENwissenschaft,* 1, 13–31.

Welke, Tina; Faistauer, Renate (Hrsg.) (2010). *Lust auf Film heißt Lust auf Lernen.* Wien: Praesens.

Winter, Rainer (2011). All Happy Families. The Sopranos und die Kultur des Fernsehens im 21. Jahrhundert. In Robert Blanchet, Kristina Köhler, Tereza Smid & Julia Zutavern (Hrsg.), *Serielle Formen. Von den frühen Film-Serials zu aktuellen Quality-TV- und Onlineserien* (Zürcher Filmstudien, 25). Marburg: Schüren, 153–176.

Zerweck, Bruno (2009). Fernsehen und Schule. In Jan-Arne Sohns & Rüdiger Utikal (Hrsg.), *Popkultur trifft Schule.* Weinheim/ Basel: Beltz, 25–268.

Kerstin Rickermann & Silke Beller

„EinBlick": Ein interkulturelles Videoaustauschprojekt mit DaF-SchülerInnen weltweit

1 Einleitung

Vor dem Hintergrund einer Globalisierung von Kommunikation und Medienkulturen sowie einer rapide expandierenden Entwicklung digitaler Technologien und der damit verbundenen stetigen Eröffnung neuer Zugangskanäle zu Informationen nehmen besonders unter jungen Menschen audiovisuelle Medienangebote eine immer größer werdende Bedeutung in der Aneignung von Wissen und der damit verbundenen Wirklichkeitserfahrung ein.

Weltweit liefern Massenmedien in zahlreichen Ländern ein scheinbar freies und pluralistisches Weltbild. Auf dem freien Markt jedoch, in dem die Medien operieren, stehen die Anbieter unter dem ständigen Druck, immer mehr Inhalt in kürzester Zeit mit niedrigsten Budgets zu produzieren. Die heutige Überflutung an Informationskanälen bedeutet stetig wachsender Wettbewerb um Marktanteile. Als Resultat werden wir überflutet mit spektakulären Bildern von Menschen- und Naturkatastrophen, die Gefühle von Ungewissheit und Unsicherheit erwecken. Repräsentationen anderer Kulturen zeigen sich daher oft beschränkt in stereotypisierten Sensationsdarstellungen ‚exotischer' Themen. Dies nährt oftmals Vorurteile und Fremdenfeindlichkeit; ein Zustand, der die heutige politische Situation in vielen Ländern dominiert.

Ein direkter Austausch von Informationen durch das Medium Film im interkulturellen Kontext fördert eine aktive, persönliche und tiefe Auseinandersetzung mit einer anderen Kultur, die gegenseitiges Kennenlernen und Verstehen beinhaltet. Ausgehend von dieser Annahme entstand „EinBlick", ein

Projekt von *Glocal Films*[1], das mit der Unterstützung der Goethe-Institute weltweit SchülerInnen in jeweils drei Ländern die Möglichkeit eröffnet, ihre Kulturen über partizipierende Videoarbeit in Kurzfilmen festzuhalten und dadurch erfahrbar zu machen.

Die Methode der partizipierenden Videoarbeit befähigt die Teilnehmer-Innen, sich selbst in ihrer eigenen Lokalität darzustellen. Die dabei entstehenden Szenen des alltäglichen Lebens und der „Normalität" bieten eine Alternative zu in Massenmedien dargestellten Repräsentationen.

Im Folgenden wird das Projekt im Überblick vorgestellt und im Vergleich zu ähnlichen Arbeiten in der Projektlandschaft verortet. Ferner werden die Ziele des Projektes verdeutlicht, bevor der Projektablauf an einem Beispiel exemplarisch dargestellt wird.

2   Das Projekt „EinBlick" – ein Überblick

2.1   Die Projektkonzeption

„EinBlick" ist ein globales Videoaustauschprojekt, das jugendlichen Deutsch-LernerInnen in jeweils trilateralen und interkontinentalen Gruppenkonstellationen die Möglichkeit eines direkten interkulturellen Dialoges durch das Medium Film gibt. Mit Deutsch als Kommunikationssprache, ermöglicht „EinBlick" unseren TeilnehmerInnen in die alltäglichen Lebenswelten ihrer Partnergruppen einzutauchen und sich über Unterschiede und Gemeinsamkeiten kennenzulernen, voneinander zu lernen, miteinander zu diskutieren und Vorurteile zu hinterfragen.

In jedem Land produzieren die SchülerInnen in einer Woche zwei Kurzfilme, in denen sie ihren Partnergruppen von ihrem Leben als Teenager, ihren alltäglichen Aktivitäten, ihrem Land und ihrer Kultur erzählen. Von der Themenfindung übers Filmen bis hin zum Schnitt basieren die Kurzfilme ganz auf den Ideen und Entscheidungen der SchülerInnen. Zum Inhalt wird somit, was ihnen wichtig ist.

---

1   *Glocal Films* ist eine gemeinnützige Filmfirma mit einem Schwerpunkt im Bereich interkulturelle Film-und Medienpädagogik, die 2004 von Kerstin Rickermann und Silke Beller mit Sitz in London gegründet wurde.

Darüber hinaus bietet „EinBlick" die Möglichkeit, einander Fragen zu stellen und die Filme der anderen zu kommentieren bzw. zu diskutieren, was in einem abschließenden Endfilm widergespiegelt wird.

Abb. 1: Das indonesische SchülerInnen-Filmteam beim Dreh.

Ein Großteil des Austausches findet auch auf dem „EinBlick"-Projektblog (s. http://blog.pasch-net.de/einblick/) und vor allem auf der „EinBlick"-Face-book-Seite (s. https://www.facebook.com/pages/EinBlick/302094613161728) statt, auf denen die WorkshopteilnehmerInnen, aber auch alle anderen Interessierten die spannende Reise der Filme verfolgen, anschauen und kommentieren können. „EinBlick" ist ein stetig wachsendes Netzwerk und bietet Möglichkeiten langfristiger Partnerschaften zwischen den partizipierenden Schulen und individueller Freundschaften zwischen den Workshop-TeilnehmerInnen.

Seit Januar 2012 ist *Glocal Films* in Kooperation mit den Goethe-Instituten im Ausland für das „EinBlick"-Projekt aktiv. Dabei wurden in der genannten Reihenfolge Schülergruppen in Uganda, Australien, Indonesien, Usbekistan, Rumänien, Südafrika, der Ukraine, Malawi, Mexiko, Neuseeland, dem Senegal, Deutschland, Indien, Russland und Namibia zusammengebracht und ihnen sowie ihren LehrerInnen eine Plattform der Kommunikation in deutscher Sprache eröffnet, die sie als PASCH- SchülerInnen[2] verbindet.

In den fünf Austauschrunden sind insgesamt 34 „EinBlick"-Filme verschiedenster Genres entstanden, in denen die SchülerInnen beispielsweise von der kulturellen und religiösen Vielfalt ihrer Länder erzählen, verschiedenste Traditionen, Feste, Kleidung, Tänze und Lieder darstellen, ihre Lieblingsrezepte kochen und ‚EinBlick' geben in ihren persönlichen Alltag und ihr Schulleben. Spannend sind vor allem auch die Diskussionen über politische Systeme und Freiheit, Sexualität und HIV, Diskriminierung und Chancengleichheit, die die Filme unter den SchülerInnen hervorgerufen haben und die in den fünf Endfilmen festgehalten sind.

Nach einem erfolgreichen Pilotprojekt mit Uganda, Indonesien und Rumänien kamen im ersten „EinBlick"-Jahr 2012 sechs weitere teilnehmende Länder hinzu. In Absprache mit den ExpertInnen für Unterricht (ExUs) der jeweiligen Goethe-Institute und unter Berücksichtigung klimatischer und zeittechnischer Vorgaben durch die Schulen wurden auf diese Weise zwei weitere interkontinentale Gruppen zusammengestellt.

Durch das positive Feedback motiviert (vgl. auch die Blog-Beiträge) und als Reaktion auf vermehrte Nachfragen weiterer Länder beschloss das Team bereits im Sommer 2012, das „EinBlick"-Projekt offen zu halten und die Möglichkeit der Teilnahme auch im Jahr 2013 und 2014 anzubieten.

2.2   Projektablauf im Detail

In der ersten Phase des Projektes reisen wir (die beiden Autorinnen des Beitrags) in die drei teilnehmenden Länder, wo wir mit maximal 20 teilnehmenden PASCH-SchülerInnen mit unterschiedlichstem Deutschsprachniveau im Alter zwischen 12 und 19 Jahren die ganztägigen „EinBlick"-Workshops halten. Meistens werden wir dabei von den lokalen Deutsch-LehrerInnen unterstützt, die dadurch gleichzeitig in der Methode der partizipierenden Videoarbeit trainiert werden. In einigen Ländern stehen uns PraktikantInnen des Goethe-Institutes oder „kulturweit"-Freiwillige unterstützend zur Seite. Oftmals ist das

---

2   „EinBlick" ist ein Projekt im Rahmen der Initiative „Schulen: Partner der Zukunft" (kurz PASCH). PASCH wird getragen vom Auswärtigen Amt in Zusammenarbeit mit der Zentralstelle für das Auslandsschulwesen, dem Goethe-Institut, dem Pädagogischen Austauschdienst der Kultusministerkonferenz und dem Deutschen Akademischen Austauschdienst.

Projekt als Camp organisiert, zu dem die SchülerInnen aus dem ganzen Land an einem Ort zusammenkommen. In anderen Ländern setzt sich die Gruppe aus SchülerInnen von nur einer Schule zusammen.

Aufgrund verschiedenster lokaler Begebenheiten und unvorhersehbarer Einflüsse variieren die Workshops in jedem Land und werden je nach Bedarf im Ablauf flexibel angepasst. Im Groben jedoch folgen wir dem hier aufgezeigten Plan:

Am ersten Workshoptag lernen die TeilnehmerInnen uns und die „EinBlick"-Idee anhand des Blogs und der Facebook-Seite kennen. Die SchülerInnen stellen sich selbst und ihre Vorstellungen über die Partnerländer in einer Interviewrunde vor, bei der sie den Umgang mit der Kamera, Ton und Interviewtechniken lernen. Beim Anschauen des Gefilmten vermitteln wir Aspekte betreffend Bildaufbau, Kameraführung und Licht. In Kleingruppen erproben sie anschließend filmtheoretische Techniken zu Bildeinstellungen und Narrativ. Gemeinsam schauen und diskutieren wir Filmbeispiele, die die SchülerInnen an verschiedene Genres heranführen. Ziel des Tages ist es, dass sich die Gruppe im Brainstorming mit demokratischer Entscheidungsfindung auf zwei Filmthemen festlegt und sie sich in gleich großen, heterogenen Gruppen auf die Themen verteilen.

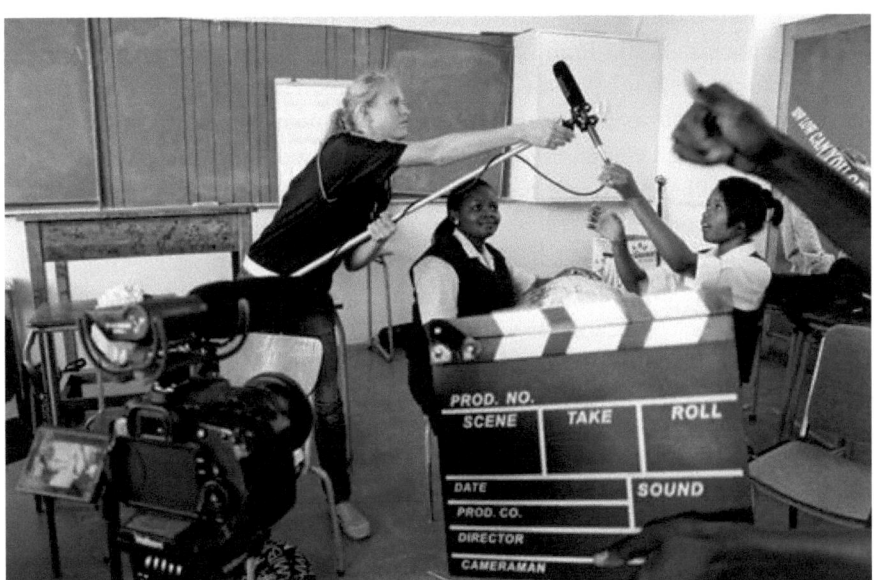

Abb. 2: Impressionen aus der Workshoparbeit in Namibia.

Ab dem zweiten Tag arbeiten wir in den Filmteams, die ihre Filmideen aus-
bauen, scripten, storyboarden und den Dreh planen. In Kleingruppen werden
Blog und Facebook-Artikel geschrieben und jeder Schüler bzw. jede Schülerin
stellt sich dort mit einem Foto und einem kurzen Steckbrief vor. Am dritten und
vierten Tag filmen beide Gruppen, produzieren oder recherchieren Musik,
schreiben eventuell Texte für eine(n) ErzählerIn und schließen die Produktion
der Filme ab. Der fünfte Tag ist der Postproduktion gewidmet, an dem die
SchülerInnen Final Cut Pro kennenlernen, ihr Filmmaterial sichten und alle
notwendigen Schneideentscheidungen treffen. In Eigenregie nehmen die SchülerInnen an diesem Tag auch ihre Fragen an die Partnergruppen auf. Am
sechsten und siebten Tag wird von Glocal Films ohne die SchülerInnen der
Feinschnitt vorgenommen und für alle TeilnehmerInnen eine DVD mit beiden
Filmen produziert. Abschließend werden die Filme am achten Tag mit einem
Screening und Abschiedsfest gefeiert, zu dem auch Familie, Freunde und
andere Interessierte eingeladen werden.

Die beiden pro Land produzierten Filme werden daran anschließend im
Schneeballverfahren von den anderen Gruppen kommentiert. Gleichzeitig
werden in jedem Land Fragen aufgenommen, die die SchülerInnen in den
Partnerländern beantworten. Da nur die TeilnehmerInnen des dritten Landes
mit uns gemeinsam alle Filme anschauen und kommentieren können, werden
im ersten und zweiten Land die fehlenden Reaktionen in einer zweiten, durch
das Goethe-Institut organisierten Phase aufgenommen, bei der die TeilnehmerInnen zumeist noch einmal für einen Tag zusammenkommen.

Die dritte Phase schließt in jedem Land das Projekt mit einem Film-
screening des von Glocal Films zusammengeschnittenen Endfilmes ab. Zu-
sätzlich findet projektbegleitend auch auf dem „EinBlick"-Projektblog
(s. http://blog.pasch-net.de/einblick/) und auf der „EinBlick"-Facebook-Seite
(s. http://www.facebook.com/pages/EinBlick/302094613161728) ein Großteil
des Austausches statt. Gleichzeitig dienen die Seiten der Dokumentation und
ermöglichen einem breiteren Publikum die Teilnahme am Austausch und
gewähren ‚EinBlick' hinter die Kulissen.

2.3   Verortung in der Projektlandschaft

Grundsätzlich wird partizipierende Videoarbeit seit den 1960er Jahren in zahlreichen Einrichtungen mit diversen Teilnehmergruppen praktiziert und ist im Bereich Bildung, in der Entwicklungszusammenarbeit sowie in der Sozialpädagogik eine etablierte und vielfältig angewandte Methode (vgl. auch Lunch/ Lunch 2006, Shaw/ Robertson 1997 sowie White 2003).

Darüber hinaus gibt es zahlreiche globale Projekte, die Jugendlichen weltweit die Chance bieten, ihre eigenen Filme zu produzieren und sie auf Onlineplattformen zu präsentieren. Hierzu zählt beispielsweise die im Jahre 2002 von Unicef in Zusammenarbeit mit der *One Minute Foundation* und der *European Cultural Foundation* ins Leben gerufene Initiative „OneMinutesJr." (s. http://www.theoneminutesjr.org) oder „Plural +" (s. http://pluralplus.unaoc. org), ein globaler Onlinevideowettbewerb, bei dem die *United Nations Alliance of Civilizations* (UNAOC) und die *International Organization for Migration* (IOM) Jugendliche weltweit dazu aufrufen, Videofilme zum Thema Migration, Vielfalt und soziale Integration zu produzieren.

Mit dem Ziel, das Potenzial digitaler Medien für interkulturelle Kommunikation, Reflexion und Integration zu untersuchen, ermöglichte es das EU-Forschungsprojekt „CHICAM" (Children in communication about Migration, vgl. Niesyto/ Holzwarth/ Maurer 2007) sechs Gruppen von Kindern mit Migrationshintergrund in sechs europäischen Ländern, sich mit Hilfe von digitalen Medien über ihre Eigenproduktionen in einer eigens hierfür eingerichteten Intranetplattform auszutauschen. Beim Vorläuferprojekt „Video Culture – Video und interkulturelle Kommunikation" (vgl. Niesyto 2003) hingegen tauschen sich die Jugendlichen in projektbegleitenden Workshops über die in den Partnerländern entstandenen Filme aus. Hierbei geht es um das Verstehen und Wahrnehmen filmischer Symbolsprache im interkulturellen Kontext.

Auch im Bereich Sprachunterricht gibt es verschiedenste interkulturelle Onlineprojekte, wie z.B. „LanguageTwin" (s. https://languagetwin.com), die Life-Video-Chats für SprachstudentInnen in Eins-zu-Eins-Sessions mit MuttersprachlerInnen ermöglichen.

„EinBlick" stellt eine gelungene Kombination der aufgeführten Beispiele dar und verbindet Spracharbeit, partizipierende Videoarbeit und Medienpädagogik mit interkulturellem Lernen. Für uns steht bei „EinBlick" das gegenseitige Anschauen, Kommentieren und Diskutieren der Filme im Vordergrund, das im jeweils trilateralen Austausch tiefgreifende Diskussionen über Themen ermöglicht, die weit über die einzelnen Themengebiete der Länderfilme hinausreichen. In diesem Sinne formen die in interkontinentaler Zusammenarbeit entstehenden Endfilme, die jede trilaterale „EinBlick"s-Runde beenden, das Herzstück des Projektes und machen seinen innovativen Charakter aus.

2.4 Projektziele

„EinBlick" schafft eine Verbindung zwischen Menschen unterschiedlichster kultureller, sozialer und religiöser Herkunft, die nachhaltige Partnerschaften zwischen den SchülerInnen, ihren LehrerInnen und Schulen ermöglicht und dazu beiträgt, Fremdenfeindlichkeit und Rassismus entgegenzuwirken.

Das Projekt bietet den Schulen eine innovative Art des Lernens und der Lernvermittlung, fördert Talente und eröffnet die Möglichkeit einer künstlerischen Ausdrucksform durch Film.

Unsere Arbeit basiert auf der Methode teilnehmender oder partizipierender Videoarbeit. Partizipierend bedeutet, dass wir als ProjektleiterInnen keine vorgefertigten Weisheiten bieten, sondern einen Raum zum Fragen, Lernen und Spielen schaffen, in dem die SchülerInnen neugierig werden auf ihre eigene Kultur und die ihrer Partnergruppe. Dabei lernen sie ihr eigenes Lernen zu dirigieren. Alle TeilnehmerInnen sind gleichermaßen an der Produktion ihrer eigenen Filme beteiligt und erwerben Fähigkeiten im Bereich Technik und Kommunikation, wie den Umgang mit digitalen Filmkameras, Tonaufnahmegeräten, Interviewführung, Scriptschreiben, Storyboarden und den Umgang mit professionellen Computerschnittprogrammen. So lernen die SchülerInnen als Teil des Gruppenprozesses auch, sich auszudrücken, kritisch zu denken, zu recherchieren, ein Projekt zu planen sowie gemeinsam und demokratisch Entscheidungen zu treffen.

Mit Deutsch als Kommunikationssprache fördert „EinBlick" im DaF-Unterricht den Umgang mit Sprache auf vielen Ebenen. Neben dem Erlernen und der Aneignung vieler neuer Vokabeln im filmtechnischen, sozialen und kulturellen Bereich lernen die SchülerInnen praxis- und produktorientiert miteinander zu kommunizieren, zu diskutieren und zu evaluieren. Als Gruppe tauschen sie kreative, abstrakte Ideen aus, was gegenseitiges Zuhören und Verstehen voraussetzt, um gemeinsam Entscheidungen treffen zu können. Für sechs Tage hören, sprechen, schreiben und übersetzen sie und produzieren dabei einen Film in deutscher Sprache, der lokal und international vor einem größeren Publikum gezeigt wird.

„EinBlick" fördert das Selbstbewusstsein und individuelles Wachstum unserer TeilnehmerInnen sowie ihre kommunikativen und strategischen Fähigkeiten. In der Auseinandersetzung mit dem gefilmten Material und bei der Verarbeitung im Schnitt treffen die SchülerInnen wichtige narrative Entscheidungen durch Selektion und erlernen somit Medien kritisch und analytisch zu hinterfragen.

Dabei fördert das Projekt die sozialen Fähigkeiten, kulturelles Bewusstsein, interkulturelle Kommunikation und Verständnis sowie Empathievermögen.

Im Sinne der Nachhaltigkeit zielt das Projekt darauf ab, langfristige Partnerschaften zwischen den teilnehmenden Gruppen und Schulen zu etablieren, sodass zukünftig weitere interkulturelle Projekte in Partnerschaft an den Schulen stattfinden können. Dabei können die beteiligten LehrerInnen mit ihren neuen Kenntnissen eigene Videoarbeiten an ihrer Schule durchführen und zusammen mit den SchülerInnen als MultiplikatorInnen fungieren. Auch können die durch das Projekt aufgegriffenen Themen vom Austausch der Kulturen auf weitere Schulprojekte z.B. im Bereich Kunst, Wissenschaft, auf verschiedene Sprachen und Religionen ausgeweitet werden.

3   ‚EinBlick', Ausblick, Rückblick

3.1   ‚EinBlicke' in Projekterfahrungen und -herausforderungen

Obwohl die praktische Organisation des Projektes vor Ort durch die ExUs, die LehrerInnen und die PraktikantInnen immer in guten Händen lag, war es für uns die erste und wichtigste Lektion, dass jeden Tag unvorhersehbare Dinge geschehen, die ein Höchstmaß an Flexibilität und spontaner Umstrukturierung verlangen. So mussten wir an einigen Tagen häufiger die Räumlichkeiten wechseln, hatten mit Strom- oder Internetausfällen zu kämpfen, zwang uns das Wetter oder ein plötzlich ansteigender Lärmpegel in Nebenzimmern bestimmte Filmsequenzen zu verschieben, kam manchmal die lokale Presse oder wie in Russland das Staatsfernsehen, was eine Umstrukturierung des Tagesablaufes erforderlich machte.

Auch unsere Technik war extremsten Wetterbedingungen ausgesetzt. Häufig erschwerte extreme Sonneneinstrahlung das Filmen dermaßen, dass große Reflektoren notwendig wurden. In Russland entluden Extremtemperaturen von minus 30 °C die Batterien und vereisten die Kameralinsen, was insofern einen besonders präzisen Drehplan notwendig machte, als ein Drehen im Freien jweils nur für kurze Intervalle möglich war.

Abb. 3: Dreharbeiten im Freien beim Besuch des Zulu-Königs in Südafrika.

Zudem variieren die Gesundheits- und Sicherheitsvorschriften an den Schulen in jedem Land gravierend, sodass zu Beginn jedes Projektes die Ideenfindung den jeweiligen Grenzen des Möglichen angepasst werden musste. Beispielsweise war es in einigen Ländern nicht möglich, das Schulgelände zu verlassen, während wir in anderen Ländern in gecharterten Bussen ganze Inseln durchqueren konnten (s. als Ergebnis für das letztgenannte Beispiel auch das Video „WunderBali" unter https://vimeo.com/40521806).

In zwei außereuropäischen Ländern ergaben sich aus anderen Gründen ungeahnte Schwierigkeiten: In einem Fall veranlasste das Büro des Bürgermeisters die Polizei dazu, die Dreharbeiten zu verhindern, bis wir eine horrende Summe als Filmlizenz zahlen würden, um einen lokalen Fischer vor seinem Boot zu interviewen. Im zweiten Fall kamen wir mit der Staatssicherheit in Berührung, die trotz offizieller Genehmigung versuchte, das Projekt zu boykottieren. So standen wir am Morgen unseres einzigen Filmtages vor der Herausforderung, ein komplett neues Filmkonzept zu entwickeln und zu drehen, da der geplante Besuch eines Familienheims und die Darstellung des alltäglichen Lebens einer Schülerin untersagt wurden. Innerhalb kürzester Zeit musste die Gruppe nicht nur das Ausmaß an Staatskontrolle über ihr eigenes Tun realisieren, sondern auch ihre Entrüstung und tiefe Enttäuschung darüber verarbeiten. Als Resultat stellten sie das, was ihnen im wirklichen Leben nicht erlaubt wurde zu filmen, in einer Animation dar (das Ergebnis ist im Video „Überraschung" unter https://vimeo.com/41413888 zu sehen). Auch sprachlich ergaben sich durch das Projekt immer wieder Herausforderungen.

Verbindendes Element aller TeilnehmerInnen war ihr Interesse an der deutschen Sprache. Dennoch variierte das Sprachniveau innerhalb der Gruppen meist extrem, sodass wir manchmal die Workshops zweisprachig abhielten und auf unsere eigenen Sprachkenntnisse in Englisch, Französisch und Spanisch zurückgreifen mussten. Da die Produktion der Filme im Vordergrund stand und die SchülerInnen ihre Ideen einbringen wollten, lernten sie schnell ihre Sprachhemmungen abzulegen und verstanden, dass es u.U. wichtiger ist, eine Idee irgendwie zu formulieren als sie in perfektem Deutsch hervorzubringen. So taten sich auch die SchülerInnen hervor, die sonst im Sprachunterricht als eher zurückhaltend galten.

Eine weitere Herausforderung für uns und im Gegenzug gleichermaßen für die SchülerInnen und ihre LehrerInnen war die Unterschiedlichkeit in der Gruppenarbeit und in den für die Filmarbeit notwendigen Entscheidungsprozessen. So war es in einigen Ländern möglich, die Gruppe eigenständig diskutieren zu lassen. Es hatte den Anschein, als würde jeder zu Wort kommen und gehört werden, und am Ende konnte die Gruppe immer eine auf demokratischem Wege gefundene Entscheidung präsentieren, die zumeist in Folge überzeugender Diskussionen einstimmig entschieden anmutete. Die SchülerInnen organisierten sich selbstständig, teilten Aufgaben und zeigten bereits beim Filmen schneidetechnische Voraussicht. Sie begriffen sehr schnell, dass der Inhalt und das Resultat ihres Filmes ganz in ihren Händen lagen. So war unser Input darauf beschränkt, Impulse zu setzen und technische Unterstützung zu geben.

In anderen Ländern schien es weniger einfach, die Frage nach „richtig" und „falsch" oder „gut" und „schlecht" bei der Ideenentwicklung und Umsetzung abzulegen. Die SchülerInnen versuchten ihre Entscheidungen immer einer Beurteilung unsererseits anzupassen und wirkten unsicher und voller Fragen, wenn sie keine konkreten, detaillierten und kleinschrittigen Aufgabenstellungen bekamen. In Gruppendiskussionen herrschte der einstimmige Konsens, dass einer der TeilnehmerInnen die Führung übernehmen sollte. In weiteren Ländern hingegen gewann man den Eindruck, dass sich in den Gruppendiskussionen keiner hervortun wollte, sodass die SchülerInnen auch nach langen Diskussionen keine Entscheidung finden konnten.

3.2   ‚AusBlick': „EinBlick 2.0"

Nachdem wir mit „EinBlick" mehr als 320 SchülerInnen und deren LehrerInnen in 15 Ländern auf fünf Kontinenten im Filmemachen trainiert und durch den Austausch zusammengebracht haben, entwickeln wir im Sinne der Nachhaltigkeit die globale Vernetzung mit „EinBlick 2.0" weiter. Dabei interessiert uns die Frage: Was machen DaF-SchülerInnen rund um die Welt eigentlich an einem ganz normalen Tag in ihrem Leben? Was bedeutet ihnen Familie, Liebe und Gerechtigkeit? Welche Beziehung haben sie zur deutschen Sprache und zu Deutschland? Basierend auf der Idee, ‚EinBlick' in das alltägliche Leben und die Gedankenwelt von jugendlichen DeutschlernerInnen weltweit zu gewinnen, möchten wir mit „EinBlick 2.0" SchülerInnen dazu aufrufen, sich an einem Tag in ihrem Leben zu filmen. Und das auf Deutsch. Die besten Beiträge werden von einer Jury gekürt und anschließend von *Glocal Films* zu einem deutschsprachigen Dokumentarfilm verwoben.

Auf praktischer Ebene funktioniert das Projekt, indem SchülerInnen weltweit einen Tag in ihrem Leben filmen. Dazu können sie vom Handy bis hin zu komplexen Filmkameras alles verwenden, was ihnen zur Verfügung steht. Das Projekt wird parallel in allen teilnehmenden Ländern als offener Filmwettbewerb ausgeschrieben, der optional von den DeutschlehrerInnen anhand des projektbegleitenden Lehrmaterials im Unterricht umworben und betreut wird. Gleichzeitig stehen wir online mit praktischen sowie inhaltlichen Tipps zur Seite. Die Gewinnerbeiträge werden anschließend im professionellen Schnitt zu einem deutschsprachigen Dokumentarfilm verwoben, der einen persönlichen und tiefen ‚EinBlick' in das Leben und Denken von jugendlichen DeutschlernerInnen weltweit gibt. Auf einer zum Projekt eingerichteten Onlineplattform können alle teilnehmenden SchülerInnen, LehrerInnen und Interessierte das Projekt verfolgen und die dabei entstehenden Filme kommentieren.

Mit „EinBlick 2.0" bieten wir den SchülerInnen die Möglichkeit zur Teilnahme an einem spannenden Deutschprojekt, das über den Schulalltag hinausgeht und selbstständiges Lernen fördert. Den beteiligten LehrerInnen bieten wir einen Leitfaden dazu, wie man Film und das Filmemachen als Lehrmethode im Deutschunterricht nutzen kann. Die bei „EinBlick 2.0" entstehenden Filme können anschließend in allen Ländern als Unterrichtsmaterial genutzt werden.

3.3   ‚RückBlick': Ein Resümee über „EinBlick" bis dato

Der Einsatz von „EinBlick"-Filmen im DaF-Unterricht ermöglicht inter-kulturelles Lernen und gibt den SchülerInnen Anlass, über lebensnahe Themen wie Liebe, Hobbys, Politik, Familie und Gerechtigkeit zu diskutieren. Dabei erwerben sie neues Vokabular und können sich themenspezifisch geleitet ein fundierteres Wissen über ausgewählte soziokulturelle Aspekte verschiedenster Kulturen aneignen. Die projekteigene Facebook-Seite gibt den SchülerInnen die Möglichkeit, mit allen „EinBlick"-Interessierten in Austausch zu treten und somit direkt und aktiv Teil von „EinBlick" zu werden. Alle „EinBlick"-Filme als DVD-Kollektion können über unsere Website www.glocalfilms.net bestellt werden.

Gleichzeitig regen die Filme zum Selbermachen an und können zur Ein-stimmung auf eigene Filmprojekte genutzt werden. Unsere Erfahrung hat ge-zeigt, dass das Filmemachen ein großes Potenzial als Lehrmethode im DaF-Unterricht haben kann, das Spaß, Kooperation, Kreativität und Selbstbestimmt-heit beim Lernen weckt.

In Südafrika beispielsweise nahmen die SchülerInnen einer der Gruppen ihren Film zum Anlass, Ungleichheit zwischen den Geschlechtern am Beispiel des Jungfrauentests mit Verantwortlichen der Kommune zu diskutieren. Was mit dem Wunsch begann, traditionelle Zulu-Lieder vorzustellen, führte zu offenen Diskussionen zwischen den SchülerInnen, ihren LehrerInnen, der Ehefrau des Zulu-Königs, der Bürgermeisterin und der Verantwortlichen für die Jungfrauentests. Im Einvernehmen wurde die Wichtigkeit einer Sexual-aufklärung durch die Eltern aufgezeigt und die fehlende Verantwortlichkeit der jungen Männer angeprangert. Eine offene Diskussion in dieser Konstellation hätte ohne die Kamera als Medium niemals stattgefunden. In diesem Sinne öffnet das Filmemachen Türen und ermöglicht ein kritisches Hinterfragen der eigenen Kultur und Identität wie in dem Filmbeispiel: „Was für eine Kultur!" (s. https://vimeo.com/44478244) zu sehen ist.

Auf einem silbernen Band trägt das Staatswappen Indonesiens die Devise: „BHINNEKA TUNGGAL IKA", was so viel wie „Einheit in der Vielfalt" be-deutet. Diese Devise wählten die indonesischen EinBlick-SchülerInnen für einen ihrer Filme (vgl. den Film „Einheit in der Vielfalt" unter https://vimeo.com/40449897) und brachten damit bereits zu Beginn des Projektes Inhalt und Ziel von „EinBlick" auf den Punkt.

„EinBlick" verhalf den SchülerInnen in jedem Land, die Vielfalt ihrer eigenen Kultur und die ihrer Partnergruppen zu entdecken. Einvernehmlich sprachen sie sich gegen soziale Ungerechtigkeit und Diskriminierung aus. So zeigten sie Interesse, Respekt und Toleranz für die Unterschiedlichkeiten im Leben. Das Resümee jeder Austauschgruppe war es, viel über die Kultur der anderen Länder gelernt zu haben und dadurch festzustellen, dass wir eigentlich alle sehr ähnlich sind. Beispielhaft hierfür ein Zitat von Ndumiso Ngubane, einem Schüler der Mbambangalo High School in Maqongqo, Südafrika:

> „Vor ‚EinBlick' wusste ich nicht, dass ein Land mit dem Namen Usbekistan existiert. Jetzt weiß ich eine Menge mehr über das Leben dort. Ich mag ihre Tänze und Musik sehr und es erinnert mich ein bisschen an Bollywood. Hier in Kwazulu Natal leben auch viele Inder. Irgendwie sehe ich da Ähnlichkeiten."

„EinBlick" hat sowohl den Jugendlichen und ihren LehrerInnen als auch uns von *Glocal Films* die Möglichkeit gegeben, diese Einsicht als Erfahrung zu leben und damit nachhaltig beeinflussend Teil unserer Lebensperspektive werden zu lassen. Als Wunsch bleibt, diese Erfahrung global allen SchülerInnen möglich zu machen.

Für uns hat sich gezeigt, dass Medienarbeit eine optimale Unterrichtsmethode darstellt, um interkulturellen Dialog zu initiieren und zu fördern. Als beispielhaftes Medienprojekt der Bildungs-, Sozial- und Kulturarbeit in Deutschland wurde „EinBlick" 2015 von der Gesellschaft für Medienpädagogik und Kommunikationskultur (GMK) und dem Bundesministerium für Familie, Senioren, Frauen und Jugend auch mit dem „Dieter Baacke Preis" ausgezeichnet.

Um eine Verankerung im Curriculum national möglich zu machen, müssen Medienarbeit und interkulturelles Lernen integrale Bestandteile des Lehramtsstudiums werden. Dass dies gewinnbringend wäre, zeigen auch die positiven Rückmeldungen der LehrerInnen wie bspw. von Jennifer McKendry, Deutschlehrerin an der Ferney Grove High School in Brisbane, Australien:

> „Die Arbeit von Silke und Kerstin hat mir gezeigt, dass es möglich ist, den SchülerInnen die Leitung über Themen und Inhalte des Lernens zu geben. Als Lehrerin bin ich zu oft dazu geneigt, die Kontrolle selbst in die Hand nehmen zu wollen. Aber ‚EinBlick' hat mir gezeigt, es geht auch anders. Ich bin stolz auf unsere Gruppe und auf die Filme, die sie produziert haben."

Darüber hinaus können mit Filmprojekten regionale und weltweite Vernetzungen gesponnen, stabilisiert und ausgedehnt werden, die den Schulen, den SchülerInnen und nicht zuletzt den LehrerInnen die Möglichkeit zu einem nachhaltigen Austausch und zur Zusammenarbeit bieten.

In unserem zweitägigen LehrerInnenworkshop vermitteln wir theoretisches Hintergrundwissen zu der Methode der partizipierenden Videoarbeit und ihrer Einsatzmöglichkeiten sowie Grundwissen in Filmtheorie. In praktischen Übungen lernen die TeilnehmerInnen den Umgang mit der Kamera, Tontechnik und Schneideprogrammen. Gleichzeitig schlüpfen sie in die Rolle ihrer SchülerInnen und erlernen durch das eigene Erleben den didaktischen Aufbau und die Vermittlung eines Filmworkshops. Unser Ziel ist dabei, dass jedeR TeilnehmerIn am Ende der Fortbildung eine individuell ausgearbeitete Workshopplanung mit in seinen/ ihren Unterricht nimmt und sich sicher genug fühlt, diese auch anzuwenden.

Literatur

Niesyto, Horst; Holzwarth, Peter; Maurer, Björn (2007). *Interkulturelle Kommunikation mit Foto und Video. Ergebnisse des EU-Projekts CHICAM „Children in Communication about Migration"*. München: KoPäd.

Niesyto, Horst (Hrsg.) (2003). *Video Culture – Video und interkulturelle Kommunikation. Grundlagen, Methoden und Ergebnisse eines internationalen Forschungsprojekts*. München: KoPäd.

Lunch, Nick; Lunch, Chris (2006). *Insights into Participatory Video – A handbook for the field*. InsightShare [http://www.insightshare.org/resources/pv-handbook, 29.05.2016].

Shaw, Jackie; Robertson, Clive (1997). *Participatory Video: A Practical Approach to Using Video Creatively in Group Development Work*. London: Routledge.

White, Shirley A. (2003). *Participatory Video: Images that Transform and Empower*. Tousand Oaks: Sage.